추천사

"자기 자신과 세상에 대한 큰 생각으로 나아가는 여정에서 그레이스 로던은 지혜롭고 상냥한 안내자가 되어준다. 이 책은 소소한 변화들로 창대한 목표를 달성하는 방법을 다룬 최고의 입문서다."

다니엘 핑크Daniel H. Pink 『언제 할 것인가When』 『드라이브Drive』 저자

"증거에 입각한 정보로 가득한 보기 드문 자기계발서다. 행동경제학과 심리학 지식을 바탕으로 타성에서 벗어나 목표를 향해 나아갈 날카롭고도 실용적인 비법을 한아름 안겨준다."

애덤 그랜트Adam Grant 『싱크 어게인Think Again』 『오리지널스Originals』 저자

"행동과학적 통찰은 전 세계에서 다용도로 활용되고 있으나 지금껏 커리어 개발에 제대로 적용된 적이 없다. 이 책에서 그레이스는 그 방법을 체계적이고 유익하며 설득력 있게 제시하고 있다."

로버트 치알디니Robert Cialdini 『설득의 심리학Influence』 『초전 설득Pre-Suasion』 저자

"개인적인 행복을 희생하지 않고도 얼른 출세하고 싶은가? 이 책이 도움을 줄 것이다. 정신없이 바쁜 사람의 일상에도 적용이 가능한 과학적이고도 유용한 내용으로 가득하다."

조나 버거Jonah Berger 와튼스쿨Wharton School 교수, 『캐털리스트Catalyst』 저자

"우리가 바라는 커리어만이 아니라 우리를 행복하게 해줄 커리어를 개발하는 데에도 행동과학적 통찰이 어떻게 도움이 될 수 있는지를 참신하고도 현실적인 방식으로 제시한다. 커리어의 단계에 상관없이 누구나 이 책의 재미와 즐거움에 푹 빠지게 될 것이다."

폴 돌런Paul Dolan 런던정경대학 교수, 『행복은 어떻게 설계되는가Happiness by Design』 저자

"보기 드물게 탄탄한 이론과 실용성을 겸비하고 있다. 벌써 10년 전에 나왔어야 할 책이다."

로리 서덜랜드Rory Sutherland 오길비Ogilvy UK 부회장,
『잘 팔리는 마법은 어떻게 일어날까?Alchemy』 저자

"직업 생활에 도움을 얻기 위해 누구나 읽을 수 있는 귀중한 책이 탄생했다. 그레이스 로던 박사는 행동과학을 기반으로 우리가 어떻게 걱정과 자기 의심을 떨치고 야망을 향해 나아갈 수 있는지 알려준다." **브루스 데이즐리**Bruce Daisley 『**조이 오브 워크**The Joy of Work』 **저자**

"이 책은 행동과학을 커리어에 접목시킨 쉽고 실용적인 안내서다."

캐럴라인 크리아도 페레즈 Caroline Criado Perez 『**보이지 않는 여자들**Invisible Women』 **저자**

"행동과학적 통찰들을 활용해 커리어를 한층 업그레이드할 방법을 알려주는 실용적이고도 흥미진진한 전문서다." **칼 뉴포트**Cal Newport 『**딥 워크**Deep Work』 **저자**

"이 필독서에서 그레이스는 커리어를 다음 단계로 진전시키는 데 필요한 노하우를 전수해 준다. 이 책을 읽다 보면 더 크게 생각하는 것은 물론이고, 당장 꿈을 현실로 만들 행동에 나설 마음이 들 것이다. 큰 생각으로 매일 꾸준히 작은 실천을 해나간다면 이루지 못할 일이 없다!"

사이먼 알렉산더 옹 Simon Alexander Ong

"더 높은 곳으로 도약할 때가 되었다는 생각이 들 때, 목표를 인식하고 현실을 지금보다 더 안락하고 즐겁게 바꿀 수 있는 확실하고도 강력한 행동과학의 도구 상자를 제공해 준다."

도리 클라크 Dorie Clark 『**자기 재창조**Reinventing You』 **저자**

"통찰력이 넘치는 이 책을 읽으면, 진정 바라는 커리어를 향해 경로를 설정해 줄 능숙한 수행 코치가 생기는 것과 다름없다."

그레이엄 올콧 Graham Allcott '**싱크 프로덕티브**Think Productive'**의 설립자**

5년 후, 당신은

THINK BIG

5년 후,

불가능해 보이는 목표를 이뤄줄 행동과학의 비밀

당신은

그레이스 로던 지음 | 최소영 옮김

알에이치코리아

어머니 리타 여사께

이 책을 바칩니다.

사랑하는 딸 그레이스

차 례

1장

당신은 어떤 사람이 되고 싶은가?

"우리는 단기간에 고차원적인 목표를
달성하고 싶어 한다."

세상에는 자기 일을 즐기지 못하는 사람이 수두룩하다.

케이티Katie의 사례를 살펴보자. 케이티는 대학에서 역사를 전공하고 대형 광고회사의 인턴십 프로그램에 참여했다. 실습이 끝난 뒤 그녀는 뛰어난 마케팅 실력 덕분에 정직원으로 채용되었고, 맡은 역할을 곧잘 해냈다. 당시에는 소셜미디어 마케팅이 대세였고, 케이티는 금세 고객사들(주로 대형 식품회사)의 매출을 신장시킬 방법을 터득했다. 광고상을 받고, 신규 고객사를 유치하고, 승진 가도를 달리는 등 커다란 성취가 잇따랐다. 20대가 쏜살같이 흘러갔고, 케이티 자신도 화살처럼 슝슝 날아다녔던 것만 같았다. 이제 서른다섯 살이 된 케이티는 세계 최대의 식품 생산업체들에 온라인 마케팅 솔루션을 제공하는 글로벌 팀을 이끌고 있다. 게다가 동료들에게 사랑받고, 연봉도 상당한 수준이며, 주변 사람들에게는 선망의 대상이 되었다.

그러나 케이티는 자기 일이 마음에 들지 않는다. 많은 사람들이 그러하듯 그동안 그녀는 일에 빠져 살았다. 이제는 자기 인생을 위한 시간을 가져야 할 것 같은데 뭘 어찌할지 갈피가 잡히지 않는다. 뭔가 변화가 필요하다. 그런데 뭘 바꾸지?

케이티는 겉으로는 모든 면에서 완벽해 보이지만 가슴속엔 다른 갈망을 품고 있는 대표적인 인물이다. 그녀는 일의 속박에서 벗어나 이전에 해보지 않았던 더 큰 생각을 할 필요가 있다.

레이얀시Reyansh는 대학을 중퇴했다. 그는 늘 학교로 다시 돌아가려고 했으나 그러지 못하고 여러 서비스 업종을 전전하며 생활했다. 처음엔 바텐더로 시작해 웨이터를 거쳐 결국 바리스타로 자리를 잡았다. 지난 2년간 한 커피숍에서 일했는데, 그가 합류한 이후로 이 커피숍에는 열혈 충성고객이 꾸준히 늘었다. 레이얀시가 커피를 잘 내리기는 하지만 커피 맛 때문에 가게가 그렇게 잘되는 것은 아니다. 사람들이 이곳을 계속 찾는 이유는 바로 레이얀시 때문이다. 그는 재미있고 매력적인 데다가 가끔 날이 화창하다거나 손님의 코트가 멋지다는 이유로 공짜 커피를 내주곤 한다. (물론 주인은 그런 레이얀시에게 핀잔 아닌 핀잔을 주지만 말이다.) 레이얀시는 손놀림이 빠른 바리스타는 아니며—대개 그는 수다를 떠느라 바쁘다—그가 공짜 커피를 마구 내주지 않게 하려면 고객 카드 제도가 필요할 성싶다. 그러나 레이얀시는 누구보다 이 일에 적임자다. 그는 교대 근무 관리에 뛰어나고, 신참들을 잘 지도하며, 심지어 아무리 괴팍하고 까다로운 손님들도 웃는 얼굴로 가게를 나서게 만든다.

그러나 레이얀시는 이 일이 만족스럽지 않다. 바리스타 일은 할 만하지만 늘 임시직으로 여겨질 따름이다. 우선 급여가 변변치 않다. 또 커피를 내리고 사람들과 노닥거리는 것은 재미있지만 일에서 좀 더 의미 있는 뭔가를 얻고 싶은 마음이 간절하다.

레이얀시는 사회가 기대하는 특정 기간 내에 자리를 잡지 못한 사람들의 전형이다. 또래들보다 뒤처지게 되면 불안감이 들게 마련이다. 특히 자신이 무슨 일을 하고 싶은지 뚜렷한 생각이 없을 때는 더더욱. 레이얀시는 긴 안목으로 미래의 자기 모습을 상상하며 보다 만족스러운 진로를 찾을 필요가 있다.

그러나 레이얀시 같은 사람만이 진로를 재설정해야 하는 것은 아니다.

투자은행에서 즐겁게 일하고 있는 후안Juan의 경우를 살펴보자. 그는 자기 일과 동료들을 사랑하며, 주 50시간이 넘는 근무도 마다하지 않는다. 현재 후안은 팀장으로서 10명의 팀원을 잘 이끌어 가려고 무진 애를 쓰고 있다. 중간급 관리자인 그는 지난 5년간 팀원들이 비교적 빠르게 진급하는 모습을 보아왔으며, 그중 2명은 후안보다 더 높은 자리로 올라갔다. 그는 진심으로 그들이 잘되기를 바라는 마음이지만 어째서 자신의 진급은 더디기만 한지 이해가 안 된다. 겉으로는 여전히 웃음을 띠고 있지만 점점 환멸이 밀려든다.

후안은 승진을 갈망하면서도 정체 상태에 빠져 있는 사람들의 좋은 본보기다. 그런 정체기에서 벗어날 수 있도록 그는 자신의 커리어에 대한 앞으로의 접근 방식을 재고할 필요가 있다.

이처럼 케이티는 막막한 심정이고, 레이얀시는 아직 자리를 잡지 못한 상태이며, 후안은 정체기를 겪고 있다.

변화를 꿈꾸는 이들에게

아마 당신이 이 책을 집어든 것도 이들과 비슷한 문제에 봉착했기 때문일 것이다.

당신은 도달하고자 하는 지점은 있지만 그곳에 도달할 방법을 모를 수도 있고, 아니면 그저 지금 있는 자리가 원하는 곳이 아니라는 사실만 알 뿐 어디에 도달하고 싶은지는 모를 수도 있다. 그것도 아니면 자신이 가고자 하는 방향이 어디인지 대략 감이 잡히고 이론적으로는 그곳에 도달할 방법을 알지만, 누군가(고약한 상사나 쓸모없는 동료 같은 이들)가 그 길을 가로막고 있을 수도 있다.

그러나 어떤 상황에 있든 겁낼 것 없다.

이 책은 당신이 작은 실천들로 원하는 커리어와 삶을 구축할 수 있도록 도와줄 것이며, 행동과학적으로 통찰하여 이를 실행할 방법을 제시할 것이다.

여러 분야에서 파생된 행동과학은 사람들이 왜 특정한 선택을 하는지 이해하고자 하며, 다른 결과를 도출하기 위해 주변 환경을 바꿀 수 있는 손쉬운 방법을 모색한다. 행동과학은 사람들이 왜 삶의 여정에서 휘청거리는지 이해하는 데 도움을 준다. 또 왜 어떤 사람은 아예 경주를 시작하지도 못하며, 왜 어떤 사람은 실패에 맞닥뜨리자마자 경주를 포기해 버리는지에 대해서도 설명해 준다. 또한 행동과학은 미래를 위해 큰 생각으로 목표를 세워야 한다고 역설한다. 이런 큰 생각을 지탱하는 오늘의 작고 꾸준한 실천들로 원하는 곳에 도달할 수 있다는 사실도 일깨워 준다.

런던정경대학 행동과학과 교수로서 나는 석사과정이나 최고경영자 과정 학생들을 가르치든 아니면 업계에 강연을 나가든 언제나 한 가지 사실을 분명히 해둔다. 어째서 그들이 원하는 결과가 실현되지 않는지 설명하는 데 인간 행동에 관한 나의 연구가 도움이 된다는 사실을 말이다.

이 책에서도 그렇게 접근하려고 한다. 나는 당신이 달성하려 애써온 결과가 어째서 아직 실현되지 않았는지 설명할 것이며, 또 이를 가로막는 장애를 어떻게 극복할지 알려줄 것이다. 나 자신의 독창적인 통찰과 행동과학의 경계에서 이루어진 연구들을 융합하고 경제학과 심리학, 경영학 분야에서 얻은 교훈들에 의거하여 당신이 원하는 커리어뿐만 아니라 원하는 삶을 구축할 능력을 키워줄 것이다. 이 책에 사연이 소개된 사람들의 이름과 개인 정보는 실제와 다르지만 그들이 한 경험은 진짜다. 당신은 그들 중에서 자기 모습을 보게 될지도 모른다.

당신은 창업을 하거나 폐업을 하려는 사람일 수도 있고, 대학을 가거나 자퇴를 하려는 사람일 수도 있다. 혹은 승진하려고 고군분투하는 사람일 수도, 회사 내에서 다른 부서로 이동하기를 바라는 사람일 수도 있다. 아니면 직장 생활에 의욕을 못 느끼는 숱한 군상들 중 하나로 변화가 필요한 사람일 수도 있다.

당신이 어떤 직책을 맡고 있든, 어떤 업계에 종사하든, 커리어의 어떤 단계에 있든, 나는 당신이 이 책 속에서 미래에 대한 큰 생각과 원대한 목표를 시각화하는 데에 도움이 될 값진 교훈을 얻으리라 보장한다. 이러한 목표의 달성을 돕고자 나는 당신이 야망을 이루기 위해 규칙적으로 행할 작은 실천들을 찾는 데에도 집중할 것이다. 그리고 이런 작은 실천들을 지속하도록 돕고 목표를 향한 여정에 방해가 되는 편향과 장애물들을 피해 가도록 해줄 행동과학적 통찰들을 주의 깊게 살펴볼 것이다.

내가 지금의 자리에 오기까지

런던정경대학 강사로 임용되던 2011년 12월, 내게는 열정과 흥분감, 기대감이 가득했다. 강사로 일한 지 6개월쯤 됐을 때, 내가 몹시도 흠모하고 존경하던 타 대학의 한 교수님과 대화를 나눌 기회가 생겼다. 내 커리어의 다음 단계에 대해 논의하던 중 그는 내가 조교수가 되려면 못해도 5년은 걸릴 테고 심지어 그 가능성도 매우 희박하다고 말했다.

조교수가 되기까지 그렇게나 오래 걸린다는 이야기에 나는 엄청난 충격을 받았다. 만화 속에서 그러하듯 먹구름이 머리 위에 둥둥 떠 있는 것만 같았다. 충격적인 소식을 접한 이후 나는 그 부정적인 교수의 피드백을 내면화하다가 정체기에 빠지고 말았다. 아니 그보다도 더 나아가 아예 퇴보하기 시작했다. 연구에 대한 열정이 사그라들었고, 그런 만큼 성과도 좋지 않았다. 동료들에 비해 내가 얼마나 평범한가 하는 생각이 자꾸만 들었다.

그 교수의 언급은 곧 나에게 자기 충족적 예언self fulfillment prophecy이 되고 말았다. 그렇게 권위 있는 인물이 한 예측은 그 예측의 실현을 유발한다. 예측의 대상자가 누구이든 그 말을 믿게 되고 그에 따라 행동을 변화시키게 되기 때문이다. 내 경우에는 멘토라고 여겨온 사람이 내 능력에 대해 내린 평가가 나로 하여금 그 기대에 따라 살게 만들었고, 결국 성과에 부정적인 영향을 미쳤다.

그러나 그 교수와 내가 본래 그렇게 잘 아는 사이는 아니었다. 사실 그와 나는 서로 일면식도 없던 사이이다.

어느 잠 못 이루던 밤, 이런 생각이 들면서 나는 머리를 한 대 얻어맞은 듯 정신이 번쩍 들었다. 그 부정적인 교수는 나에 대해 잘못된 기술記述을 했던 것이다. 뻔한 동화의 결말처럼 그의 기술은 고정관념에서 나온 것이었다. 그런 고정관념은 '그레이스Grace'라는 이름을 가진 사람들에 대한 부정확한 사회적 기준에서 형성된 것일 수 있다. 그가 내 느긋한 태도를 자신의 커리어를 진지하게 여기지 않는 사람의 태도와 혼동했는지도 모른다. 어쩌면 프로젝트를 마치기 힘들어하는 내 모습을 보고, 내가 프로젝트를 제대로 마무리하지 못할 사람이라고 단정하게 되었을 수도 있다. 아니면 경제학을 연구하는 여성들이 여전히 드문 데다가, 지위가 올라갈수록 더더욱 희귀해지기 때문일 수도 있다. 혹은 아이비리그 기관을 거치지 않은 내 특이한 이력 때문에 그가 내 성공 확률을 낮게 점쳤는지도 모른다. 누가 알겠는가?

어쨌거나 그날 밤 나는 그의 생각이 틀렸다는 사실을 깨달았다. 또 나에 대한 교수의 기술이 그 자신의 인지 편향cognitive bias과 맹점blind spot에서 비롯된 것이라고 확신했다.

그렇다면 그 상황에서 내가 무엇을 할 수 있었을까?

그때 내가 일으킬 수 있는 간단한 변화는 다른 멘토를 구하는 것이었다. 그래서 나는 곧장 다른 멘토 찾기에 나섰고, 무려 3명의 멘토를 찾았다. 나는 그들이 하는 말을 귀 기울여 들었다. 내가 피드백 듣기의 중요성을 신봉하는 사람이니만큼 이 과정은 정말로 중요했다. 그때 만약 3명의 멘토가 모두 그 부정적인 교수와 같은 말을 했다면(5년 안에 내가 조교수가 될 가능성이 희박하다는) 나는 그 말을 귀담아듣고 보직 욕심 없이 학문에만 정진하는 편이 현명했을 것이다. 그러나 그들이 해준 이야기는 달랐다. 그 부정적인 교수가 풍겼던 비관적인 인상을 그들은 추호도 내비치지 않았다.

그러면 그로부터 5년 뒤에 실제로 무슨 일이 일어났을까? 나는 이미 부교수(조교수보다 더 높은 직급) 자리에서 정교수 진급을 위한 이력서를 쓰고 있었다. 기대치를 훨씬 상회하는 결과를 얻은 것이다. 나는 꿈에 그리던 일을 하고 있었고 앞길은 탄탄대로였다.

하지만 부교수가 된 것보다 중요한 점은 내가 더 행복해졌다는 사실일 것이다. 내 머리 위에는 더 이상 먹구름이 떠다니지 않았다. 그러나 만약 내가 처음에 들었던 피드백을 냉엄한 현실로 받아들이고 줄곧 내면화했더라면 상황은 전혀 달라졌을 것이다. 내가 그 장애물을 피해 가지 않았다면 지금과는 다른 현실이 펼쳐졌을 것이다.

운 좋게도 당시 내가 하던 연구가 바로 이런 종류의 장애물에 관한 것이었다. 나는 나 자신을 하나의 피험자로 삼아 인간 행동에 대한 이해를 증진시켜 갔다. 행동과학자로 변모하는 과정이었다.

요즘 나는 런던정경대학의 콘노트 하우스Connaught House에서 행동과학과 부교수로 재직하며 정교수 진급을 앞두고 있다. 또 런던정경대학에 새로 개설된 행동과학 석사과정의 학과장이자 '포용적 업무 환경 구상TIE: The

Inclusion Initiative' 연구 센터의 창설자 및 책임자이기도 하다. 내 연구 목표는 어째서 사람들이 현재의 직업을 선택했으며, 왜 특정한 사람들이 다른 이들보다 원하는 지점에 더 잘 도달하는지를 이해하는 데 있다. 그 연구 결과는 목표 달성의 여정에서 일부 우리의 통제권 밖에 있는 요소들도 있지만 대부분은 그렇지 않음을 분명히 말해준다. 그래서 그동안 나는 운동장을 평평하게 만들어 직원들을 오로지 능력과 기술, 재능에 근거해서만 보상할 방법을 강구하도록 기업주들에게 조언해 왔다.

하지만 이 책은 문제를 반대 방향에서 바라본다. 개개인이 더 크게 생각할 수 있는 능력을 키우고 꾸준히 작은 실천을 이어감으로써 원하는 커리어와 삶을 구축할 수 있게 하려는 것이 이 책의 목표다.

우리를 좌절시키는 인지 편향과 맹점

큰 꿈을 꾸기는 쉽지만 그 꿈을 실현하기는 어렵다. 오늘날엔 직장 생활을 하기가 만만치 않고 요구되는 기능도 수시로 바뀐다. 기술의 진보와 세계화의 확산이 한 번에 가능한 업무의 유형을 규정짓고 있다. 직장은 점점 더 승자독식의 경기장이 되어가고 있다. 전통적인 일터에서 현대적인 스타트업에 이르기까지 자신이 하는 일에서 최고로 인정받는 사람들은 과도한 보상을 받는 반면, 그 15퍼센트 아래에 있는 사람들은 훨씬 형편없는 보상을 받는다.

특정한 결승선에 도달하고자 분투하노라면 진이 빠질 수가 있다. 그러나 염두에 둔 방향이나 최종 목표 없이 죽어라 일만 하는 건 더더욱 힘들 수 있다. 많은 사람들이 성공을 위해 자신을 제대로 돌보지 않는다. 가족 행사와 건강검진을 빼먹고 특별한 기념일을 잊고 지나간다. 건강과 행복을 희생해 가면서까지 일한다면 당연히 자신이 지닌 영향력과 기량, 능력과 재능에 따라 보상을 받아야 마땅하다. 그렇지 않다면 그 희생의 대가로 정당한 이득을 얻지 못하고 있는 것이다.

노력을 기울이고 능력을 키워서 새롭게 습득한 기능으로 획기적인 연구나 혁신적인 전략, 전 인류에게 혜택을 주는 상품 같은 놀라운 결과를 얻어낸다면 그에 상응하는 보상이 따라야 한다. 그렇지 않은가?

그러나 불행히도 누가 무엇을 왜 얻게 되는지가 결정되는 과정은 명확하지 않으며 불공정할 때가 많다. 훌륭한 신제품이 매일같이 고배를 마시며, 뛰어난 재능이 사장되고, 귀중한 혁신이 간과되곤 한다. 아이디어가 좌절되고 커리어가 정체되는 흔한 원인은 인지 편향에 있다. 이런 편향들이 당신과 당신의 커리어에도 무수히 영향을 미쳤을 가능성이 높다. 그 영향이 어찌나 노골적인지 알면 눈물이 날지도 모른다. 당신의 발전에 영향을 미칠 수 있는 사람들이 그 여정을 늘어지게 하고 더 나아가 힘들게 만드는 맹점을 드러낼 때는 좌절감마저 든다. "여기서는 원래 이런 식으로 일해"라는 말이 당신의 혁신적인 아이디어를 가로막을 때면, 즉 관료 체제와 불필요한 요식, 로비로 인한 끊임없는 논의에 시간을 낭비해야 한다면 낙담에 빠질 것이다. 특출하고 명석한 직장 동료가 단지 명문대를 나오지 않아서, 연줄이 없어서, 외모가 번듯하지 않아서 승진하지 못하는 모습을 보면 분노가 치밀 것이다.

그러나 남들만 이런 편향을 보이는 것은 아니다. 인지 편향의 영향은 타인의 행동(또는 비행동)에서만 비롯되지 않는다. 우리 자신의 인지 편향 역시 자주 우리를 주저앉힌다.

당신은 스스로 판단력이 좋은 사람이라고 생각할 수 있다. 어떤 결정을 내릴 때마다 심사숙고하고, 정신이 감정에 지배되도록 용인하지 않으며, 꽤나 합리적인 사람이기 때문이다. 정말로 그럴까?

아니다.

행동과학의 연구 결과, 심사숙고 여부와는 상관없이 대부분의 경우 우리의 의사결정은 인지 편향과 맹점에 크게 휘둘린다는 사실이 명백히 입증되었다. 우리는 자신이 목적의식을 가지고 행동한다고 믿지만 실제로는 그렇지 않을 때가 많다. 생각만큼 우리는 이성적인 존재가 아니다.

직장에서 우리의 인지 편향은 어떻게 우리를 방해할까? 대기업에 다니는 사람들은 내년에 자신이 왜 승진을 못 할 것 같은지 자문해 보기 바란다. 당신이 임무를 완수하지 못하기 때문일까 아니면 (이 경우가 대부분이지만) 승진 기준이 불명확하여 이를 상회하는 성과를 보여야 하기 때문일까?

한 걸음 물러서서 생각해 보자. 무엇이 합리적인 판단인가?

합리적인 사람이라면 되도록 빨리 승진의 혜택을 보고 싶을 것이다. 늘어난 소득과 승격한 지위를 누리며, 보아도 못 본 척, 들어도 못 들은 척 할 말 못 하던 처지에서 시급히 벗어나고 싶을 것이다. 기준이 불명확한 경우라면 오히려 더 빨리 승진할 가능성도 있지 않을까? 그 기회를 붙

잡아야 하지 않을까?

하지만 우리는 승진하지 못할 가능성에 지나치게 큰 비중을 두는 경향이 있다.

당신이 그런 경우라면 인지 편향의 방해를 받고 있는 것이다. 거절당하는 데서 입게 될 손실(소외감과 괴로움, 당혹감 등)을 과대평가하는 한편, 성공에서 얻어질 이익은 과소평가하는 탓이다.

거절당할까 봐 두려운 나머지 아예 도전조차 하지 않는 사람들이 많다. 그들은 거절을 당한다는 생각만으로도 무척이나 끔찍해한다. 하지만 실제로 거절을 당해보면 의외로 그렇게까지 참담하지는 않다. 간혹 한 줄기 빛이 새어들 때도 있다. 나에게 거절은 새로운 시도에 앞서 스스로를 격려하며 즐길 한 잔의 좋은 술과 달콤한 초콜릿이 되어 준다. 무엇보다 우리는 시행착오를 통해 많은 것을 배우지 않던가. 시행착오는 그 자체로 하나의 인생 경험이 된다.

또 다른 예시를 들어보자. 혹시 당신은 지금의 직장이 못마땅해 창업을 꿈꾸고 있는가? 어쩌면 당신에겐 끝내주는 신제품 아이디어가 있지만 직장을 그만둔 뒤 월급을 따박따박 못 받게 될 생각에 식은땀을 흘리고 있을지도 모른다. 그래서 당신은 원거리 통근을 감내하며 자신의 진짜 천직이 눈앞을 스쳐 지나가는 것을 막연히 바라보고만 있다.

이 상황이 합리적인가? 그 결정을 모 아니면 도 식으로 바라보고 있는가? 후회의 대가를 과소평가하고 있지는 않은가? 꿈을 저버리고 살다가 나이 팔십이 되어 "만약에 그랬더라면?" 하는 회한에 빠지지 않겠는가?

우리가 지닌 인지 편향은 우리 자신을 좌절시킨다. 사실 대다수의 사람에게 자기 자신의 인지 편향이야말로 커다란 실패 요인이다. 내 판단이 옳다면 아마 나에게 작용하는 인지 편향의 80퍼센트는 나에게서, 20퍼센트는 타인에게서 비롯되는 것이리라. 나는 진작에 내려놓았어야 할 프로젝트를 지나치게 오래 붙들고 있는 습성이 있다. 이 때문에 나는 매몰비용 오류sunk cost fallacy의 함정에 빠지곤 한다. 매몰비용 오류란 이전에 투자한 자원 때문에 어떤 일을 지속하게 되는 경향을 말한다. 또 나는 기본적인 업무를 처리하는 데에도 시간이 꽤 오래 걸린다는 사실을 지나치게 과소평가하는 계획 오류planning fallacy에도 자주 빠진다. 계획 오류는 우리가 추구하는 일이 항상 최상의 시나리오대로 되리라는 믿음에서 발생한다. 그 밖에도 나는 커리어상의 여러 단계에서 나에게 특정한 과업을 맡을 수 있는 자격과 경험이 충분함에도 불구하고 나 자신을 내세울 때면 왠지 사기꾼이 된 듯한 느낌을 받곤 했다. 이는 가면 증후군imposter syndrome(자신이 이뤄낸 업적을 스스로 받아들이지 못하는 심리적 현상)의 존재를 알고 있는 사람들조차 그 덫에 걸릴 수 있음을 말해준다. 또 나는 실패감을 느끼거나 퇴짜를 맞지 않으려고 일을 한없이 미룰 때가 많다. 이 책을 쓸 때도 그랬다.

우리 스스로 휘청대거나 머뭇거리고 아예 퇴행하는가 하면 심지어 벼랑 끝으로 내달리기까지 하면서 목표 달성의 여정을 지연시키고 있다는 사실을 깨닫게 되면 차라리 속이 후련해진다. 자신의 편향이 걸림돌이 될 수 있음을 인정하는 순간 태세의 전환이 가능해지기 때문이다. 위에서 말한 비율을 고려할 때 나는 인지 편향의 80퍼센트를 통제할 수 있으며, 이는 내 삶의 발전에 지대한 영향을 미치게 된다. 저마다 추정하는 비율은 다르겠지만 누구에게나 이 사실은 동일하다.

오늘부터 나는 당신이 커리어를 비롯해 다양한 인생 목표의 여정을 스스로 통제하며, 행동과학적 통찰을 활용해 긴 안목으로 새 목표를 세우고 추구하는 데 혹은 결승선을 통과하여 오랫동안 염원하던 꿈을 이루는 데 도움을 얻기를 바란다.

언제쯤 목표에 도달할까?

목표에 골몰하다 보면 새로운 여정을 끝낼 시점을 명확히 설정하고픈 유혹이 들 수 있다. 그러지 말기를 바란다. 사람들의 여정은 재능과 노력, 운의 조합으로 빚어지는 결과물이다. 노력을 기울이고 재능을 갈고닦을 수는 있지만 운은 통제할 수가 없다. 확실한 것은 누구나 그 여정에서 변화를 겪을 것이며 그 여정에는 여러 해가 걸리리라는 점이다.

그렇다. 여러 해가 걸린다!

2년 만에 여정을 끝내는 사람도 있고, 5년이 걸리는 사람도 있을 것이다. 국가 원수나 대기업 CEO가 되려고 하거나 시장의 판도를 바꿀 제품을 만들려 한다면 10년까지도 걸릴 수 있다.

그러나 겁먹지 마라! 도중에 즐길 거리가 많을 테니. 이득을 얻기까지 꼭 몇 년씩 기다리지는 않아도 되며, 단언컨대 성장은 거의 즉각적으로 체험된다. 뉴욕에서 샌프란시스코까지 장거리 자동차 여행을 할 때처럼 길목마다 아름다운 경치와 갖가지 재미나고 신나는 경험이 기다리고 있다. 자동차 여행의 묘미가 단순히 목적지에 도달하는 데 있지 않듯이 그 여정 자체만으로도 보람이 있다.

그러나 자동차 여행에서 타이어가 터지거나 아무 볼거리도 없는 길을 가게 될 때가 있듯이 커리어의 여정에서도 그럴 때가 있다. 또 잠시 쉬어 가며 인생의 중요한 대소사를 돌보아야 할 때도 있을 것이다. 혹시라도 일주일이나 한 달 만에 원하는 목적지(또는 중대한 인생의 변화)에 도달할 수 있다고 장담하는 책을 산 사람이 있다면 부디 환불받기 바란다. 누구나 대단한 일을 성취할 잠재력을 지니고 있기는 하지만 그게 그렇게 쉬운 일이라면 세상에 꿈을 이루지 못한 사람이 아무도 없을 것이다.

일상생활을 송두리째 뒤바꿀 수 있는 상황에 있지 않다면 현실을 직시하고 큰 생각으로 세운 목표를 달성하기까지 중기간의 시일을 염두에 두어야 한다. 왜냐하면 그 원정에는 며칠이나 몇 주, 몇 달이 아닌 몇 년의 시간이 걸릴 테니 말이다. 그렇다고 성인기의 대부분을 목표 달성에 바쳐야 하는 것은 아니다. 여유로운 생각으로 접근하면 일과 생활의 균형work/life balance(워라밸)도 이룰 수 있다. 꼭 죽기 살기로 덤빌 필요는 없다. 하루쯤 허투루 보냈다고 해서 세상이 끝나지는 않는다. 먼 앞날을 내다보고 세운 목표를 추구할 때에는 워라밸을 중시해야 한다.

시험 삼아 5년 전 당신의 모습을 떠올려 보라. 그리고 그때 이후로 삶에서 경험한 주요 변화들을 머릿속으로 되새겨 보라. 반드시 일과 관련된 변화일 필요는 없다. 인간관계의 변화라든가 사별, 이사, 자녀의 출생, 학위 공부의 시작이나 종료, 상당한 체중 감량, 마라톤 참여 등 뭐든지 좋다. 그동안 당신의 성격이 바뀌었는가? 상황에 대처하는 능력이 달라졌는가? 옷을 입는 방식이나 머리 모양이 바뀌었는가? 이런 식으로 머릿속에 떠오르는 두드러진 변화들의 목록을 작성해 보라. 그런 다음 향후 5년간 이루고자 하는 변화들의 목록도 작성해 보라.

나는 행동과학을 공부하는 최고경영자 과정 학생들에게 가끔 이런 연습을 시킨다. 하지만 두 가지 목록을 한꺼번에 작성하도록 하는 대신 한 가지씩 따로 작성하도록 시킨다. 그런데 그때마다 발견하게 되는 사실은 그들이 향후 5년을 생각하면서 작성한 목록보다 지난 5년을 돌아보면서 작성한 목록이 훨씬 더 길고 괄목할 만한 변화로 채워져 있다는 점이다. 기업주들을 위한 강좌를 선택한 이들이니만큼 미래에 더 큰 변화가 일어나리라 기대하는 게 당연하지 않을까? 그런데 왜 이런 결과가 나타날까?

사람들은 대부분 과거를 돌아보면서 스스로 큰 변화를 많이 겪었다고 생각한다. 그러나 향후 5년 동안은 그리 대단하거나 중대한 변화가 일어나지 않으리라 상상한다. 앞으로는 별반 달라질 일이 없으리라 보는 것이다. 그러나 이는 행동과학적으로 볼 때 단순한 착각에 불과하다. 나이에 관계없이 사람들은 향후 중기적으로 성취할 수 있는 업적은 과소평가하고, 반대로 중기적인 과거에는 자신이 큰 발전을 이루었다고 여기는 경향이 있다.[1]

따라서 우리에게 미래의 자신은 저성취자요, 반대로 과거의 자신은 과성취자이다. 이런 상상을 해보자. 지난 2년이나 5년 혹은 10년간 긴 안목으로 목표를 설정하고 그 목표를 달성하기 위해 작은 실천들을 해왔다면 당신은 무엇을 성취할 수 있었을까? 그랬다면 아마 다음 달 월급과 다음번 급여 인상 또는 다음번 승진을 위해 고군분투하기보다 더 큰 목표를 지향할 수 있었을 것이다. 다른 무언가, 진정으로 원하는 무언가를 위해 매진할 수 있었을 것이다. 날 믿어보라. 거시적 관점으로 세운 목표와 그 목표의 실현을 도와줄 작은 실천으로 당신은 스스로를 재창조할 수 있다!

하지만 우리 인간은 참을성이 많지 않다. 우리는 대개 단기간에 고차원적인 목표를 달성하고 싶어 한다. 되도록 빨리 향상되기를 원하기 때문이다. 이해가 안 가는 바는 아니나 이런 조급함은 실패의 단초가 되기도 한다. 단기간에 필요한 변화를 이루려면 삶을 대대적으로 개편해야 하는데 그러다가 머릿속에서 너무 힘들다고, 불행하다고, 사서 고생하기에는 인생이 너무 짧다고 외치는 소리가 들리기 시작하면 중도에 그만두게 되고, 그러면서 우리는 스스로 중도 포기자라는 인식에 빠지게 된다. 그래서 훗날 다시 인생의 변화를 꾀할 계획을 세우려 할 때 중도 포기했던 기억이 되살아나면 어차피 포기할 거 시작은 해서 뭐 하나 하는 자괴감이 고개를 들 수 있다.

거시적인 목표의 추구는 모 아니면 도 식으로 하는 게 아니다. 작은 실천들이 꾸준히 쌓일 때 인생의 중대한 결과에 지대한 영향을 미치게 된다.

탄수화물을 딱 끊고 단기간에 살을 빼려고 했다가 어느 순간 참지 못하고 밥을 왕창 먹어버리는 바람에 중도에 다이어트를 포기한 적이 있는가? 마찬가지 현상이다. 아니면 매번 새롭게 결의를 다지지만 결코 지키지 못하는 새해 결심은 또 어떤가? 올해는 담배를 끊어야지, 책을 많이 읽어야지, 술을 적당히 마셔야지 결심하고 잘 지키는가? 해마다 12월 31일이면 당신은 커리어를 재정비하겠다고 맹세하지만 1월 31일이 되면 다시 원상태로 돌아가 주말이 오기를 손꼽아 기다릴 것이다. 1월 말이 되면 대개 우리는 야심차게 세운 계획을 이행할 기력과 동기를 상실하곤 한다. 단기간에 달성하려고 세운 목표는 우리를 장기간 실패의 수렁에서 허우적거리게 만든다.

인간은 규칙적 일과의 산물이다. 스스로 목표를 달성하지 못하게 만들 가장 손쉬운 방법이 바로 너무 성급하게 뛰어드는 것이다. 물론 어느 규칙에나 늘 예외는 있다. 자기 인생을 2주 만에 확 바꾸었다는 사람들의 이야기를 많이 들어보았을 것이다. 그러나 변칙에서 일반적인 경향을 도출할 수는 없다. 게다가 조금만 파고 들어가도 실상은 간단치가 않다는 사실을 깨닫게 될 것이다. 2주 만의 극적인 변화 이면에는 대개 수년간의 체계적이고 꾸준한 노력이 밑바탕이 되어 있는 경우가 많다. 성공을 가져오는 것은 이러한 노력이다. 그런 물밑의 사연이 신문의 머리기사를 장식하거나 모임에서 주고받을 만한 흥미로운 이야깃거리는 못 되겠지만 그것이 진실이다.

하루아침에 성공했다고 여겨지는 사람들은 오랫동안 조용히 기술을 갈고닦아 오다가 기회를 만나 마침내 전문성을 인정받게 된 경우가 대부분이다. "행운은 준비가 기회를 만날 때 찾아든다"는 격언이 진리다.

2년, 5년, 10년이라는 중기적 전망에 시선을 맞추면 진정한 변화를 이룰 수 있다. 이 기간은 목표 달성을 위한 최적의 기간이기도 하다. 평상시의 일과에 가볍게 끼워넣을 수 있는 작은 실천들부터 시작하면 행복감이 급격히 떨어질 일이 없다. 이 정도로는 기존 일정에 별다른 지장이 생기지 않지만, 이런 작은 실천들이 쌓여 결국 큰 것을 이루게 된다. 꾸준히 쌓인 작은 변화들이 삶의 결과에 크나큰 영향을 미친다. 이것이 행동과학이 주는 중요한 교훈이다.

그럼 다시 케이티와 레이얀시, 후안의 이야기로 돌아가 보자. 시나리오상의 결과는 서로 전혀 다르지만 그들이 지닌 문제는 대동소이하다. 레이얀시는 스스로 체계가 덜 잡혔다는 생각에 대학으로 돌아가지 못하고 있다. 그러나 꼼꼼한 일 처리는 배워서 익히면 되는 기본적인 관리상의 기술이다. 커피를 타고 매상을 계산할 수 있다면 자기 일정을 어떻게 꾸려갈지도 배울 수 있다. 마찬가지로 그가 한 가지 일을 진득하게 하지 못하는 것 역시 실패에 대한 두려움의 징후다. 빛나는 재치와 능력에도 불구하고 레이얀시는 안전지대 밖으로 발을 내딛지 않고 현실에 안주하고 있다. 그는 변화의 가능성을 믿지 않는다.

한편 케이티는 자신이 무엇을 원하는지 자문해 본 적이 없다. 역시나 비상한 능력과 머리를 지녔음에도, 케이티는 성공의 전형적인 모습을 내면화하고—자신에게는 맞지 않음에도—거기에 끈질기게 매달렸다. 케이티는 '내가 다른 것을 시도하면 무슨 일이 벌어질까?' '친구들이 뭐라고 말할까? 부모님은? 집 대출금을 갚지 못하게 되면 어쩌지?' 하는 생각에 빠져 있다.

후안은 현상 유지 편향status quo bias에 갇혀 있다. 정체기가 찾아왔는데도 아직 거기에서 벗어나기 위해 자신이 무엇을 할 수 있는지 생각해 볼 시간을 갖지 않았다. 포근한 담요 같은 직장 때문에 변화를 갈망하면서도 이런 안락함을 쉽사리 포기하지 못하고 있다.

만약 이 세 사람이 자신의 편향을 극복하려 애쓰고, 변화를 위한 중기적 실천에 나선다면 무슨 일이 일어날까?

케이티는 2년이면 너끈히 개인 마케팅 자문회사를 차릴 수 있다. 2년이면 케이티가 자기 일에서 좋아하는 업무와 좋아하지 않는 업무를 구분하고, 새 회사를 등록하며, 첫 직원들을 뽑고, 더 행복한 직업 생활을 영위하기에 충분한 시간이기 때문이다.

레이얀시는 7년이면 충분히 심리치료사가 될 수 있다. 그동안 거쳐왔던 여러 직업에서 어떤 부분이 좋았는지 돌아봄으로써 레이얀시는 자신의 재능이 무엇인지 발견할 수 있으며—사람을 대하는 기술 같은—이러한 발견을 토대로 그 재능을 더 키워줄 학과를 선택할 수 있다. 7년이면 그가 바리스타로 아르바이트를 하면서 대학을 마치고 심리치료사로 자리를 잡기에 충분한 시간이다.

후안은 4년이면 자신을 가로막는 걸림돌을 제거하고 상무이사로 승진할 수 있다. 그를 가로막는 것은 무엇일까? 한 가지를 꼽자면, 사람들이 그의 느긋한 태도를 고위직에 오를 자질의 부족으로 오해하는 경향이 있다는 것이다. 타인의 편향된 생각을 인지하면 이에 효과적으로 대처할 수 있다. 4년이면 후안은 자신감과 권위를 키우는 데 투자하여 여러 차례 만회의 기회를 통해 직장 선배들에게 자신의 향상된 가치를 뚜렷하게 부각시킬 수 있다. 후안은 그런 도전에 임해야 한다.

만약 당신이 큰 생각을 품고 중기적 여정에 나선다면 어떤 일이 일어날까?

큰 목표를 이루는 여섯 단계

길을 떠날 때는 지도 가 필요하다. 당신이 떠날 여정에서는 이 책이 지도가 되어 당신이 계획을 세우고 중기간의 원정을 마치도록 도움을 줄 것이다. 저마다 품고 있는 야망이 다르기에 사람마다 가야 할 거리는 다르겠지만 거치는 과정은 본질적으로 동일하다. 당신은 뜻한 바대로 새로운 능력과 기술을 펼치고, 새로운 기회를 맞이하게 될 것이다.

또한 앞길을 가로막고 있는 장애물이 무엇인지 확인할 시간도 가지게 될 것이다. 우리는 종종 자신이 나아갈 길에 스스로 장애물을 놓는다. 또 의식적으로든 무의식적으로든 타인의 행위에 의해서도 장애물이 놓인다. 여기서 타인은 동료, 친구, 가족이거나 또는 그들 모두일 수 있다. 그런 장애물을 잘 피해 가려면 새로운 능력이 필요하다.

사람들은 대부분 이 두 가지 장벽을 모두 만난다. 즉 자기가 자기 발목을 잡기도 하고 남들에게 길이 막히기도 한다. 이 책은 행동과학 분야의 최신 연구를 활용해 당신이 이런 장애물들을 피해 가도록 도와줄 것이다.

개인적으로 나는 시야를 넓게 가지고 생각하는 연습을 해왔다. 덕분에 나는 세상에 다룰 만한 주제들이 무수히 많으며 이를 다룰 체계적인 방법 또한 존재함을 깨달았다. 굵직한 목표를 세우고 유지하며 달성 가능성을 극대화하기 위해서는 거쳐야 할 여섯 단계가 있다.

첫째, 명확한 지향점이 있어야 한다. 확고한 목표가 필요하다. 이 목표는 폭넓은 생각을 통해 가시화된다. 당신의 목표는 무엇인가? 미래에 당신은 어떤 모습일까? 목표를 정할 때는 이를 달성시켜 줄 활동들이 무엇일지도 알아보아야 한다. 이 활동들은 목표를 실현하기 위해 행할 작은 실천들로, 호수나 연못을 건너게 해주는 징검돌과 같은 역할을 한다.

둘째, 그 작은 실천들을 행할 시간이 필요하다. 나아가 인간이 지닌 조급한 성향도 인식할 필요가 있다. 우리는 즉각적인 만족감을 안겨주는 활동들에 시간을 투입하고 싶어 한다. 반면 우리를 발전시켜 주는 활동들은 그 성과를 낼 때까지 시간이 걸린다. 행동과학의 도구들은 여정의 우선순위를 정하고 의도한 경로를 고수하도록 도와 가급적 빠른 시일 내에 목표를 실현할 수 있는 최상의 기회를 제공한다.

셋째, 자기 자신의 인지 편향이 큰 생각을 방해할 가능성이 있으므로 반드시 자기 자신을 들여다보며 자신에게 어떤 편향이 있는지 파악해야 한다. 선택한 궤도를 이탈하지 않으려면 무엇보다 자기 자신의 편향에 사로잡히지 않아야 한다.

넷째, 타인의 인지 편향이 당신의 발전을 가로막고 궤도를 벗어나게 할 수 있으므로 타인과 세상을 내다보며 그러한 편향들이 무엇인지 확인하여 이를 어떻게 피해 갈지 배워야 한다. 그러면 정성 들여 세운 계획이 타인에 의해 좌절되는 일을 막을 수 있다.

다섯째, 앞으로 나아가기 위해서는 반드시 당신이 시간을 보내는 물리적 환경이 큰 목표를 실현하는 데 어떤 영향을 미치는지 이해해야 한다. 현재 당신이 어떤 업무 환경에 놓여 있든 간에 행동과학적 통찰을 빌려 업무의 능률을 높여줄 소소한 환경적 변화를 가할 수 있다.

여섯째, 큰 목표를 추구하고 실현하기 위해서는 회복력을 기르고, 이를 활용할 필요가 있다. 회복력이란 간단히 말해서 포기하지 않고 목표를 달성하게 해주는 힘이다. 말은 쉽지만 실제로는 어떻게 회복력을 기를 수 있을까? 사람들과의 상호작용과 상황에 대한 자신의 반응이 회복력에 어떤 식으로 영향을 미치는지 이해하면 조그만 행동의 변화로 훗날 커다란 이득을 얻을 수 있다.

이상이 당신의 인생을 변화시킬 핵심 요소들이다. 정리하면 다음과 같다.

- 목표
- 시간
- 나 자신
- 타인
- 환경
- 회복력

이 여섯 가지 주제가 여섯 장에서 다루어지며 이 책의 골자를 이룰 것이다. 각 장들에는 다양한 행동과학적 통찰들이 담겨 있으며, 각각의 통찰은 오늘부터 시작할 수 있는 작지만 꾸준한 실천을 통해 당신이 큰 목표를 달성할 확률을 높여줄 것이다. 그러나 한 사람에게 통하는 방법이 다른 사람에게는 통하지 않을 수도 있다. 연습을 통해서 그리고 자신의 경험에 가장 적합해 보이는 도구를 사용해 보면서 당신은 어떤 방법이 효과가 있는지 배우게 될 것이다. 연습은 일부만 선택해서 해볼 수 있겠지만, 각 장에 실린 행동과학적 통찰들 전부가 고려할 가치가 있는 것들이다. 이를 이해하고 기억해 두면 목표를 향한 여정을 헤쳐나가기가 조금은 더 수월해질 것이다.

이루고자 하는 목표가 여러 가지일 때 가장 효과적인 방법은 먼저 최우선순위를 선택하여 그 한 가지 목표에 대해서만 계획을 세우면서 책을 읽어나가는 것이다. 그런 다음 두 번째, 세 번째 목표를 염두에 두고 다시 책을 읽어나가기를 권한다. 그리고 이 책의 초점이 주로 직업 세계에 맞춰져 있기는 하지만, 삶의 어떤 분야에서도 이 교훈들을 활용해 큰 생각의 결실을 맺을 수 있다. 당신은 외국어를 배우고 싶을 수도, 소설을 쓰고 싶을 수도, 마라톤을 하고 싶을 수도 있다. 아니면 이 세 가지를 다하고 싶을 수도 있다! 이어질 각 장들에 기술된 과정을 따라하면 어느 분야에서든 일정한 궤도에 오를 수 있다.

한 번만 제대로 이해하면 동일한 접근법을 몇 번이고 되풀이해서 활용할 수 있다. 그 방법은 당신을 붙들고 늘어졌던 편향과 맹점을 피해갈 단순한 행동 패턴으로 자리잡게 될 것이다.

자, 이제 큰 생각과 작은 실천들로 원하는 삶을 구축할 준비가 되었는가? 그렇다면 길을 떠나보자.

즐거운 여정이 되기를!

2장

더 크게 생각하라

목표

"미래의 자신을 상상하다 보면,

진정 어떤 일을 하고 싶은지 알게 된다."

중기적인 계획을 수립할 때 가장 먼저 할 일은 분명한 목표를 설정하는 것이다. 목표를 설정하지 않으면 언제 목적지에 도달했는지 알 길이 없다. 그러나 목표 수립에 앞서 한 가지 중요한 단계를 거쳐야 한다. 몇 년 뒤에 자신이 무슨 일을 하고 있을지 머릿속에 그려보려고 할 때, 꿈꾸는 커리어에 관한 시각화를 방해하는 정신적인 장벽들로 어떤 것이 있는지 생각해 보라.

팟캐스트를 해보려다가 개설 방법을 접해보지 못했다는 이유로 그 생각을 머릿속에서 지워버렸던 적이 있는가? 헬기 조종을 배워보려다가 다른 일에 밀려 꿈을 접었던 적이 있는가? 몇 달 동안 세계 여행을 해보고 싶었지만 헛된 꿈이라는 생각에 그냥 웃고 지나친 적이 있는가? 꿈에 그리는 사람의 모습이 있는데 너무 도달하기 힘들어 보여 욕심을 내려놓았던 적이 있는가?

마음의 눈으로 최종 목적지를 확인하고 나면 목표 달성을 위한 계획을 수립하기가 그리 어렵지 않다. 이번 장 후반에서 제시될 몇 가지 행동과학적 통찰을 따르면 목표를 향한 여정에 도움이 될 것이다. 이 통찰들로 당신은 틀림없이 ME+를 향해 나아가게 될 것이다.

ME+는 중기적인 여정 끝에 꿈꾸던 목표를 실현한 '지금보다 향상된 나'다. ME+는 당신이 꿈꾸는 커리어를 보유하고 있다. 당신도 곧 나를 따라 이런 미래의 모습을 그리며 당신의 ME+를 창조하게 될 것이다.

그러나 그에 앞서 먼저 당신을 가로막고 있을지 모를 자기 기술personal narrative들을 확인하는 어려운 작업부터 해보자. 자기 기술은 나라는 사람을 설명하는 표현이다.

당신은 어떤 이야기를 하면서 자신의 성공을 방해하고 있는가?

당신은 어떤 이야기를 쓰고 있는가?

어린 시절 나는 바늘을 무서워했다. 아니, 극도로 겁에 질렸다. 뾰족한 것을 만질 일이 있으면 친구에게 대신 해달라고 부탁했고, 아예 정신을 잃고 쓰러지는 바람에 머리를 여러 바늘 꿰맨 적도 있다. 피라도 뽑게 되면는 일대 소동이 벌어졌다. 아버지는 내가 병원에서 채혈을 하는 동안 대기실에서 한 수녀님과 다정하게 담소를 나누던 때의 이야기를 즐겨 하신다.

간호사가 문틈으로 머리를 내밀고 아버지에게 방으로 좀 들어오시라며 말했다. "따님이 많이 힘드신가 봐요. 주삿바늘이 들어갈 때 아버님이 옆에 계셔 주셔야 할 것 같아요. 진료기록을 보니 따님이 전에 기절하신적이 있네요."

수녀님은 믿지 못하겠다는 눈길로 아버지를 바라보며 소리쳤다. "세상에! 이러고 있을 시간에 진작에 들어가셨어야죠. 어린것이 가엾기도 하지. 이럴 땐 아이에게 아빠가 필요하다고요!"

아버지는 천천히 일어서며 대답하셨다. "제 딸은 지금 스물다섯 살이랍니다."

바늘 공포증은 20대 시절 내내 나를 괴롭혔다. 이제 와서 생각하면 웃음이 나지만 당시엔 식은땀이 나고, 몸이 덜덜 떨리고, 메스껍고, 정신을 잃을 만큼 고통스러웠다. 그래서 막 30대에 접어든 2011년에 당뇨병에 걸렸다는 말을 들었을 때 그 말은 더더욱 끔찍하게 느껴졌다. 평생토록 하루에 5번씩 인슐린 주사를 스스로 놓아야 한다는 얘기를 들은 나는, 상담사에게 인슐린 주사를 맞지 않으면 얼마나 살 수 있느냐고 담담하게 물었다. 주사를 놓을 의향이 전혀 없었기 때문이다. 그래 봐야 삶의 질이 바닥일 텐데 주사는 놓아서 뭐하겠는가?

상담사는 내 말을 아주 심각하게 여겨 그럴 경우 나를 강제로 시설에 보낼 수도 있다고 엄포를 놓았다. 또 내가 그날 밤 주사를 놓는 데 성공할 때까지 집에 보내지 않을 거라고도 했다.

요즘 나는 하루에 5번씩 남들 앞에서도 별다른 이목을 끌지 않고 아무렇지 않게 주사를 놓는다. 내가 바늘에 대한 두려움을 떨쳐버릴 수 없는 사람이라는 믿음이 굳어지기 전에 나는 나 자신에 대한 자기 기술을 완전히 바꾸어 버렸다.

우리의 행동과 비행동을 형성하는 자기 기술의 힘은 엄청나게 강력하다. 자기 기술은 커리어를 형성해 가는 능력은 물론이고 우리 삶의 모든 국면에 영향을 미친다.

당신의 자기 기술은 진실인가?

뭔가 새로운 일에 들어가면 얼마 지나지 않아 내 눈에는 정상이 까마득해 보이는 산이 하나 보인다. 그러면 나는 꾸물거리면서 내게는 모든 일을 감당할 시간이 충분하지 않다고 구시렁거린다. 마음이 약해지는 순간이면—보통 지쳐 있을 때—내가 이미 얼마나 많은 일을 하고 있는지를 불평하며 계속 그런 식으로는 못 하겠다고 스스로에게 항변한다. 결국 나는 하루 24시간의 가용 시간을 제대로 들여다보지도 않고서—그러면 새로운 임무를 수행하는 데 투입할 시간이 꽤 찾아질 테니까—어깨에 짊어졌던 짐을 내려놓고 활동을 중단한다.

나는 지금 무의미한 회의와 끝도 없는 이메일 작성처럼 내 시간을 낭비하는 일들에 대한 이야기를 하고 있는 게 아니다. 진정으로 내 일과 인생에서 눈에 띄는 변화를 가져다줄 커다란 도전들에 대해서도 우리는 핑계를 찾는다. 나의 자기 기술—내가 스스로에게 하는 이야기—은 '내가 너무 바쁘다는 것'이다.

뭔가를 시작하지 못하도록 자기 자신을 가로막는 말들이 많다. "나는 별로 똑똑하지 않아!"라거나 "안 그래도 이미 잘하는 게 많아" 혹은 "그런 위험은 감수하지 않을 거야"라는 말들이 그것이다. "어차피 남들만큼 잘 할 수 없을 텐데 굳이 해서 뭐 해?"라는 말도 자주 하는 말 중 하나다.

사람들은 자신이 다음에 일어날 일을 통제할 수 없다는 말을 되뇐다. 온전히 몰입할 수 없는 일이라면 시작도 하지 않겠다고 말하는 사람도 있다. 이런 완벽주의적 성향은 완벽하게 성공적으로 끝낼 수 있는 일들만 시작하도록 만든다. 완벽주의자의 자기 기술은 목표를 향한 도전조차 가로막는다.

이런 말들은 한 가지 목적을 이룬다. 우리를 실패로부터 보호하고, 안전지대 안에 머물게 하며, 체면을 지키도록 도와주는 것이다. 안전지대 밖으로 나가는 건 썩 유쾌한 일이 아니다. 그러려면 위험을 감수해야 하는데, 그건 겁나는 일이다. 이런 자기 기술은 몸을 꽁꽁 감싸고 있는 담요와 같다. 하지만 그런 안전지대 내에서 목표를 달성할 수 없다면 언젠가는 밖으로 나가야만 할 것이다.

그러므로 당신은 스스로를 가두는 자기 기술이 무엇인지 확인할 필요가 있다. 언뜻 듣기에는 쉬울 것 같지만 생각보다 만만치 않을 수도 있다. 잠시 시간을 내어 자신에게 몇 가지 질문을 해보라. 위에서 나열한 자기 기술 중에 당신에게 해당되는 내용이 있는가? 아니면 머릿속에 떠오르는 또 다른 자기 기술이 있는가? 당신의 자기 기술은 당신에게 찾아온 기회를 거절할 때 내세우는 핑계로 사용될 수 있다. 그것들은 당신에게 다가온 도전을 받아들일지 말지에 대해 걱정이나 의심의 형태로 슬며시 머릿속에 침투하는 목소리다. 이런 목소리에 당신은 밤잠을 못 이룰 수도 있다.

당신에게 해당되는 자기 기술을 최대한 있는 그대로 표현해 보라. 상세하게 표현할수록 보다 정확한 확인이 가능하다. 그리고 애초에 어째서 그런 자기 기술들이 생겨났는지도 깨달을 수 있다. 예컨대 대중 강연을 해달라는 초청을 받고서 당신의 머릿속에 처음 든 생각이 "난 못해"라면 스스로 그 이유를 묻고 답해 보라. 그 답이 당신이 그만큼 훌륭하지 못해서라면 그렇게 생각하게 된 근본적인 이유를 생각해 보라. "나는 준비가 안 됐어" "난 믿음직한 강연자가 아니야" "내게는 그 정도의 지식이 없어" "숨이 막힐 거야" "겁에 질릴 거야" 같은 말들이 이어질 수 있다. 그 말들을 모두 적어보라. 그러나 그런 말들에는 근거가 없을 가능성이 높다. 결국 그 이야기가 사실이라면 애당초 어째서 강연 요청이 왔겠는가?

우리가 자기 자신에게 하는 말은 **확증편향**confirmation bias의 도움으로 생명력을 유지한다. 확증편향은 기존의 믿음을 확인시켜 주는 정보는 받아들이고, 스스로 고수해 온 자기 기술에 위배되는 사례들은 무시하게 만드는 인지 편향의 하나다. 다른 말로, 사람들 앞에서 강연을 할 만큼 당신이 훌륭하지 않다는 자기 기술에 얽매여 있다면 당신은 그러한 생각을 뒷받침할 증거를 찾게 된다. 그래서 아직 남들보다 부족한 전문성에 주목하면서, 당신이 그동안 이룬 진지하고도 혁신적인 기여는 무시하게 된다. 더 안 좋은 점은, 외부에서는 강연자로 초청할 만큼 당신을 충분히 전문가로 바라보고 있다는 사실을 외면하는 것이다.

이런 모습은 확증편향을 지니고 있는 사람들에게서 일반적으로 나타나는 현상이다. 그들은 반대되는 증거는 무시하고 자신의 신념을 뒷받침해 줄 증거만 찾고자 한다. 마찬가지로, 만약에 당신은 커리어에서 진전을 볼 만큼 이미 충분히 노력하고 있는데 남들 때문에 정체기가 찾아왔다는 믿음을 가지고 있다면, 당신은 그러한 생각을 뒷받침할 증거를 찾게 될 것이다. 예를 들면 월요일 회의에서 당신이 기여한 부분에만 집중하고, 화요일에 참석하지 않아서 놓친 직장 선배들과의 교제 기회는 간과하는 것이다. 사업을 확장할 시간이 없다는 자기 기술에 매달리면, 현재의 업무량에 얼마나 중압감을 느끼고 있는지에만 집중하며 소셜미디어나 TV 시청에 얼마나 많은 시간을 쓰고 있는지는 무시하게 된다. 더 나쁜 점은 심지어 아무런 가치도 없는 무의미한 일들로 현재의 일정을 가득 채우고 있을지도 모른다는 점이다.

변화를 바란다면 당신 자신에 대해 지어낸 거짓 이야기들을 파악할 필요가 있다. 그런 다음 이를 물리칠 조치를 취해야 한다.

다음 표의 첫 번째 열에 당신을 가로막고 있는 것 같은 자기 기술들을 적어보라. 두 번째 열은 이를 바꾸도록 도와줄 작은 실천들을 기록할 부분이다. 이 부분은 나중에 채울 것이다.

자기 기술 : 당신이 생각하는 자기 모습	변화 : 자기 기술을 바꿀 작은 실천

내 삶을 흔드는 자기 기술의 위력

스스로에게 하고 있는 말이 자신의 앞길을 가로막고 있는지 돌아보라는 요청이 다소 의아하게 여겨질 수도 있다. 어차피 그 말의 사실 여부는 이미 스스로 알고 있지 않겠는가? 글쎄, 꼭 그렇지만은 않다. 자기 기술은 무의식적으로 생성되며, 심리학과 자기계발 분야에서는 이미 그런 자기 기술의 위력을 보편적으로 인식하고 있다. 그럼 여기에서 이러한 자기 기술과 관련된 몇 가지 중요한 연구들을 간략히 살펴보기로 하자.

인지행동치료Cognitive Behavioral Therapy는 불안과 우울에 대한 치료법으로 전 세계적인 입지를 다져오고 있다. 이 대화 요법은 본질적으로 사람들의 생각과 믿음, 태도가 어떻게 그들의 감정과 행동에 영향을 미치는지에 집중한다. 부정적인 사고 패턴은 유년기부터 형성되었을 수 있다. 예를 들어 어릴 때 부모님에게서 많은 관심을 받지 못한 사람은 성인이 되어 일이 뜻대로 안 될 때 무심결에 '나는 쓸모없는 사람이야'라고 생각할 수 있다. 그러나 고객이든 승진이든 프로젝트든 언제나 뭔가를 '놓칠' 때가 있는 법이다. 이런 자기 기술은 스스로를 의기소침하게 만들어 세상과 대면하지 못하게 하며, 이후로는 줄곧 부담스럽지 않은 상황만 찾도록 만든다. 인지행동치료는 이런 사람의 상황 해석에 의문을 제기하도록 한다. 이는 본질적으로 기존의 자기 기술을 바꾸고 다른 이야기를 들도록 도와준다.

『마인드셋Mindset』의 저자 캐럴 드웩Carol Dweck은 자신의 이론에서 사람들을 두 가지 유형으로 구분했다. 첫 번째 유형은 **고정형 사고방식**fixed mindset을 지닌 사람들이다. 이들은 자신의 능력이 타고난 것이어서 바꿀 수 없다고 생각한다. 이들은 "나는 숫자에 약해"라거나 "난 사람들 앞에서 말을 잘 못해"라는 식으로 말한다. 그리고 실패를 꺼려해 실패할지 모르는 상황 자체를 피한다. 고정형 사고방식을 지닌 사람이 스스로 잘하지 못한다고 생각하는 활동에 참여하도록 강요받으면 부정적인 렌즈를 통해서 상황을 바라본다. 사람들 앞에서 이야기를 할 때 말을 더듬기라도 하면 그들은 이를 대중 강연에 소질이 없다는 증거로 삼아 다음번에 그러한 요청이 들어올 땐 거절하고 만다. 확증편향에 의지하는 것이다.

두 번째 유형은 **성장형 사고방식**growth mindset을 지닌 사람들이다. 이들은 언제든 자신이 새로운 기술을 습득할 수 있다고 믿는다. 그리고 도전을 즐기며 실패를 배움의 기회로 삼는다. 무엇이든 노력으로 가능하다고 믿기 때문에 성장형 사고방식을 지닌 사람들은 자기 기술을 바꾸는 데 거리낌이 없다. 그들은 내일의 리더이자 혁신가, 전문가가 되기 위해 필요한 기술을 얻을 수 있는 가능성에 기꺼이 귀를 기울인다. 누구나 마음만 먹으면 새로운 기술을 습득할 수 있다. 따라서 우리는 스스로 이러한 사실을 상기시키며 성장형 사고방식을 개발하기 위해 힘써야 한다.

인간 행위의 원인을 설명하는 데 빈번히 활용되는 또 다른 심리 기제는 **통제소재**locus of control다. 이는 개인이 자신의 인생 또는 커리어의 경로에 영향을 미치는 사건들을 스스로 통제할 수 있다고 느끼는 정도를 말한다. 새롭게 발생하는 사건들을 스스로 통제할 수 있다고 믿는 사람은 내적 통제소재를 지닌 것이며, 그렇지 않은 사람은 외적 통제소재를 지닌 것이다. 외적 통제소재자들은 무슨 일이 일어나든 책임지려 하지 않으며 그 일에서 어떤 교훈도 얻지 못한다. 이런 사람들은 사업에 실패할 때 그 원인을 경제 사정에 돌리고, 고객을 잃으면 그 고객을 이상한 사람으로 치부하며, 원고를 거절당해도 수정할 필요를 못 느낀다.

반대로 내적 통제소재자들은 벌어진 일에 스스로 책임을 지며 새로운 기회를 모색한다. 그들은 언제나 "최종 결과가 좋든 나쁘든 책임은 나에게 있어!"라고 말한다. 내적 통제소재자들은 운에 기대지 않는다. 오로지 재능과 노력만을 믿으며 "자기 운은 자기가 만드는 것"이라고 주장한다. 그런데 이런 사람들에게 예기치 않은 난관이 연이어 닥치면 어떤 일이 벌어질까? 이를테면 경제 상황이 위축되어 실직을 하게 되는 경우가 있을 수 있다. 정리해고는 인재들에게도 수시로 닥친다. 정리해고를 당한 사람이 내적 통제소재자여서 이 불운의 탓을 내부로 돌리게 되면 개인적 안위에 악영향을 입을 수 있으니 주의가 필요하다.

『그 뒤로 행복하게 살았답니다Happy Ever After』의 저자 폴 돌런Paul Dolan은 자기 기술이 지닌 위력을 강조하며 우리가 자신에게 하는 이야기가 결혼과 행복 추구, 소득 같은 삶의 영역에서 우리에게 얼마나 큰 위해를 가할 수 있는지 설명한다. 그는 우리가 기대에 따라 행동하는 데 중독되어 있다고 주장한다. 이런 기대를 내면화하면서 인생에서 '해야 할 일'이 무엇인지에 대한 자기 기술이 생겨나는데, 이것이 반드시 우리에게 즐거운 일이 아닐 수도 있다. 이러한 자기 기술은 우리 자신이 그 내용에 부합하는지 여부에 상관없이 우리의 일부분이 된다.

이런 심리 체계들이 하나같이 강조하는 바는 곧, 자기 기술에 주의를 기울여야 한다는 것이다. 경우에 따라 삶의 한 영역에서는 긍정적인 자기 기술을 하고 다른 영역에서는 부정적인 자기 기술을 할 수도 있다. “나는 그만한 가치가 없어”라는 자기 기술은 바람직하지 않은 관계에 당신을 옭아맬 수 있다. “나는 절대 그들만큼 잘하지 못할 거야”라는 자기 기술은 당신이 크라브 마가Krav Maga(실질적인 전투 훈련과 더불어 복싱, 레슬링, 합기도, 유도, 공수도를 기원으로 하는 기법들을 절충한 군사적 자기방어 체계의 하나-옮긴이)를 시작하지 못하게 가로막고, TV 드라마 「브레이킹 배드Breaking Bad」에만 빠져들도록 만들 수 있다.

부정적인 자기 기술은 해롭다. 그런데 자기 기술이 스스로에 대한 설명의 일부라 이를 알아차리지 못할 때가 많다.

그러나 당신은 언제든 바뀔 수 있다. 당신이 자기 자신에 대해 어떤 이야기를 하고 있는지 인식하는 것이 그 첫걸음이다.

당신의 이야기를 새로 써라

스스로 주사를 놓겠다고 결심했을 때 내게는 달리 선택권이 없었다. 그것은 말 그대로 죽느냐 사느냐의 문제였다. 그러나 일반적으로 사람들은 자신이 달성하고자 하는 목표를 궁극적으로 완수해 나가는 과정 속에서 자기 기술을 날마다 의도적으로 바꿔나간다. 예컨대, 흡연자들은 담배의 대체재로 전자 담배를 피움으로써(새로운 과정) 담배를 끊는다(궁극적인 목표). 소셜미디어 중독자들은 집에 도착하면 현관에 스마트폰을 놓고 들어감으로써(새로운 과정) 가족과 더 돈독한 시간을 보낸다(궁극적 목표). 어떤 목표를 달성하려고 하든 과정에 집중할 필요가 있다. 그러다 보면 언젠가는 자기 기술의 내용이 "나는 비흡연자야"라거나 "나는 가족과의 시간을 소중하게 여겨"라는 식으로 바뀌게 된다.

어떤 자기 기술이 ME+를 향한 길을 가로막는지 명확히 알 수는 없더라도, 목표를 달성하도록 도와줄 과정을 파악함으로써 새로운 자기 기술을 내면화할 수 있다. 그 과정에 참여할 때마다 당신은 자기 자신에 대한 새로운 설명을 쓰게 되는 셈이며, 어느 시점에 이르면 당신의 이야기에서 전혀 새로운 캐릭터가 탄생하게 될 것이다. 이후에도 당신은 계속해서 이야기를 써나가게 되겠지만, 일단 캐릭터가 정해지고 나면 거기에 드는 수고는 훨씬 줄어들 것이다. 주어진 상황에서 그 캐릭터가 무슨 일을 할지 이미 알고 있기 때문이다. 그러한 과정이 쉽지 않을 수도 있지만 유익하지 않은 자기 기술을 바꾸기 위해 노력할 가치는 충분하다.

지난날을 돌아보며 당신이 자기 기술을 바꾸었던 때를 떠올려 보라. 그런 변화를 가능하게 한 과정은 무엇이었는가? 연인과의 관계가 틀어졌을 때 이를 어떻게 회복했는가? 데이트에 충실히 임했는가? 상담을 받았는가? 아니면 공동의 취미를 찾았는가? 체스 실력을 바닥에서 웬만한 수준까지 올린 적이 있다면 어떤 방법을 썼는가? 매주 동호회 모임에 나가서 연습을 했는가? 아니면 온라인으로 체스 게임을 했는가? 성인이 되어 새로운 언어를 배웠다면 어떤 식으로 배웠는가? 수업을 들었는가? 아니면 애플리케이션을 활용해 독학했는가? 이런 것들이 바로 새로운 자기 기술을 만드는 과정이다. 이러한 과정들에 빈번히 참여하면 어느 시점에 이르러 자기 기술의 내용이 바뀌어 있는 것을 알아차리게 될 것이다.

다음은 부정적인 자기 기술의 몇 가지 사례와 이를 타파하는 데 활용할 수 있는 과정들이다. 앞서 당신이 적어놓은 자기 기술들을 다시 살펴보면서(44쪽 표 참고) 당신의 ME+를 가로막고 있는 것 한 가지를 골라보라. 다음으로 그 부정적인 자기 기술에서 벗어나게 도와줄 과정이 무엇일지 생각해 보고 이를 '변화' 열에 적으라. 이 과정에 참여하여 생성될 새로운 자기 기술은 무엇인가?[1]

일요일 저녁 시간 따위로 매주 일정한 시간을 정해 지난주에 당신이 계획했던 과정을 얼마나 성공적으로 이행했는지 돌아보고 다음 주의 계획을 세워보라.

기존의 자기 기술과 이를 변화시킬 과정,
이후 생성될 새로운 자기 기술의 예시:

1. 기존의 자기 기술: 나는 매일 몸에 안 좋은 음식을 먹는다.

- **변화 과정:** 매주 일요일 밤에 일주일 동안 점심 식사로 먹을 음식을 미리 준비해서 냉동해 놓는다.
- **새로운 자기 기술:** 나는 건강한 식습관을 가지고 있다. 대부분의 날에 몸에 좋은 음식을 먹으며, 예전보다 훨씬 더 활력이 넘치고 기력이 덜 달린다.

2. 기존의 자기 기술: 나는 생산성이 떨어진다. 지난주에는 하루도 목표량을 달성하지 못했고, 발등에 떨어진 불을 끄느라 내내 허덕였다.

- **변화 과정:** 오후 3~5시에만 이메일 확인 및 답장과 웹 서핑을 한다.

- **새로운 자기 기술:** 나는 생산적인 사람이다. 오전 시간에 집중이 잘되고 더 많은 일을 한다. 매일 저녁, 예전보다 더 일찍 퇴근한다.

3. 기존의 자기 기술: 나는 별 볼 일 없는 사람이다. 직장 동료들은 다들 나보다 더 일을 잘하고 훨씬 더 빠른 속도로 목표를 달성한다.

- **변화 과정:** 발전의 기준점을 나 자신으로 정하고, 다른 사람들과 나를 비교하느라 시간을 허비하지 않는다. 대신 일주일에 1번씩 일지에 나의 성취와 진보를 기록한다.
- **새로운 자기 기술:** 발전하고 있는 나 자신이 자랑스럽다. 자부심이 높아졌고 직장 생활이 예전보다 즐겁다.

위의 예시들에 소개된 변화의 과정이 결코 타인에게 의존하고 있지 않음을 주목하라. 이는 과정을 설정할 때의 필수 조건이다. 이렇게 설정한 과정에 반복적으로 임하면 부정적인 자기 기술을 대체할 새로운 자기 기술을 생성할 수 있다.

강점과 약점은 얼마든지 바뀔 수 있다

남자아이들이 여자아이들에 비해 선천적으로 수학을 더 잘한다는 말을 들어보았는가? 또 여자아이들이 남자아이들에 비해 언어 능력이 더 뛰어나다는 말을 들어보았는가? 이런 주장들은 그야말로 근거를 찾기 힘든

선입견에 불과하다. 그러나 애석하게도 이런 고정관념을 접하고 나면 대부분의 아이들이 이를 적극적으로 내면화한다. 어린 제니는 자신이 수학을 못할 것이라 바라보는 주변의 시선 때문에 그러한 기대에 맞추어 살게 된다. 고정관념은 여자아이들로 하여금 수학을 잘하지 못하도록 유도하며, 마찬가지로 남자아이들이 언어 능력에서 뒤처지도록 만든다.[2] 이는 자기 충족적 예언의 하나다.

부정적인 자기 충족적 예언은 수행 능력을 떨어뜨린다. 내가 나 자신에 대해 어떤 사실을 믿으면 그것은 나를 표현하는 자기 기술이 되며, 이는 내가 취할 행위를 결정하는 데 막대한 영향력을 행사한다. 나 스스로 수학을 못한다고 말하면 나는 수학 시간마다 자신 없는 태도로 수학을 대하게 되며, 수학을 공부하는 시간이 매번 길고 어렵게 느껴지게 된다. 반면에 내가 수학을 좋아하고 천부적으로 뛰어난 수학 머리를 타고났다고 스스로 되뇌면 수학이 그리 어렵게 느껴지지 않는다.

2015년에 내가 제니퍼Jennifer를 만났을 때 그녀는 새로운 피트니스 앱 제작을 막 포기한 상태였다. 제니퍼는 훌륭한 팀과 건실한 사업계획서, 우수한 제품까지 신규 사업에 필요한 모든 재료를 다 갖추고 있었다. 그러나 다른 한편으로, 자신이 대인관계에 서툴고 홍보와 상품 판매에도 미진하다는 믿음 역시 가지고 있었다. 이러한 믿음 때문에 제니퍼는 처음 투자자를 만난 자리에서 긴장한 나머지 말을 버벅거렸고 그에게 신뢰감을 주지 못했다. 결국 제니퍼는 투자 유치에 실패했다.

제니퍼는 이런 행위를 내면화하고는 자신을 호되게 나무라고 패배자로 낙인찍었다. 두 번째 기회에서도 같은 일이 일어났고 세 번째, 네 번째,

다섯 번째도 마찬가지였다. 제니퍼가 스스로에게 들려준 자신의 강점과 약점에 관한 이야기는 자기 충족적 예언이 되어버렸다. 물론 자기 충족적 예언이 반드시 부정적인 결과만 가져오란 법은 없다.

강점과 약점을 당신의 고정적인 특성으로 바라보기보다 특정 행위에 의해 나타나는 외면적 특성으로 바라보는 편이 훨씬 유익하다. 강점과 약점을 특정한 과정에 참여하면서 비롯되는 결과로 생각하자.

강점과 약점을 태생적 특성으로 생각하는 사람들이 너무나 많다. 여러 중요한 인간적 특성들과 삶의 결과에 유전적 요소가 있는 것은 사실이다. 하지만 많은 사람들이 평생토록 가꿔나갈 가장 소중한 세 가지로 꼽는 건강과 행복, 지능이 날 때부터 고정되어 있을까? 이런 속성들이 전적으로 유전에 의해 결정될까? 다행히도 "그렇지 않다."

특정 결과를 유발하는 하나의 결정 요인으로 유전적 요소만을 따로 떼어서 살펴보고자 할 때, 연구자들은 흔히 쌍둥이들을 조사 대상으로 삼는다. 그러한 연구들에서는 같은 집안에서 자란 일란성 쌍둥이와 이란성 쌍둥이들의 삶에서 발생하는 일들을 분석한다. 일란성 쌍둥이는 모두 같은 유전자를 공유하고, 이란성 쌍둥이는 유전자의 50퍼센트만 공유한다는 사실을 활용하는 것이다. 이때 일란성 쌍둥이들과 이란성 쌍둥이들 양쪽 모두에게서 유사하게 관찰되는 결과는 환경에서 기인한 것이라기보다는 유전적 요소로 여겨진다.

그러면 이러한 연구 결과, 행복과 지능에서 유전적 요소가 차지하는 비율이 어느 정도로 나왔을까? 우선 지능에서 유전적 요소가 차지하는 비율은 20~60퍼센트 사이로 추정되었다.[3] 이는 곧 지능의 40~80퍼센트는 우리가 계획한 작은 실천들과 매일의 상황에 의해 결정된다는 뜻이다.

어쩌면 당신은 지능에는 별 관심이 없고 그저 행복만을 추구하는 사람일 수도 있다. 이와 관련한 연구 결과는 우리가 느끼는 행복의 약 50퍼센트가 유전 외적인 요소들에 의해 결정됨을 시사한다.[4] 당신이 매일 행하는 작은 실천들로 당신의 안녕을 상당 부분 보장할 수 있다는 말이다.

그러면 유전학과 유전력에 대한 논의에서 우리가 얻을 수 있는 교훈은 무엇일까?

바로 우리가 자기 삶의 결과를 바꿀 수 있다는 것이다.

어지간한 수준에서 감탄할 만한 정도에 이르기까지, 이룩할 수 있는 변화의 범위는 상당히 넓다. 감탄할 만한 변화를 이룩하기 위한 좋은 출발점은 어디일까? 먼저 특정한 자기 기술과 연결되는 행동부터 바꾸도록 하자. 자기 자신에게 일 못하는 사람이라는 낙인을 찍기보다 큰 생각에 어울리는 변화를 가져올 작은 실천(과정)을 행하자. 어떻게 하면 등산가가 될 수 있을까? 산을 자주 오르다 보면 자연히 그러한 호칭을 얻게 된다. 어떻게 하면 대중 강연가가 될 수 있을까? 자신의 전문 분야에 대해 청중들 앞에서 정기적으로 강연하다 보면 강연가라는 호칭이 낯설지 않아진다.

당신이 통제할 수 있는 것은 과정이므로, 결과보다 과정에 초점을 두도록 하자.

거시적인 목표 설정과 달성을 도울 행동과학적 통찰

자신에게 유익하지 않은 자기 기술을 바꾸는 일은 어렵기는 해도 노력을 기울일 가치가 충분하다. 분명히 밝혀두지만 나는 당신의 진정한 자아를 바꾸라고 요구하는 것이 아니다. 내성적인 사람에게 외향적인 사람으로 바뀌라고 강요하지 않으며, 경쟁을 싫어하는 사람에게 경쟁심을 가지라고 종용하지 않는다. 오히려 그 정반대다. 내가 부탁하는 것은 정신적 구속으로부터 자유로운 ME+의 비전을 가지라는 것이다. 그런 비전을 갖게 되면 머릿속 반대론자가 당신은 그런 도전을 하기에 부족하다고 말할 때 그 말을 차단해야 할 것으로 인식하고, 그 비전에 도달하는 데 요구되는 기술이 무엇인지 파악할 수 있다.

큰 생각을 바탕으로 ME+에 도달할 거시적인 목표를 설정하는 데 도움이 될 열 가지 행동과학적 통찰을 아래에 소개한다. 이 통찰들을 본문에 제시된 순서대로 하나하나 탐독하며 그 지시에 따라보길 바란다. 결국 규칙적인 활동을 통해 중기적인 계획이 완수되는 보상이 뒤따를 것이다. 이 규칙적인 활동들은 ME+라는 야망을 달성하기 위해 행할 작은 실천들이다.

자, 이제 그 통찰들을 본격적으로 살펴보기로 하자.

통찰 1: ME+는 어떤 일을 하고 있을까?

나이에 상관없이 누구나 크고 원대하게 생각할 수 있는 능력을 지니고 있다. 지금 당신이 읽고 있는 이 책은 내가 중환자실에서 막 퇴원한

2017년 11월에 처음 구상되었다. 당시 나는 혈당을 더 철저히 관리하라는 엄격한 지시를 받고 병원에서 퇴원했다. 어리석게도 혼쭐이 난 뒤에야 나는 그 과제를 기꺼이 받아들이고, 그날 당장 자가 치료를 위한 계획을 세웠다. 여기에는 건강 상태를 호전시켜 줄 갖가지 소소한 조치들이 담겼다.

그리고 내 계획은 거기에서 그치지 않았다. 나는 학교 학생들 말고도 더 많은 대중에게 행동과학의 교훈을 전해줄 책을 쓸 계획도 세웠다. 그 계획에는 그러한 야망을 실현하기 위해 내가 참여해야 할 활동들이 담겼고, 그 활동들은 꾸준한 실천을 위해 내 일과에 편입되었다.

그날 이후, 내 ME+는 행동과학에 관한 대중서를 출간한 작가로 설정되었고, 목표는 책을 쓰는 것이 되었다. 책을 쓴다는 큰 목표를 설정하자, 목표에 도달하기 위해 어떤 실천들을 해야 할지 확인할 수 있었다. 지금 인생의 어느 시점에 있든 미래의 ME+가 무엇을 하고 있을지에 초점을 두면 몇 년 만에 현재의 한계를 훨씬 뛰어넘는 가능성을 실현할 수 있다. 모 아니면 도 식이 아닌 좀 더 편안한 방식으로.

그러면 무엇부터 시작하면 될까? 먼저 미래의 나의 모습, ME+를 시각화하자.

우선 열심히 노력해서 달성할 수 있는 현실적인 목표를 설정해야 한다. 예를 들어 나이가 마흔이 다 된 사람이 프로 럭비 선수가 되려고 하면서 경기에 적극적으로 참여하지 않는다면 그 목표는 환상에 불과하다. 그런 나이 많고 경험 없는 선수가 프로 구단에 영입될 가능성은 제로다. 또 비슷한 나이의 사람이 기업주가 되려고 하면서 사업 수완을 갖추지 못했을 때도 이를 실현할 가능성은 희박하다. 이런 경우의 문제는 같은 목표를 지향하는 다른 사람들에 비해 그의 경험이 매우 일천하며 대표의 자리는 매우 한정적이라는 데 있다. 그러나 나이가 마흔 줄에 들어섰지만 중간 관리자급 직전의 단계에서 부진을 겪고 있는 사람이라면, 고위직 임원을 중기간에 걸쳐 이룩할 ME+로 삼기에 적절하다.

미래의 자신future self을 상상하다 보면 진정 어떤 일을 하면서 살고 싶은지 숙고하게 된다. 이때 원하는 라이프스타일에 초점을 두지 않도록 하자. 가보고 싶은 휴가지나 맛집에 대해서 큰 생각을 해봐야 아무 소용이 없다. 대신 그런 라이프스타일을 영위하게 해줄 활동들에 집중하자. 이상적인 경우라면 이런 활동에 참여할 생각만으로도 열정이 샘솟고, 매일 아침 잠에서 깨는 게 즐거울 것이다.

요즘 우리는 더 장기간 일하고 더 늦은 나이에 은퇴한다. 많은 사람들이 대부분의 시간을 일을 하거나 일에 대한 생각을 하는 데 소비한다. 그런 만큼 당신은 미래의 당신이 좋아하는 일을 하고 있기를 바랄 것이다. 중장기적 목표를 세울 때는 이 점을 반영해야만 한다.

좋아하는 활동을 할 때는 과정에 참여하는 데 드는 노력의 비용이 제로에 가까운 반면, 특별한 결과가 나타날 가능성은 높다. 이런 일을 할 때는 진이 빠지지 않으며 오히려 삶의 질이 높아진다.

꾸준히 나아가면서 삶의 질을 높일 수 있는 여정을 계획하려면 두둑한 월급만 바라지 말고 (적어도 대부분의 시간에) 즐겁게 할 수 있는 활동을 찾는 쪽으로 생각을 전환해야 한다. 누구나 일은 적게 하면서 돈은 많이 벌기를 바라지만 소득이 행복과 직결된다는 증거는 찾아보기 힘들다. 적으나마 생활 필수품을 충당할 수 있을 만큼의 기본적인 소득 수준을 넘어서고 나면 말이다. 오로지 돈에만 초점을 맞추다 보면 좋아하는 일을 찾을 기회를 놓치기 쉽다. 또 좋아하는 일을 하면서 돈을 벌 기회 역시 놓치게 된다.

진정 미래의 자신이 하고 있기를 바라는 일의 관점에서 생각하면, ME+의 실현을 위해 필요한 작은 실천들이 무엇인지 파악할 수 있다. 과정의 측면에서 생각하면, 어디에 노력을 기울일지 분별할 수 있는 날카로운 자기 인식이 발달한다. 그리고 무엇보다 중요한 점은, 그럴 때 ME+의 변화를 제어할 자기 기술을 적극적으로 생성하게 된다는 것이다. 규칙적으로 작은 실천들을 행하다 보면 그것은 하나의 과정이 되며, 그 과정은 자연스레 개인의 자기 기술에 녹아들게 된다.

앞으로 몇 년 뒤에 당신이 ME+의 모습으로 하루를 시작하는 모습을 그려보기 바란다. 작은 소도시에 있는 직장이든 대도시에 있는 직장이든 당신은 출근 준비를 하고 있을 것이다. 어쩌면 재택근무를 하거나 동네 카페에 나가서 일을 할 수도 있다. 옷차림은 반바지나 정장 차림 혹은 아직 잠옷 바람일지도 모른다. 어쨌거나 하루 일과가 시작되었을 때 당신이 실제로 하고 있는 일이 무엇일까?

이제는 ME+가 하고 있을 직업적 활동들을 정할 차례다. 당신은 구체적으로 어떤 일을 하고 싶은가? 사람들을 지도하고 그들의 능력을 개발시켜 주기를 원하는가? 회사의 자원을 어떤 식으로 배분할지 결정하고 싶은가? 직접 만든 제품을 판매하거나 컨설팅 서비스를 하고 싶은가? 전업 작가가 되고 싶은가? 사람들을 돌보고 싶은가?

이제 시간을 내어 다음 장의 빈칸을 채워보라. 이미 무슨 일을 하고 싶은지 알고 있다면 빈칸을 채우기가 한결 수월할 것이다. 같은 커리어에서 더 빨리 나아가려는 사람들과 새로운 일을 시작하려는(자유직으로 전환하거나, 사업을 시작하거나, 전혀 새로운 직종으로 이직하는 등) 사람들에게는 적용되는 질문이 서로 다르다.

ME+가 무엇을 하고 있을지 확신이 없다면 그다음 표를 참고하여 즐겁게 할 수 있는 활동들을 찾는 데 집중하라. 마음이 동하지 않는 것들은 지우고, 미래에 직업으로 삼으면 좋을 일들에는 동그라미를 쳐보자. 결국 아무런 표시도 없는 활동들은 그럭저럭 하기는 하지만 못 하게 되더라도 아쉽지 않을 것들이다.

그래도 여전히 무엇을 하고 싶은지 명확한 비전이 떠오르지 않는가? 걱정할 것 없다. 즐겁게 할 수 있는 두어 가지 활동을 찾는 데 집중하면 된다. 격자탐색법(특정 환경을 바둑판과 같이 구획을 설정하고, 행과 열에 서로 다른 종류의 내용을 입력하여 교차점에서 구하려는 최적의 항목을 찾는 방식–옮긴이) 같은 방법을 써도 좋다. 찾아낸 활동들에 폭넓게 참여해 보고, 그 경험이 얼마나 즐거웠는지 평가해 보자. 그런 과정을 반복하면서 어떤 활동이 즐거운지 그리고 각 활동에서 어떤 기회가 생기는지 알아가다 보면 자신의 취향을 보다 명확히 파악할 수 있다.

나의 ME+는 미래에 무엇을 하고 있을까?

다음의 진술을 완성하시오.

ME+를 위한 거시적인 목표는 ________________ 이다.

ME+의 직함은 ________________ 일 것이다.

ME+는 ________________ 업계에서 일하고 있을 것이다.

ME+가 다닐 회사는 ________________ 이다.
(자기 사업을 시작할 생각이라면 그 업체명을 쓰라.)

ME+는 ________________ 한 특징이 있는 회사를 운영하고 (또는 회사에 다니고) 있을 것이다.

다음의 진술 중 하나를 선택하여 목록을 작성하시오.

ME+는 지금과 유사한 역할을 하며, 다음을 포함하는 더 많은 책임을 맡고 있을 것이다.

1. ________ 2. ________ 3. ________ 4. ________ 5. ________

ME+는 전혀 새로운 직종에서 일하면서, 다음과 같은 책임을 맡고 있을 것이다.

1. ________ 2. ________ 3. ________ 4. ________ 5. ________

ME+는 다음의 활동들에 참여할 것이다.
(이 활동들은 본질적으로 목표의 달성을 도와주는 과정들이다.)

사람이나 프로젝트의 감독 및 자금 배정	조사 참여	절차 모니터링	(관리자로서) 타인에 대한 업무 지원	진부한 사고방식 타파
타인에게 상담과 조언 제공	타인에 대한 코칭 및 능력 개발	타인 관리	조직 내 부서들의 직원 채용	조직이나 부서가 사회적 책임을 다하도록 보장
프로젝트 계획	신제품이나 서비스의 구상 및 설계	정책 개발	신체 활동 참여	물품 취급 및 이동
제품이나 서비스의 품질 평가	문제 해결	아이디어나 타인에 대한 평가	관련 지식 업데이트 및 입수	위험과 수익 평가
글쓰기	전략적 의사결정	창의적 사고	자기 사업체의 운영	높은 목표치와 전략 개발
데이터나 정보의 분석 및 평가	예술 작품 창작 및 판매	업무 및 활동의 일정 관리	자신 또는 타인의 업무 계획 및 우선순위 설정	법규나 기타 기준의 준수 보장
컴퓨터 작업	문서 작성/ 정보 기록	타인을 위한 정보의 의미 해석	동료들과의 소통	조직 외부 사람들과의 소통
대인관계 확립	타인에 대한 지원 및 돌봄	판매	영향력 행사	갈등 해소 및 협상
대중 공연	타인의 업무 및 활동의 조율	대중과의 직접적인 작업	팀 개발 및 구성	타인에 대한 교육 및 훈련

표의 맨 마지막 줄에는 빈칸이 있다. 이곳은 보다 구체적인 활동들을 기입하는 칸이다. 이 칸은 ME+가 하고 있을 일에 대해 명확히 알고 있는 사람들에게 특히 유용하다. 빈칸을 채우면서 표에 나열된 일반적인 활동에서 구체적인 활동으로 범위를 좁힐 수 있기 때문이다.

예컨대 '전략적 의사결정'과 '문제 해결'을 바탕으로는 '제약회사의 자본구성 결정 및 경제적 혼란에 따른 부채 자본 비율 조정에 관한 해법 제시'와 같은 내용을 작성할 수 있다. '타인의 업무 및 활동의 조율' 대신에는 '주문의 원활한 처리로 고객들이 애견 샴푸 회사에 만족하도록 타인의 업무 및 활동을 조율'이라고 작성할 수 있다. '대중 공연' 대신에는 '최신 브로드웨이 뮤지컬에서 내가 맡은 배역의 대사 연습'이라고 쓸 수 있다. '타인에 대한 지원 및 돌봄' 대신에는 '돌보는 아이들을 공원에 데려가 자연 관찰을 위한 산책하기'라고 쓸 수 있다.

이제 어떻게 할지 감이 잡혔으리라.

통찰 2: ME+는 어떤 기술을 보유하고 있을까?

더 많은 대중에게 행동과학적 통찰을 전하는 책의 저자가 되겠다고 결심하는 것과 그 결심을 실제 성공 스토리로 만드는 것은 전혀 별개의 일이다.

책을 내려는 사람이 넘쳐나는 세상에서 에이전시와 출판사 모두를 납득시키기란 그리 녹록지가 않다. 결심을 한 지 한 달도 채 안 된 2017년 12월에 나는 저자가 되려는 꿈을 실현하는 데 필요한 핵심 기술들이 나에게 부족하다는 사실을 깨닫고 망치로 머리를 얻어맞은 듯 정신이 멍해졌다. 그때까지 나는 행동과학 연구의 세부 지식과 학술적 글쓰기 양식에는 통달했을지 몰라도, 어떻게 하면 중요한 메시지를 독자들이 출퇴근 길이나 귀한 휴가 시간에 혹은 잠자리에 들기 전에 편하게 읽을 수 있는 스타일로 변환할 수 있는지에 대한 지식은 거의 없었다. 아직 내게는 그런 스타일로 글을 쓸 기술이 부족했다. 나는 그러한 기술상의 격차를 인정하고 이를 해소할 필요가 있었다.

앞의 표에서 당신이 찾아낸 활동을 방해하는 것이 정확히 무엇인가? 당신이 제대로 된 전문가로 대우받기 위해 새롭게 습득해야 할 기술은 무엇인가?

이제는 당신의 ME+가 갖추었을 기술들을 탐색하여 현 상태와의 격차를 좁혀갈 차례다. 다음 표에는 이를 도와줄 일반적인 기술들이 나열되어 있다. 앞선 표에 수록된 활동들과 여기에 나열된 기술들 사이에 상당한 유사점이 엿보일 것이다. 활동에 임하는 것 자체가 기술 연마를 위한 작은 실천이 되기 때문이다. 이를테면 협상에 참여하는 것이 궁극적으로 협상 전문가가 되는 데 도움이 되는 것처럼 말이다.

ME+가 필요로 할 기술들을 다음 표에서 고를 수 있겠는가?

가장 필요한 기술 적어도 세 가지, 최대 다섯 가지에 동그라미를 쳐보자. ME+를 향해 가는 당신의 여정은 선택한 기술들을 개발하는 꾸준한 실천의 시간이 될 것이다. 앞서 탐색한 활동들이 이 꾸준한 실천의 대상이며, 기술은 그 결과물이다.

ME+가 습득할 기술들

ME+는 다음에 능숙해질 것이다.

능동적 학습	적극적 청취	복잡한 문제의 해결	비판적 사고	설비의 유지보수
가르치기	판단과 의사결정	학습 전략	재원 관리	물적 자원 관리
인사 관리	수학	인적 모니터링	절차 모니터링	협상
설득	프로그래밍	통계적 모델링	품질관리 분석	독해력
시스템 분석	기술 설계	시스템 평가	영업	시간 관리
문제 진단 및 처리	글쓰기	능동적 청취	정책 입안	대중 강연
팀에 대한 동기 부여	문제 해결	정보 수집 및 분석	위로하기	귀 기울여 듣기
적응력	창의성	의사소통	수평적 사고	멘토링

나는 다음의 전문가가 될 계획이다.

필요한 기술을 이미 알고 있는 사람들을 위해 표의 하단에 빈칸을 마련했다. 이런 기술들에 대해 보다 면밀히 파고들수록 ME+로 향하는 경로가 더욱 뚜렷해진다. 이 빈칸을 활용해 필요한 기술을 최대한 정확하게 작성해 보자.

어떤 기술이 필요할지 딱 꼬집어 말하기가 힘들다면 ME+가 했으면 하는 유형의 일을 정하고 그런 일을 하고 있는 롤 모델을 찾는 방법이 있다. 당신이 바라는 종류의 일을 하고 있는 매우 신뢰할 만한 사람 3명을 찾아 그들이 매일 사용하고 있는 기술이 무엇인지 알아보라. 그들을 직접 만날 수 있다면 그들이 보유하고 있는 가장 값진 기술이 무엇인지 바로 물어보면 된다. 그들을 개인적으로 알지 못한다면 그들의 성공 여정을 기록한 책을 읽거나 이력 및 링크트인LinkedIn 프로필을 살펴보아도 좋다. 아니면 그들이 어떻게 지금의 자리에 이르게 되었는지를 그린 영상이나 기사를 검색하여 필요한 기술을 파악할 수도 있다.

통찰 3: 필요한 기술을 습득하라

나는 2018년에 당신과 같은 독자층을 대상으로 출간된 책을 100권쯤 읽겠다는 다짐을 했다. 각각의 책에 대해 마음에 드는 부분과 마음에 들지 않는 부분을 기록하고, 온라인 서평과 비평에도 관심을 가지며 의도적으로 독서를 했다. 지금 내가 있는 런던정경대학 사무실에는 언젠가 다시 끄집어내 책의 본문이나 내가 책장 가장자리에 써놓은 메모를 다시 보게 될 경우를 대비해 모아놓은 책들이 잔뜩 쌓여 있다.

그 밖에도 나는 작문 수업과 창작 수업을 들었고, 신간을 낸 비소설 분야의 인기 저자들이 작품과 집필 과정을 설명하는 공개 행사에도 참석했다. 가장 괴로웠던 부분은 그런 행사들에 가서 사람들을 사귀는 일이었다. 왜냐하면 내가 평소에 모르는 사람들과 수다 떨기를 좋아하는 타고난 마당발이 아니기 때문이다. 사실 나는 지독하게 내성적인 사람이다.

그럼에도 나는 이 책을 쓰는 데 도움이 될 기술들을 개발하기 위해 그 해에 독서, 공부, 인맥 쌓기의 세 가지 활동을 자주 했다. 당신은 미래의 ME+가 사용할 기술들을 개발하기 위해 어떤 활동을 규칙적으로 하겠는가?

행동과학의 많은 연구들은 어떤 행위를 유발하고자 할 때 반드시 관련 내용을 눈에 띄게 만들 것을 추천한다. 어떤 기술을 개발할지 확인했으니 이제는 바쁜 일상 중에도 기술 연마를 하지 않고는 넘어갈 수 없게 만들자. 어떻게 하면 될까? 포스트잇에 실천 사항을 적어 늘 보이는 자리에 붙여두면 좋다. 생활 속에서 기술을 연마할 수 있도록 일과를 조정하고, 되도록 자주 생각할 필요가 있다.

ME+를 실현하기 위한 다음 단계는 이번 장의 첫 번째 표에서 탐색한 활동들을 당신의 주간 일정에 끼워 넣는 것이다. 일상생활 속에서 규칙적으로 실천할 때 이 활동들은 당신의 자기 기술과 유기적으로 결합되고, 그에 따라 당신이 선택한 기술도 연마될 것이다.

노벨 경제학상 수상자인 대니얼 카너먼Daniel Kahneman은 우리 뇌의 사고가 시스템1과 시스템2로 구분된다고 보았다.[5] 시스템1은 자동적이고 즉각적으로 반응하는 빠른 뇌를 말한다. 발가락을 찧었을 때 욕설이 절로 나오는 것이나 토요일 아침에 자기도 모르게 공원이 아니라 직장으로 차를 몰게 되는 것이 바로 이 빠른 뇌 때문이다. 빠른 뇌는 자동조종 상태에 있다. 빠른 뇌 덕분에 우리는 녹초가 되어서도 직장에서 늘 하던 일들을 그럭저럭 처리해 나간다. 또 습관이나 규칙적 일과에 대해서는 두 번 생각할 필요가 없다. 이런 사고는 자기 기술이 끼어들 여지 없이 거의 자동적으로 이루어진다.

시스템2는 그에 비해 더 느리고 의도적이다. 이 느린 뇌는 까다로운 수학 문제를 풀게 해주고 주택담보대출의 약관처럼 어려운 내용을 이해하도록 도와준다. 느린 뇌는 복잡한 사고를 위한 뇌로, 깊은 생각이 요구될 때 아주 가끔씩만 사용된다. 이 뇌를 사용하는 것은 피곤한 일이다. 이 말은 곧 우리 행동의 상당수가 빠른 뇌에 의해 이루어진 판단의 결과라는 뜻이다.

어떤 행위를 일상에서 반복적으로 실행하면 시스템1 즉 빠른 뇌가 새롭게 프로그래밍 된다. 이는 빠른 뇌로 하여금 우리 자신을 새로운 습관을 지닌 다른 유형의 사람으로 바라보게 만든다. 결국 그런 활동을 하는 습성이 우리의 일부분이 되는 것이다. 따라서 일상에서 정기적인 활동(작은 실천)에 참여하면 커리어의 궤도를 바꿀 수 있다.

제롬Jerome의 사례를 살펴보자. 스물네 살 때 제롬은 투자분석가에서 온라인게임 코딩 전문가로 전업하기로 결심했다. 자신이 바라는 바를 분명히 인식하다니 참으로 멋진 일이다. 그런데 문제가 있었다. 그는 컴퓨터공학을 공부한 적이 없었고, 평생 코드라는 것을 한 줄도 작성해 보지 않았으며, 관련 학과에 진학할 은행 잔고도 없었다.

그러나 이런 현실에 굴하지 않고 제롬은 온라인 프로그래밍 강좌를 찾아보았다. 그리고 이후 2년간 무료 온라인 강좌로 자바스크립트JavaScript와 파이썬Python 코드를 독학했다. 주말마다 저녁 식사를 마치고 3킬로미터 조깅을 한 뒤 밤 8~10시면 어김없이 이렇게 공부했다. 이것이 그가 거친 과정이다. 새로운 기술을 익히려는 노력은 처음에는 힘들었지만 곧

익숙한 일상이 되었다. 지금도 제롬은 목표를 향해 나아가고 있다. 아직 온전히 꿈꾸던 직업을 가지지는 못했지만 프리랜서로 일하면서 여러 고객들에게 코드를 작성해 주고 있다. 이를 통해 그는 경력을 쌓는 동시에 앞으로 일자리를 소개해 주거나 추천서를 써줄 가능성이 있는 사람들에게 자신을 노출하고 있는 것이다. 결정적으로, 제롬은 투자분석가로 일할 때보다 지금 훨씬 더 행복하다.

그렇다면 우리는 ME+가 필요로 하는 새로운 기술을 어떻게 연마할 수 있을까? 먼저 한두 가지 규칙적인 활동들에 참여하는 노력부터 시작해 보자. 이번 장의 앞부분에서 탐색한 활동들 또는 앞으로 간단히 논의할 활동들에 참여하면 된다. 선택의 핵심은 해당 활동을 할 수 있는 자원(돈과 시간)이 있으며, 매일 또는 매주 정기적으로 손쉽게 실행할 수 있는 활동이어야 한다는 것이다. 규칙적인 일상 속에서 활동이 이루어져야 한다. 또 안전지대 밖으로 나가야 할 만큼 도전적이면서도 너무 벅차게는 느껴지지 않는 활동이 좋다. 비유적으로 말해, 조심조심 발걸음을 내딛으면 될 뿐 달려갈 필요는 없는, 스스로 몸을 늘리는 정도이지 강제적으로 당겨지지는 않는 그런 활동이어야 한다.[6]

대체로 다음과 같은 세 가지 유형의 활동을 고려하면 된다.

1. 현직에서: 현재 일하는 직장 내에서 다른 사람을 사귀고, 기술을 익힐 수 있는 기회를 모색하라.
2. 직장 밖에서: 외부로 시선을 돌려 가까운 교제 범위 바깥의 사람들까지 인맥을 확장하라.

3. 지속적 학습: 매주 꾸준한 학습을 통해 필요한 기술의 수준을 높여라.

통찰 4: 현직에도 기회는 있다

대학들은 동료 심사를 통한 전통적인 학술적 글쓰기의 성공에 초점을 두고, 양보다 질을 추구하며, 학생들에게 우수한 교육을 제공하는 데 목표를 둔다. 대학에서 일하면 내부에서 얻을 수 있는 교육의 기회가 많지만, 얼핏 보기에 2018년에는 내가 이 책을 쓰는 데 필요한 기술을 익히기에 도움이 될 만한 강좌가 딱히 없었다.

다만 런던정경대학에서는 정기적으로 무료 공개 행사들을 열기 때문에 마음만 먹으면 그런 행사에 강연을 온 사람들을 직접 만날 수 있다는 장점이 있었다. 요즘은 특정 분야에서 이름난 학자들이 전달하고자 하는 메시지를 총정리해 책으로 쓰는 경우가 많다. 런던정경대학 행사에서 강연을 할 정도면 내가 이제 막 시작한 여정을 성공적으로 거쳐온 사람들이라고 보아도 무방했다. 이런 사람들의 말은 분명 금과옥조로 삼을 만했다.

잠시 시간을 내어 당신의 발전을 도와줄 좋은 기회들이 직장 내부에 있는지 돌아보라. 나처럼 당신도 외부를 기웃거리기 전에 한 번쯤 확인해 볼 필요가 있을 것이다. 예컨대 현재 대기업에서 일하고 있는 사람이라면 사내 강좌가 있을 확률이 높다. 회사 내의 강좌들이 재미없고 무익해 보인다면 망설이지 말고 인사과에 또는 사장에게 직접 당신이 개발하고 싶은 기술과 관련된 강좌를 개설해 달라고 요청하라.

현재 일하고 있는 직종과 거리가 먼 일을 하고자 한다 하더라도 여전히 건의해 볼 가치는 있다. 점점 더 많은 기업들이 직원들의 현재 직무와 직접적인 연관성이 없는 강좌를 듣도록 허용하고 있다. 외부 강좌에 대한 수강 지원을 회사에 요청할 수도 있다(뒤에서 소개할 통찰 6 참고). 중소기업들은 직원들의 기술 신장을 위한 자금을 마련해 두는 경우가 많다(홍보가 잘 안 되어 있을 수 있으니 문의해 보는 것이 좋다.) 회사의 책임자나 프리랜서 혹은 스타트업의 규모를 확장하려는 사람의 경우라면 수강료를 경비로 처리해 강좌를 들을 수도 있다.

당신이 현업에서 하는 일은, 당신이 미래에 하고자 하는 일에 이미 종사하고 있는 사람들에게 자신을 노출시킬 풍부한 기회를 준다. 동료나 고객, 비공식적 협력자들이 그 대상이 될 수 있다. 이런 사람들과는 두 가지 이유에서 관계를 맺어둘 만한 가치가 있다. 첫째, 그들에게서 당신의 계획과 관련하여 값진 조언을 얻을 수 있다. 둘째, 그들에게서 당신의 ME+와 관련된 기회 또는 나아갈 방향을 제공받을 수 있다.

그룹 네트워킹에 능숙하지 않다면(내가 바로 이런 경우다) 가급적 일대일로 사람들을 만나도록 하자. 함께 커피를 마시거나 점심 식사를 하거나 술을 한 잔 하면 된다. 당신이 습득하려는 기술을 가진 사람들과 경력 수준에 상관없이 친분을 쌓으려 노력하라. 당신보다 앞서가는 사람들에게만 기대를 걸지 말고, 어떤 면에서든 당신의 ME+와 닮은 구석이 있는 해당 커리어의 동료들을 단계를 불문하고 모두 찾자. 그들이 하는 일이 무엇이며 왜, 어떻게 그 일을 하고 있는지 이해하는 데 목표를 두자.

ME+에게 필요한 기술을 개발할 경험을 하게 해주거나 조언을 해줄 수 있는 동료들 또는 고객들을 찾아 연락을 취해보자. 거절당할지 모른다는 (그리고 비웃음을 살지 모른다는) 두려움 때문에 도움 청하기를 내켜하지 않는 사람이 많다(체면 차리기 효과saving face effect에 대해서는 이 책 후반부에서 소개할 것이다). 거절당할 가능성만으로도 느껴지는 고통은 상대방이 수락할지 여부의 불확실성과 거절할 확률을 과대평가하는 데서 온다.[7] 부탁을 꺼리게 되는 이유는 실제로 "No"라는 답을 들을 때 겪게 되는 고통 때문이라기보다 그런 대답에서 예상되는 고통 때문이다. 그러나 겁낼 필요 없다! 오히려 격려의 말을 들을 가능성이 더 높으니까. 사람들은 긍정적인 답변을 들을 가능성에 대해 실제보다 과소평가하는 경향이 있다. 그러나 부탁하는 사람들이 기대하는 수준보다 상대방에게서 긍정적인 답변을 듣는 경향이 훨씬 더 높다는 사실이 1만 4천 명을 대상으로 한 최신 연구에서 분명히 밝혀졌다.[8] 대체로 우리는 필요한 만큼 자주 부탁을 하지 않는다.

마찬가지로 우리는 다른 사람들이 우리에게 도움을 요청할 가능성 역시 과대평가한다. 2010년 연구에서 바네사 본즈Vanessa Bohns와 프랜시스 플린Francis Flynn은 대학의 동료 지도 교수들과 조교들에게 다음 학기 동안 그들에게 도움을 요청할 학생의 수를 예측해 보도록 했다. 지도 교수들은 대체로 실제 수치보다 약 30퍼센트 더 많은 학생들이 도움을 요청하리라 예측했다!

재미 삼아 자가 진단으로, 당신이 도움을 요청할 경우에 긍정적인 답변을 들을 가능성이 얼마나 있다고 생각하는지를 적어보라. 그다음으로 은행에 가서 십여 가지 요청을 해보고 당신이 예상한 수치와 실제 결과를 비교해 보라. 그러면 당신이 다른 사람에게서 도움을 받을 수 있는 자신의 능력을 얼마나 과소평가하고 있는지 금세 확인할 수 있을 것이다.

자, 이제는 ME+의 실현을 위해 당신이 도움을 요청하기로 결심했다고 해보자. 이때 요청을 수락받을 확률은 어떻게 높일 수 있을까? 긍정적인 답변을 듣기 원한다면 일반적으로 직접 만나서 요청하는 편이 유리하다.[9]

여기에 행동과학적인 조언을 더하자면, 도움이 필요할 때는 바로 그 자리에서 도움을 요청하는 게 좋다. 그러면 상대방이 거절을 하기가 힘들어지기 때문이다. 왜냐고? 누구나 그렇듯이 대화를 나누던 중에 분위기가 어색해지는 상황을 달가워할 사람은 없기 때문이다. 또 거절했을 때 불필요한 오해를 불러일으킬지 모른다는 점을 염려할 수도 있다.[10] 그리고 이왕이면 이메일을 보내기보다 직접 얼굴을 보고 요청하는 편이 낫다. 후자에 시간이 더 소요되기는 하지만 성공 확률이 대폭 높아진다는 보상이 따른다.[11]

좋은 소식은, 일단 한 번 도움을 주기로 한 사람의 경우 다음번엔 더 흔쾌히 요청을 수락할 가능성이 높다는 것이다. 자신에게 도움을 준 사람보다 자신이 도와준 적이 있는 사람의 부탁을 들어줄 확률이 더 높게 나타나는 현상을 행동과학에서는 벤 프랭클린 효과Ben Franklin effect라 부른다. 이런 현상이 나타나는 이유는 일관성을 유지하고자 하는 인간의 욕구 때문이다. 처음에 어떤 사람이 자신의 도움을 받을 자격이 있다고 생각했다면(즉 그 사람의 요청을 수락했다면), 다음번에도 마찬가지로 그에게 도움을 받을 자격이 있다는 논리가 성립하는 것이다(그 사이에 어처구니없는 실수만 저지르지 않는다면 말이다).

이보다 더 좋은 소식은, 처음엔 도움을 청했다가 거절당했더라도 다음번에는 수락을 받을 확률이 높아진다는 점이다(특히 직접 얼굴을 보고 요청할 경우)! 두 번이나 거절했다가는 피도 눈물도 없는 사람으로 비쳐지게 될 우려가 한층 더 커지기 때문이다!

더불어, 도움을 청할 때는 어떤 틀을 쓰느냐가 중요하다. 도움을 청할 때는 상대방이 부탁을 들어주었을 때 양쪽 모두에게 이득이 될 것이라든가 아니면 적어도 상대방에게는 혜택이 따를 것임을 분명히 해두어야 한다. 다시 말해, 요청을 들어줄 사람에게 명백한 이익이 따라야 한다. 당신의 야망 때문에 동료들의 시간과 노력이 희생되어서는 안 된다. 당연한 말 같지만 그런 요청이 상대방의 시간을 얼마나 갉아먹을지 생각지도 않고 자신을 도와달라는 요청을 아무렇지 않게 하는 사람들을 보면 놀랍기 그지없다. 이런 요청은 묵살되기 십상이다. 특히 이메일로 부탁할 때는 더더욱.

어떤 틀을 써서 요청을 제시하느냐(framing, 틀짜기)가 중요하다는 것이 수없이 입증되어 온 만큼,[12] 요청을 할 때는 상대방에게 생길 이득을 확실히 강조하라. 아울러 최대한 상대방이 승낙하기에 용이한 환경을 조성하라. 대면 만남을 위해 먼저 이메일을 보내야 한다면 그들이 손쉽게 고를 수 있도록 약속 날짜의 선택지를 여러 개 제시하라. 안 그러면 날짜를 정하는 데만도 수차례 이메일을 주고받느라 그들의 시간을 낭비하게 될 것이다. 또는 이메일 교환에 시간이 너무 많이 들 것 같아 상대방이 아예 답장조차 하지 않을 수도 있다. 마지막으로, 이메일은 늘 간략하게 작성하라. 장황한 이야기는 금물이다.

현직에서 매달 한 사람에게 연락을 취하도록 하자. 이는 대부분 어렵지 않게 실천할 수 있으면서 또 당장에 실행할 수 있는 일이기도 하다! 아래의 빈 줄에 앞으로 3개월간 연락할 사람들의 인적 사항을 기재해 보자.

앞으로 3개월간 나는 다음 사람들에게 연락을 취할 것이다.

1. ______

2. ______

3. ______

통찰 5: 새로운 인맥은 경계를 넓혀준다

학교에서 열린 행사들에 열심히 참석한 덕분에 나는 일반 독자들을 대상으로 자주 책을 내는 사람들을 만날 수 있었다. 그리고 그들에게서 책을 쓰는 전반적인 과정에 대한 실질적인 조언을 얻을 수 있었다. 그러나 나에게 가장 부담스러운 순간은 출판 에이전시에 제안서를 보낼 때였다. 그들은 내 원고를 출판사에 추천해 줄 수도 있고, 아니면 일언지하에 거절할 수도 있었다.

경우에 따라서 당신도 나처럼 ME+를 향한 여정에서 문지기 역할을 해줄 사람을 만날 필요가 있을 것이다. 특정 기술이나 능력을 보유한 사람으로 인정받을 책임 역시 당신에게 있다. 다른 누구도 그 일을 대신해 줄 수는 없다(해주지 않는다). 그래서도 안 된다. 현재 몸담고 있는 조직을 떠날 계획이 없더라도 외부로 나가서 새로운 사람들을 만날 가치는 충분하다. 창업을 할 생각이거나 임시직으로 일할 계획이거나 전업 또는 이직을 염두에 둔 사람이라면 무조건 밖으로 나가서 자신의 능력을 알릴 필요가 있다.

만남의 범위를 외부로 확장하면 발전의 속도가 훨씬 더 빨라진다. 여기서의 만남은 직접적으로든 원격으로든 얼굴을 보고 이야기하는 만남을 뜻한다. 2020년 코로나19로 인한 봉쇄가 우리에게 준 커다란 교훈 중 하나는 직접적인 접촉이 없이도 기술을 활용해 서로 교류할 수 있다는 점일 것이다.

수십 년에 걸친 경제학 분야 연구 결과, 보유한 사회관계망이 클수록 커리어와 관련해 더 좋은 기회를 더 많이 얻을 수 있다는 사실이 입증되었다.[13] 폭넓은 사회관계망을 보유한 기업가일수록 고객층을 더 빨리 다질 수 있으며, 사업 강화에 필요한 인재를 확보하기도 용이하다. 일회성 마케팅 기획에 도움을 얻으려 하든, 능력 있는 앱 개발자를 고용하려 하든, 제품의 효능에 대한 증거를 제시하려 하든, 개인적 인맥을 통하면 믿을 만한 적임자를 구하기 쉽다. 프리랜서로 고객을 구하는 경우에도 발이 넓으면 고객 확보가 수월해 본연의 업무(프로젝트의 완수와 수익 창출)에 더 치중할 수 있다.

그러니 최소한 한 달에 한 번은 외부 관계망 확장에 의도적인 노력을 기울여 보자. 그런데 이런 사람들을 만나려면 어떻게 해야 할까?

ME+가 하고 있으리라 예상했던 활동들로 다시 돌아가 보자. 이런 활동에 참여할 기회나 그런 활동을 하는 사람 및 그 분야 실력자들에게 자신을 노출할 기회를 외부 관계망에서 얻을 수 있어야 한다. 관계망을 확장하려면 어떤 행사에 참여하든 행사 전후로 사람들과 어울릴 시간을 가질 필요가 있다. 무료로 또는 적은 비용으로 참여할 수 있는 행사가 수시로 열리는 대도시에 산다면 행사에 참여하기가 한결 수월하다. 인구가 적은 지역에 산다면 행사 관련 정보를 좀 더 열심히 찾아보고 조금 더 멀리 이동할 각오를 해야 한다. 한 달에 한 번씩 외부 인맥과 호혜적인 관계를 주고받으면 연말까지 12명의 새로운 인맥이 생기게 된다.

외부 강연이나 행사에 참여할 때는 사람들과 직접 대화를 나눌 필요가 있음을 명심하자. 다른 사람에게 스스럼없이 다가가 자신을 소개할 수 있는 성격이 아니라면, 일찌감치 행사장에 가 있다가 이후에 도착하는 사람들에게 말을 걸어보는 것도 한 가지 방법이다.

행동과학에서는 자아를 무엇보다 중시한다. 자아는 스스로에 대한 의식으로, 우리가 자기 자신에게 좋은 느낌을 가질 수 있는 방향으로 행동하도록 유도한다. 그러므로 새로운 친분을 쌓고자 할 때는 상대방이 흥미를 가질 만하며 그들이 나에게 긍정적인 느낌을 가질 수 있는 이야기를 하는 것이 좋다. '엘리베이터 피치elevator pitch(어떤 상품이나 서비스, 기업 및 그 가치에 대한 빠르고 간단한 요약 설명. 엘리베이터를 타서 내릴 때까지 소요되는 약 60초 이내의 짧은 시간 안에 자신의 생각을 전달할 수 있어야 한다는 뜻을 내포하고 있다–옮긴이)'를 준비하면 이런 새로운 관계의 증진에 도움이 된다. 그 내용을 흥미롭게 구성하되, 이를 통해 당신의 능력이 드러날 수 있도록 하라. 그간 수없이 많은 사람들이 나에게 자신이 공들이고 있는 일이 중요하다고 생각하는지 물으며 조언을 구했는데, 이런 질문을 받을 때면 여간 당황스러운 게 아니다. 만약 자신의 아이디어를 상대방에게 납득시키는 게 일인 사람이 그런 질문을 한다면, 당연히 그 답은 "아니요"일 것이다.

인맥 쌓기에 적극적으로 나서기를 주저하는 마음도 충분히 이해가 간다. 서로 간에 공통 분모가 있는지 확신이 없는 상태에서 낯선 이들에게 말을 걸기란 무척이나 부담스러우며, 피상적인 대화는 지루하기 짝이 없다. 다행스럽게도 이를 대체할 방법이 있다. 당신이 하고자 하는 일과 유사한 일을 하는 사람들을 찾아 이메일이나 문자로 만나자고 부탁해 보라. 내 경우엔 이 방법이 훨씬 시도하기 쉬웠다. 물론 거절당할 확률이 더 높기는 하지만(온라인상에서는 직접 만날 때보다 무시당하는 빈도가 더 높다), 이메일은 사적인 느낌이 덜하기 때문에 괴로운 감정을 내면화할 가능성이 낮다. 경험적으로, 이메일은 모르는 사람들에게 연락할 때나 도움을 요청할 대상이 여럿일 때 활용하면 좋다.

새로운 사람들에게 이메일을 보낼 때는 보내는 수효만큼 긍정적인 답변을 받을 가능성이 커진다는 점을 명심하라. 그러므로 매달 5명에게 이메일 쓰기를 목표로 하되, 1명에게서만 승낙을 받아도 충분하다는 생각으로 임하자.

일단 만날 약속을 잡았다면 무슨 이야기를 할지 정해야 한다. 궁금한 점과 모색하려는 기회들을 미리 생각해서 나가자. 또한 그 사람이 당신의 관계망에 계속 머물 수 있도록, 시간을 내주는 만큼 상대방에게도 이득이 돌아가도록 하자.

이 책을 내려놓고 지금 당장 5통의 이메일을 보내라. 실행은 빠를수록 좋다!

통찰 6: 배움은 지속적으로

이 책을 쓸 준비를 하면서 나는 열과 성을 다해 꾸준히 공부를 해나갔다. 혼자서 하는 일이라 일정 짜기는 어렵지 않았다. 실은 휴일을 뺀 모든 날에 공부를 할 계획이었지만 매주 적어도 한 번씩은 꼭 계획을 이행하지 못했다. 워낙에 쉽게 산만해지는 데다 관심 가는 사건이나 사람이 있으면 거기에 홀라당 정신을 빼앗겼기 때문이다. 인정하고 싶지는 않지만 나는 자주 가다 서다를 반복했다. 그러나 말에서 떨어지더라도 절대 주저앉지는 않았다. 계획대로 하지 못한 날에는 다음 날 공부할 자료를 미리 책상에 꺼내놓고 새롭게 의지를 다졌다. 한 번도 빼먹지 않고 충실히 의무를 수행했더라면 더 좋았겠지만, 다음 날 다시 공부에 임하는 간단한 행위만으로도 결승선에 도달하기에는 충분했다.

오늘 당신은 어떤 학습 활동에 임할 계획인가? ME+에게 필요한 기술을 익히려면 공식적이든 비공식적이든 추가적인 훈련이 요구된다.

처음에는 무료 또는 저렴한 비용으로 학습할 수 있는 기회를 활용하는 것이 좋다. 공부하는 데 거금이 들면 보유한 예산으로 결코 지속적인 학습을 보장할 수가 없다.

아니면 단기 강좌나 여름학교에 참여해 보는 것도 좋다. 주요 기관들 대부분이 정규 저녁 강좌에서부터 2주 심화 과정에 이르기까지 다양한 강의를 제공한다. 또 우수한 온라인 강의도 많기 때문에 집에서 편안히 학습할 수도 있다. 기술적인 진보 덕분에 요즘엔 무료로 공부할 수 있는 기회가 많아졌다!

배움을 단순히 특정한 기술의 자격 시험에 통과하기 위한 수단으로 여기기보다 평생토록 해야 할 대상으로 바라볼 필요가 있다. 지속적 학습은 기량을 향상시켜 주고 시대가 변하더라도 보유한 기술을 계속 사용할 수 있도록 해준다. 물론 공식적인 자격을 갖출 필요가 있는 사람들도 있겠지만, 대부분의 사람들은 다양한 방법과 경로로 ME+에 도달할 수 있다.

지속적 학습을 한 주의 규칙적인 일과로 만드는 것은 충분히 실천 가능한 습관이다. 나는 아침 일과로 신문과 잡지에서 좋아하는(고정관념과 확증편향을 탈피하고자 좋아하지 않는 기사도 일부) 분야의 기사를 읽는다. 한가할 때는 아침 식사와 함께 기사를 훑어보며 상쾌하게 하루를 시작하고, 일정이 빡빡한 날에도 한 시간 더 일찍 일어나 반드시 이 일과를 챙긴다. 어느 겨울날 아침에는 공항 가는 차 안에서 헤드램프를 쓰고 머핀을 우물거리며 기사를 본 적도 있다. 이 외에도 통근 시간에는 팟캐스트 강의를 듣거나 비소설 분야의 책을 읽는다.

지속적 학습의 초점은 ME+가 지닐 전문성을 기르는 데 두어야 한다. 시간을 내어 목표(새로운 기술의 습득) 달성에 도움이 될 과정(독서, 시청, 청취, 쓰기)에 임하라. 중기적으로 꾸준히 이런 과정에 임하다 보면 분명 결실이 뒤따른다. 지속적 학습 시간의 80퍼센트를—전문가가 될 목적으로—핵심 기술을 연마하는 데 투입하기를 권한다. 남는 시간에는 다른 관심사를 탐색해도 좋다. 미래의 자신과 직접적인 관련이 없는 다른 분야를 탐구하다가 예기치 못한 영감을 얻을 수 있다. 또 미처 몰랐던 뜻밖의 관심사를 찾을 수도 있다.

ME+의 활동 및 기술에 대한 표를 접하고도 여전히 막막한 사람들이 있을 것이다. 분명 지금과 다른 미래의 모습을 원하기는 하지만 여전히 자신이 어떤 일을 하게 될지 감이 안 잡히기 때문이다. 어떻게 하면 장족의 발전을 이루어 줄 지속적 학습에 참여할 수 있을까? 어떻게 하면 자신이 미래에 하게 될 일을 알 수가 있을까? 이런 경우에는 그물을 더 넓게 펼쳐놓고 차분히 자신의 관심사와 나아가 자신의 꿈을 파악하는 시간을 가질 필요가 있다. 선택의 폭을 넓게 두고 보면 새로운 기회를 찾을 수 있다.

매주 어떤 부분이 흥미로웠는지 돌아보는 게 좋다. 이를 통해 어떤 목표를 추구할지 발견할 수 있기 때문이다. 지속적 학습이 '편안한' 습관으로 자리잡아, 미래에는 전문가로서 이력서를 쓸 수 있도록 점차 관심사를 좁혀나가도록 하자.

목표를 이루기 위해서는 지속적 학습이 일주일의 중심축을 이루어야 한다. 새로운 의무를 충실히 이행하기 위해 알림을 설정해 놓고 정해진 날짜와 정해진 시간에 학습에 임하자.

자, 이제 아래 빈칸에 이번 주에 수행할 학습 활동을 한 가지 써보라.

통찰 7: 짧게라도 몰입하라

대개 그랬듯이 2019년 4월 1일 월요일에도 나의 하루는 어수선하게 시작되었다. 한 가지 할 일을 집어들면 다른 일이 비집고 들어오기 일쑤였다. 학교에 있노라면 커피를 마시고 점심 식사를 하고 교내 서점에 들르느라 집중력이 자주 흐트러진다. 그래서 그날은 뜻깊은 작업을 위해 집에서 일을 했다. 펭귄 출판사로부터 책을 내주겠다는 제안을 받고 이 책의 저술 작업에 들어가는 첫날이었기 때문이다. 책을 쓰게 되었다는 사실에 이루 말할 수 없이 기뻤지만 그와 함께 압박감이 머릿속을 조여왔다.

그때까지 말도 안 되는 일정에 맞추느라 용을 써온 나였다. 조사 작업과 제안서 작성에 16개월이 걸렸는데, 이제는 그 3분의 1밖에 안 되는 기간에 책의 초고를 완성해야 했다. 불가능해 보였지만 어쨌거나 작업 첫날, 나는 만반의 준비를 갖추고 작업에 임했다. 주변에는 각 장별 내용에 대한 구상이 담긴 노트들이 즐비했지만, 책상은 최대한 집중에 방해가 되지 않도록 말끔히 치웠다. 또 차와 물, 간식거리를 가져다 놓아 기본적인 욕구를 채우기 위해 자리를 뜰 일이 없도록 했다.

하지만 어쩐지 집중이 잘되지 않았다. 시간은 오전 8시에서 9시로, 9시에서 10시로 하염없이 흘러갔다. 점심시간이 지나고 오후 2시 45분쯤이 되어서야 나는 마침내 몰입 상태에 들어섰다.

하고 있는 일에 푹 빠져들어 생산성이 치솟는 순간에 몰입은 일어난다. 이때는 시간이 순식간에 흘러간다. 심리학자 미하이 칙센트미하이Mihaly Csikszentmihalyi가 설명했듯이 몰입이란 정신을 완전히 쏟기에 충분할 만큼 도전적인 학습 활동에 임할 때 경험되는 정신 상태다. 좋은 소식은 몰입에 이르면 크나큰 희열과 만족감이 든다는 점이다. 칙센트미하이는 과업을 수행할 때 경험되는 또 다른 정신 상태로 불안과 무관심, 각성, 권태, 통제감, 이완감, 근심을 들었다. 이런 감정들은 최적의 학습을 촉진하지는 못하지만 경험적으로 볼 때, 이 중에서 최소한 한 가지는 거쳐야 몰입 상태에 이를 수 있다. 연습이 충분히 되면 90분 정도 몰입에 빠져들어 생산적인 과업을 완수할 수 있다. 물론 가끔은 평소보다 더 정신이 산만해질 때도 있고 어떤 날은 아예 몰입이 되지 않을 수도 있다. 그렇다고 자책할 건 없다. 그저 최대한 빨리 다음번 시도에 나서면 된다.

『아웃라이어Outliers』에서 말콤 글래드웰Malcolme Gladwell은 1만 시간의 법칙을 강조한다. 높은 수준의 전문성을 달성하기 위해서는 약 1만 시간의 연습이 필요하다는 것이다. 물론 이는 평균치다. 어떤 사람은 그보다 더 적은 시간으로도 충분할 테고 어떤 사람에게는 더 많은 시간이 필요할 것이다. 시간보다는 연습을 적절한 방식으로 수행하는 것이 더 중요하다. 적절한 방식이란 바로 몰입된 상태를 뜻한다. 이는 목적의식이 있는 연습을 강조하는 스웨덴 심리학자 안데르스 에릭슨Anders Ericsson의 메시지와도 일치한다.

몰입 상태에 도달하려면 어떤 방해도 받지 않는 구역에 들어설 필요가 있다. 또 그런 구역에 들어서는 데 성공하면 이후에는 피로감이 몰려온다. 왜 그럴까? 정신을 과도하게 집중한 나머지 기력이 소진되어 버리기 때문이다. 따라서 아무리 여유 시간이 많더라도 몰입 상태에 머물 수 있는 시간은 한 번에 90분이 최대다.

하루 중 몰입이 더 잘되는 시간은 사람마다 다르다. 나는 아침에 잠에서 깬 직후(오전 7~10시)와 밤 늦게(밤 10시 이후) 가장 몰입이 잘된다. 하지만 하루에 몰입이 가능한 시간은 이 중 한 번뿐이다. 시간 활용이 자유로운 사람이라면 여러 시간대에서 자신의 90분을 찾는 실험을 해보며 가장 몰입이 잘되는 시간대를 확인해 두면 좋다.

이 밖에 '산만한 학습distracted learning'으로 칭할 만한 시간대도 따로 확보해 둘 가치가 있다. 이는 학습을 하고 있기는 하나 집중도가 낮아 멀티태스킹이 가능한 상태를 가리킨다. 팟캐스트를 들으면서 러닝머신을 타거나 요리를 하는 상황, 또는 출퇴근 시에 음악을 들으면서 책을 읽는 경우를 상상해 보자. 티끌 모아 태산이라고, 나는 산만한 학습으로 2018년에 100권이 넘는 책을 읽었다. 책을 읽다가 흥미로운 대목이 나오면 기억해두고, 나중에 더 깊이 알아보고 싶을 때를 대비해 기록도 해가면서 말이다. 이 방법을 쓰면 자기 자신이 지속적 학습자라는 인식을 형성하는 데도 도움이 된다. 산만한 학습에 꾸준히 임하다 보면 점차 새로운 루틴이 일상에 자리를 잡으며, 이것이 충분히 되풀이되면 하나의 습관으로 굳어진다. 새로운 현상現狀이 유지되는 것이다.

통찰 8: 돌아보는 자가 성공한다

9월 말까지 이 책의 초고를 완성하기 위해서 나는 꼬박꼬박 글을 썼다. 여름철에는 일정이 지연되지 않도록 강도를 더욱 높여 매일 글을 쓰기로 계획을 변경했다. 그 결과 무슨 일이 일어났을까? 목표한 분량을 채우는 날이 드물기는 했지만 진전 상황이 확연히—다시 말해, 가시적으로 분명하게—눈에 들어왔고, 덕분에 나는 작업 분량을 재조정해 남은 기간 동안 전반적으로 동일한 시간표를 고수할 수 있었다. 이후 프로젝트에 몰두하며 몰입 상태에 원활히 들게 되면서부터는 매일 목표량을 채우게 되었다. 결국 나는 제 시각에 초고를 완성할 수 있었다.

현재 하고 있는 활동과 지나온 발자취를 검토하여 진전 상황을 반드시 가시적으로 파악해야 한다. 경로를 유지하며 뚜벅뚜벅 앞으로 나아가기 위해서는 현재 기울이고 있는 노력을 점검할 필요가 있다. 일주일에 한 시간씩 시간을 내어 7일 동안 한 일을 기록해 보자. 다음 일주일을 보낼 마음가짐도 이 시간에 다지면 좋다. 다각적인 인맥 형성뿐 아니라 지속적인 학습을 위해서도 이런 식의 점검은 필수다.

점검을 하다 보면 ME+의 실현을 도와줄 과정에 열심히 임하게 될 뿐만 아니라 날로 축적되는 이익도 바로바로 확인할 수 있는 장점이 있다. 이런 과정에 참여하며 특별히 한 주를 알차게 보내고 나면 스스로 이룬 성취에 뿌듯한 기분이 든다. 나 자신과의 약속을 잘 지켰다는 사실 때문이 아닌가 싶다.

다음에서 자신이 한 활동을 되돌아보기 위한 기본 양식과 빈칸을 어떻게 채우면 좋을지 보여주는 몇 가지 예시를 살펴보자.

- 지난주에 나는 ______________________ (을) 했다.
- 지난주에 한 활동은 ______________________ (하여) 내 목표를 향해 나아가는 데 도움이 되었다.
- 이 활동에 참여할 때 나는 ______________________ (을) 느꼈다.
- 다음 주에 나는 ______________________ (을 할) 것이다.
- 다음 주에 할 활동은 ______________________ (에) 도움이 될 것이다.

이 양식은 지속적 학습을 점검할 때 활용할 수 있다.

- 지난주에 나는 토요일 온라인 상급반 수업의 4강을 완료 했다.

- 지난주에 한 활동은 책임 있는 기업주가 되는 데 필요한 기술인 대차대조표와 손익계산서에 대한 이해로 내 목표를 향해 나아가는 데 도움이 되었다.
- 이 활동에 참여할 때 나는 때로는 정신이 산만해져서 힘들었고, 간단한 개념들이 명확하게 이해되었을 때는 안도감을 느꼈다.
- 다음 주에 나는 토요일 온라인 상급반 수업의 5강을 마칠 것이다.
- 다음 주에 할 활동은 내가 책임 있는 기업주가 되는 데 필요한 기술인 현금흐름과 절세 방법을 이해하는 데 도움이 될 것이다.

이 양식은 대인관계를 넓히려는 시도를 점검하는 데에도 사용될 수 있다.

- 지난주에 나는 내가 조만간 일하게 될 직종의 종사자 20명의 명단을 작성 했다.
- 지난주에 한 활동은 다양한 이직 경로에 대해 조언해 줄 수 있는 잠재적인 멘토들의 명단 확보로 내 목표를 향해 나아가는 데 도움이 되었다.
- 이 활동에 참여할 때 나는 지루했지만 명단 작성을 마치고 나니 체계가 잡힌 듯해 희망을 느꼈다.
- 다음 주에 나는 화요일 저녁에 2시간을 할애해 명단에 있는 잠재적 멘토들에게 이메일을 보낼 것이다.
- 다음 주에 할 활동은 잠재적 멘토들과의 일대일 만남으로, 이는 내 인맥을 확장시켜 주고, 내가 새롭게 시도하려는 일에 그들의 지혜를 빌리는 데 도움이 될 것이다.

위의 양식을 작성할 때는 지난 한 주간의 활동을 돌아보며 그런 활동들이 당신의 목표와 어떤 관련이 있는지를 명확히 인식하기 바란다. 그러면 각 활동의 이점이 두드러져 보이고 ME+가 더욱 생생하게 시각화될 것이다. ME+를 공감을 표시하고 시간을 할애하며 노력을 기울일 가치가 있는 실제 인물로 바라보는 것이 좋다. 해야 할 활동들을 ME+에 연결할 때 비로소 각 활동들의 목적이 분명해져, 도중에 예기치 못한 고난이 닥치더라도 버텨낼 힘이 생긴다.

이 양식에는 각 활동에 참여할 때 들었던 느낌도 기록하도록 되어 있다. 미래의 자기 모습에 100퍼센트 확신을 가진 사람이든 아니면 살면서 차차 알아가려는 사람이든, 반드시 이런 감정들을 꾸준히 추적해 나가기를 권한다. 이를 통해서 당신이 무엇을 즐기는지를 보다 쉽게 파악할 수 있기 때문이다. 불필요한 연습처럼 여겨질 수도 있지만 앞서 확인한 것처럼 자기 기술의 힘은 무척이나 강력하다. 자기 기술은 썩 도움이 되지 않는 활동도 좋아하게 만들 수 있으며, 마찬가지로 처음엔 싫어했더라도 유익한 활동이면 그 활동을 즐기도록 만들 수도 있다.

여기서 어떤 활동을 '좋아한다는 것'이 이분법적 개념이 아님을 주목할 필요가 있다. 예를 들어 나는 학자로서의 본업을 유지하며 일주일에 한 번씩 외부 업계와의 접촉을 즐긴다. 학계 바깥 사람들과의 만남은 언제나 즐겁다. 그들은 내 동료 학자들보다 일 처리 면에서 훨씬 더 빠릿할 때가 많다. 이날 하루만은 내 전부를 그 만남에 바칠 수 있다. 그러고 나서 나는 들뜨고 흥분된 기분으로 다시 프로젝트를 진행한다. 하지만 이런 만남을 일주일에 두 번 이상 가졌다가는 녹초가 되고 만다. 사교 모임이나 학계 청중 대상의 강연도 마찬가지다. 일주일에 하루는 외향적으로 변모해 새로 만난 사람들의 에너지를 흡수하고 그들과 아이디어를 공유할 수 있지만, 나머지 날들에는 내성적인 본연의 성격에 맞게 혼자 일하거나 원격 회의에 참여하는 게 더 편하다. 재충전의 시간이 필요한 까닭이다.

하지만 내가 이런 사실을 깨달은 것은 다양한 활동을 하는 동안 어떤 느낌이 들었는지를 돌아보고 난 뒤였다. 요즘 나는 이런 선호에 따라 참여할 활동들을 선택한다.

이 밖에도 점검 양식을 활용하면 새로운 한 주를 어떤 의도로 보낼지 설정할 기회도 생긴다. 의도를 설정함으로써 우리는 현저성 편향salience bias을 유리한 쪽으로 활용할 수 있다. 현저성 편향이란 두드러져 보이거나 마음을 사로잡는 활동들에 관심을 쏟게 되는 인간의 성향을 가리킨다.

의도를 설정하면, 그리고 그러한 의도를 목표 달성을 위해 새로 습득할 기술과 연결 지으면 실천해야 할 활동들이 계속 마음 한구석에 머물게 된다. 따라서 그 활동들을 실제로 이행할 가능성 또한 높아진다. 매주 의례적으로 의도를 설정하다 보면 다음 주에 행할 활동에 습관적으로 관심이 끌려, 결국 이런 활동을 하나의 일과로 무의식중에 이행하게 된다.

앞서 제시한 예시들을 보면 어떤 활동('온라인 수업 4강 수강'이나 '이메일 5통 발송' 등)을 할지, 정확히 언제 그 활동을 수행할지(요일)가 명시되어 있다. 이는 특정 활동에 대해 명확한 경계를 지어주어 언제 그 활동을 행할지 혹은 언제 그 활동이 행해졌는지를 알 수 있게 해준다. 활동에 임할 때는 '눈 가리고 아웅'식이 되지 않도록 해야 한다. 독서나 온라인 학습에 참여하는 의도를 모호하게 설정했다가는 그렇게 되기 십상이다. 끝마칠 지점이나 구체적인 학습 분량을 정해놓지 않으면 실제로는 공부를 하지도 않고 했다고 착각하기 쉽다.

하지만 단기적으로는 계획을 이행하지 못했다고 해서 걱정할 것 없다. 활동을 몇 주 빼먹었다면 무엇 때문에 궤도를 이탈하게 되었는지 돌아보자. 과거의 자기 기술이 그 범인이 아닌지 자문해 보고 다시금 과정을 지속해 나가자. 무엇보다 끈기 있게 매달리는 것이 중요하다.

통찰 9: 매주 최소 90분을 투자하라

그러면 이런 활동들을 시작할 때 최소한 어느 정도의 노력을 기울여야 할까? 일주일에 적어도 90분은 투입하기를 권한다.

집중해서 매달리기만 하면 대형 프로젝트를 중기간에 완료할 수 있으리라는 확신이 필요한 사람들은 내 책의 저술 과정을 설명한 일화들에서 안도감을 느낄 수 있으리라. 그러나 이미 일과 생활의 균형이 깨져 있다고 느끼는 사람들은 특정 활동에 규칙적으로 참여해야 한다는 내 권고가 못마땅할 수도 있다. 그런 사람들이 내가 기울였던 만큼의 강도 높은 노력을 기울일 수 없다고 생각하는 것은 어쩌면 당연한 일이다.

많은 사람들이 이미 정신없는 일상을 보내고 있다는 걸 잘 안다. 3장은 전적으로 그런 사람들의 우려를 염두에 두고 썼으니 주의 깊게 읽어보기 바란다.

이미 삶이 너무 벅차다고 느낀다면 ME+와 관련된 활동에 일주일에 90분을 쓰는 의무만 잘 지키자. 주중에 시간을 내기 힘들면 주말에 하면 된다. 자신의 미래를 위한 투자이니 약간의 여가 시간쯤은 희생하자.

90분은 감당 못 할 만큼 그리 부담스러운 시간이 아니다. 그러나 지속적 학습에 투입할 경우 몰입 상태에 빠져 발전의 선순환을 일으키기에는 충분히 긴 시간이다. 또 네트워킹 행사에 참석하거나 동료 및 새로 알게 된 사람과 함께 하기에도 넉넉한 시간이다.

매주 90분만 실질적인 활동에 시간을 투입해도 뚜렷한 진전을 이룰 수 있다.

통찰 10: 가까운 이들의 방해는 치명적이다

책을 어렵사리 출간했는데 그 책을 읽을 사람이 친구와 가족들에 그치게 될 수도 있다. 내 미래가 이런 결말을 맞게 될 경우를 생각하면(성공은 결국 재능과 노력, 운의 산물이니까) 지금 당장은 내 핵심 독자층을 나쁘게 이야기하지 않는 편이 좋으리라.

그러나 이루고자 하는 변화에 대한 친구와 가족, 동료들의 반응이야말로 당신이 나아갈 길에 걸림돌이 될 수 있다. 아마 당신과 가까운 인생의 핵심 인물들 중에 당신의 거시적인 목표에 부합하지 않는 활동들에 참여하는 사람들이 있을 것이다. 어쩌면 당신도 사랑하는 이들과 함께 ME+에 도움이 되지 않는 활동들에 참여하기를 즐겨왔을지도 모른다. 다음 날에 지장을 줄 만큼의 술자리나 지속적 학습 시간을 빼앗길 만큼의 과다한 TV 시청 또는 머리가 띵할 정도의 지나친 당분 섭취가 그런 활동들이다. 한 달에 한 번쯤은 이 중 어떤 활동을 해도 무방하지만 이런 활동들이 과다해지면 ME+에 투자하지 못하게 된다.

물론 그런 활동들은 즉각적인 만족감을 주며 재미가 있다. 함께 즐기던 사람들에게는 당신이 빠지는 바람에 흥이 깨지는 느낌이 들지도 모른다. 어떤 의미에서는 실제로 그렇기도 하다. 그러나 장기적인 목표를 위해 고군분투하는 동안에는 다소의 즉각적인 이득은 희생할 필요가 있다.

관건은 타인의 부정적인 반응을 처리하는 데 있다. 이에 대한 나의 조언은 사람들에게 확실한 정보를 주라는 것이다. 여러 사람과 함께하던 활동을 그만두려 할 때에는 그 사실을 미리 알릴 필요가 있다. 계속 참여하기는 하되 빈도를 줄일 계획이라면 그들에게 당신이 참석할 명확한 날짜를 알리자. 그 약속은 반드시 지키고 웃는 얼굴로 제 시각에 약속 장소에 나가자. 혹여 그들이 당신을 나무라는 반응을 보이더라도 이를 내면화하지 말자.

안티 롤 모델Anti role model은 당신을 깎아내리는 사람이다. 그들은 수단과 방법을 안 가리고 당신의 성공 가능성을 일축할지 모른다. "너 같은 사람은 출세를 못해"라거나 "기회는 더 부유한/똑똑한/남다른 사람들에게나 오는 거야" "네가 뭐라도 되는 줄 아는구나"라는 막말들을 쏟아내면서 말이다. 아주 친한 사람들이 이런 메시지를 전하면 그 영향력은 막강할 수밖에 없다.

이런 종류의 대화는 해로운 자기 기술을 증가시킨다. 부정적인 사람들과는 당신이 행하고 있는 작은 실천들과 큰 목표에 대한 대화를 되도록 삼가는 것이 좋다. 당신이 갈 길을 고수하면서 그간 해온 일에 대한 자세한 언급을 가급적 피하자. 일이 잘 풀리고 나면 축배를 들며 지난날을 이야기할 날이 올 것이다. (건배!)

당신 인생에 존재할지 모를 안티 롤 모델들과의 균형을 유지하려면 당신의 목표에 적합한 롤 모델을 찾을 필요가 있다. 누구에게나 도움이 필요하다. ME+도 마찬가지다.

롤 모델은 동기를 심어준다. 그들은 당신이 장애물을 만났을 때 이를 헤치고 나아갈 최선의 길을 찾도록 도와준다. 죄책감을 자극하는 일은 없다. 따라서 긍정적인 롤 모델에게는 원하는 미래의 모습을 온전히 드러낼 수 있다. 약점도 얼마든지 내보일 수 있다.

당신이 이루고자 하는 바를 이해해 주는 긍정적인 롤 모델을 최소한 1명 이상 두면 좋다. 아직 못 만났다면 그런 사람을 찾는 작업에 진지하게 나서야 한다. '현직'에서든 '외부'에서든 노력하면 찾을 수 있다. 연애 상대를 찾듯이 간절하게 긍정적인 롤 모델을 찾는 사람이 좋은 성과를 얻는다. 그들이 지니고 있는 훌륭한 자질을 본받으면 결실을 맺을 수 있다. 당신은 조용히 이야기를 들어주고 위로해 줄 사람이 필요한가 아니면 당신을 강하게 몰아붙여 단단하게 만들어 줄 사람이 필요한가? 물론 롤 모델의 장점은 한 가지 유형만 고집할 필요가 없다는 데 있다. 운이 좋으면 사계절 내내 다양한 관점을 제시해 줄 여러 롤 모델을 갖게 될 수도 있다.

요약

제자리에, 준비, 땅!

여정을 마치기까지는 여러 해가 걸릴 것이다. 긴 시간이다. 이 정도 기간이면 허술한 업무 구조를 탁월하게 변모시키기에 충분하다. 노력과 끈기만 있으면 된다. 소소한 변화만으로 만족한다면, 그것도 좋다. 무엇이건 확고한 계획을 가질 때 목표 달성에 도움이 된다. 이번 장에서 제시한 권고를 잘 따르면 생활에 지장이 생길 만큼 단기간에 엄청난 노력을 기울이지 않더라도 장기적으로는 큰 이익을 얻게 될 것이다.

그럼 큰 목표를 구상하고 목표 달성에 필요한 작은 조치들을 탐색하는 데 도움이 될 열 가지 행동과학적 통찰을 다시 정리해 보자.

통찰 1: ME+는 어떤 일을 하고 있을까?

현재 즐겁게 하고 있는 일이나 하면 즐거울 것 같은 일을 찾아 거시적인 안목으로 이 일들에 대한 아이디어를 구체화시켜 보자.

통찰 2: ME+는 어떤 기술을 보유하고 있을까?

ME+가 되기 위해 습득해야 할 기술을 파악하자. 현재 보유하고 있는 기술을 더 개발하거나 새로운 기술을 연마할 필요가 있을 것이다.

통찰 3: 필요한 기술을 습득하라

ME+의 전반적인 목표와 관련된 활동들을 습관화하여 무의식적으로 행해지도록 하자.

통찰 4: 현직에도 기회는 있다

발전에 도움이 될 활동들 중 현직에서 할 수 있는 것을 찾아 매진하자. 새로운 달에 이런 활동들 중 한 가지 이상에 참여해 보자.

통찰 5: 새로운 인맥은 경계를 넓혀준다

가까운 교제 범위 바깥의 사람들과 만남으로써 더욱 빠른 발전을 도모하자. 새로운 달에 인맥을 확장해 줄 한 가지 이상의 활동에 참여하자.

통찰 6: 배움은 지속적으로

지속적 학습의 기회를 모색하자. 매주 일과의 한 부분으로 지속적 학습을 할 수 있는 시간을 마련하자.

통찰 7: 짧게라도 몰입하라

지속적 학습 시에는 몰입이 잘되는 환경과 상황을 파악하여 이후의 학습 시간에 동일한 환경과 상황을 조성하자.

통찰 8: 돌아보는 자가 성공한다

과정을 점검할 시간을 매주 1시간씩 마련하자. 이 시간을 활용해 그다음 주를 어떤 의도로 보낼지 설정하자.

통찰 9: 매주 최소 90분을 투자하라

최소 90분은 목표하는 활동에 매진하자.

통찰 10: 가까운 이들의 방해는 치명적이다

변화하려는 당신의 노력을 달가워하지 않는 가족이나 친구로부터 계획을 사수하자. 그리고 긍정적인 롤 모델을 찾자.

이번 장을 읽으면서 당신이 매주 해온 노력들은 목표 달성을 위해 참여해야 할 과정들이다. 매주 각 활동에서 든 느낌을 돌아보면 특정한 활동을 할 때 얼마만큼의 행복감이 느껴지는지 파악할 수 있다. 이런 노력들은 소소한 것이라 기존 생활에 지장을 주지는 않는다. 발전을 가로막는 자기 기술은 바람직하지 않다는 사실을 기억하자.

즐거운 목표 설정의 시간이 되기를!

다음으로 넘어가기 전에 아래의 내용을 확실히 해두자.

- 큰 생각을 가로막는 자기 기술이 무엇인지 확인하고 이를 바꾸기 위한 과정에 들어간다.
- 행동과학의 열 가지 통찰을 차례로 섭렵한다.

이번 장에서 언급된 다섯 가지 행동과학 개념

1. **확증편향**: 기존의 신념을 확인시켜 주는 정보만을 주목하는 경향
2. **미래의 자신**: 미래의 자기 모습에 대한 시각화. 사람들은 흔히 미래의 자신을 공감이 가고, 장기적으로 볼 때 투자할 만한 가치가 있는 모습으로 생각한다.
3. **시스템1과 시스템2**: 시스템1의 결정은 빠르고 본능적이며 자동적으로 이루어진다. 반면 시스템2의 결정은 보다 더 의도적이다.
4. **벤 프랭클린 효과**: 한 번 다른 사람의 부탁을 들어준 사람은 다음번에도 다시 그 사람의 부탁을 들어줄 확률이 높다. 이 효과는 그들이 다른 사람에게 도움을 받은 경우보다 더 강력하게 나타난다.
5. **틀짜기**: 정보나 선택지를 긍정적인 틀로 제시하느냐 부정적인 틀로 제시하느냐에 따라 상대방의 선택이 달라질 수 있다.

3장

시간을 탁월하게 쓰는 법

시간

"당신의 시간을

좀먹고 있는 것은 무엇인가?"

"질리언, 너무 충격적이지 않니? 병을 고치려고 가는 병원에서 에이즈에 옮다니 말야. 바늘이란 건 정말이지 백해무익하다니까." 내가 친구 쪽으로 몸을 기울이며 속삭였다. 아일랜드어 모의고사를 치던 중이었다. 이 시험을 치던 해에 나는 아일랜드에서 고등학교 졸업반을 다니고 있었다.

"얘가 뜬금없이 뭔 소리래? 시험 무진장 어렵네. 언제쯤이나 조건법 시제가 이해될지 모르겠어."

쾅. 버클리 선생님이 책상을 손으로 내려치는 바람에 나는 정신이 퍼뜩 들었다. 불 보듯 뻔한 일을 초래한 스스로를 한탄하며 나는 관자놀이를 문질렀다. "그레이스 로던! 누가 시험 중에 상의를 하지? 모의고사 성적은 못 받을 줄 알아라. 어머니 오시라고 전해."

"어머니요, 선생님?" 제발 입 좀 닥치라는 질리언의 간절한 눈짓에도 나는 이렇게 물었다. "왜 아버지는 안 되죠? 그거 성차별적인 말씀 아닌가요? 제가 최근에 어떤 글을 읽었는데요, 우리가 어머니를 양육자이자 훈육자 모두로 바라보는 경향이 있대요. 그 이유는…"

내가 장황하게 말을 늘어놓는 동안 버클리 선생님의 눈은 점점 더 휘

둥그레졌다. 그 순간 모닝 커피를 내 머리에 쏟아붓고 싶은 마음이 굴뚝 같았겠지만 다행히 선생님은 내게 6주간 금요일마다 방과 후에 남도록 하는 벌만 내리셨다. 그때까지만 해도 아일랜드에서는 선생님에게 대드는 것이 사회적으로 용납되지 않던 시절이었다.

그날 내가 왜 에이즈 검사소에 대한 생각을 떠올렸는지는 기억나지 않지만, 그런 중구난방식의 생각은 정신이 쉽게 산만해지거나 미적거리는 습성이 있는 사람들에게는 흔히 나타나는 현상이다.

두서없는 생각은 삶을 급진전시키고자 할 때 별 도움이 되지 않는다. 이런 생각들은 절정의 수행 능력을 보여야 하는 순간(시험이나 중요한 회의, 인터뷰 등)에 단지 집중력을 흐트러뜨리는 데서 그치지 않고 진짜 우선순위에서 벗어나 과다한 TV 시청이나 친구와 밤새도록 어울리는 등의 전혀 다른 활동으로 빠지게 만들 수도 있다.

모두에게 똑같이 주어진 시간

아주 보람된 하루를 보내려고 계획했다가 용두사미로 끝난 적이 있는가?

시간은 무엇보다 소중한 자원이다. 시간은 되돌릴 수도, 돈을 주고 살 수도 없는데, 오늘날에는 시간을 마구 잡아먹는 것들이 무수히 많다. 산만함과 꾸물대기와의 싸움에는 끝이 없다. 그러나 끈질기게 매달리면 전투에서는 지더라도 최종적인 전쟁에서는 이길 수 있다.

나는 쓰디쓴 경험으로 이를 터득했다. 학창 시절에 선생님들은 내가 떠들어서 수업에 방해가 된다며 나에게 고함을 치고, 타이르고, 나를 교실 밖으로 내보내기 일쑤였다. 이런 일이 수도 없이 많았다. 마약도 술도 섹스도 화장실 흡연도 나와는 상관없는 일이었다. 내 죄는 오로지 집중을 못하는 데 있었다. 버클리 선생님은 특히 나를 못 잡아먹어서 안달이었다. 졸업시험 직전의 학부모 면담에서 버클리 선생님은 부모님께 내가 대학은 고사하고 어떤 고등교육기관에도 들어가기 힘들 거라고 말했다. 엄마는 참담해하셨다. 그런데 지금 나는 국제적인 명문 대학에서 부교수직을 맡고 있다. 어찌 된 연유일까? 단지 버클리 선생님의 사람 보는 눈이 형편없었던 걸까?

버클리 선생님은 분명 나에게 눈엣가시 같은 존재였지만 그분의 판단이 타당하지 않았던 것은 아니다. 나는 집중력 부족으로 학습 능력이 부진했다. 고등학교를 마치고 대학에 가고 싶었지만 어디에도 그럴 만한 길이 보이지 않았다. 야망을 품기는 쉽지만 그 야망을 현실로 만들기는 어려운 일이다. 그러기 위해서는 고된 노력은 물론이고 시간을 어디에 쓸지 우선순위를 재조정할 필요가 있다.

그러면 과연 어떻게 내가 인근 대학의 컴퓨터공학과를 갈 만큼 졸업시험에서 충분한 점수를 받았던 걸까? 모두 우리 엄마 덕분이다. 시험이 있던 해에 아침마다 엄마가 나에게 그날 어떤 공부를 할지 물어보셔서, 나는 전날 저녁에 공부 일과를 작성해 책상 위에 붙여두었다. 일과표는 내가 실제로 매일같이 할 활동을 부각시키는 역할을 해주었고, 이를 통해 그 활동은 내 마음 한구석에 머물며 꽤 충실히 이행되었다. 당시 엄마는 나를 위해 최선을 다하셨다. 엄마가 설정해 놓은 이 간단한 구조

덕분에 나는 계획대로 착실히 공부할 수 있었고, 결국 대학에 진학할 수 있었다.

성인이 되면 이런 작업을 혼자서 해야 하기 때문에 스스로 궤도를 이탈하지 않도록 붙들어 줄 구조와 체계를 만들 필요가 있다. 성공 확률을 높일 책임은 다름 아닌 자기 자신에게 있다.

자신을 위해 구상한 계획을 꾸준히 실천하기 위해서는 다른 무엇보다 시간이 필요하다. 그러나 시간은 한정된 자원이다. 시간 부족으로 허덕이지 않는 사람을 나는 한 번도 본 적이 없다. 당신도 나와 만나 차를 마신다면 똑같은 이야기를 할 확률이 높다. 게다가 당신이 나를 만날 시간을 내기까지도 아마 2주쯤 걸릴 것이다.

왜 다들 그렇게 시간에 쪼들릴까? 대다수의 사람들은 잠을 깨는 순간부터 유용한 활동은 물론이고 그다지 유용하지 않은 활동들에도 시간을 빼앗기기 때문에 바쁘다고 느낀다. 이런 일은 시간에 주의를 기울이지 않을 때 발생한다. 그렇다면 현재 일정 중 그다지 유용하지 않은 활동에 쓰는 시간을 목표를 위해 활동하는 시간으로 돌리는 것이 급선무다.

ME+를 실현하기 위한 시간을 확보해 놓았는가? 아직 등을 토닥이기에는 이르다. 진짜 어려운 부분은 꾸준한 실천이다.

매주 작은 실천에 참여할 시간을 어디에서 확보할지 정하는 것은 다이어트하는 사람이 하루에 섭취하는 음식 중 어디에서 칼로리를 줄일지 정하는 것과 다름이 없다. 그거야 어렵지 않다. 잼이 든 도넛만 안 먹겠다고 생각하면 되니까.

그러나 '실제로' 그 잼도넛을 안 먹기란 쉽지가 않다.

게다가 지치고 스트레스를 받을 때, 아니면 반대로 좋은 일이 있어서 즐기고 싶을 때 잼도넛을 마다하기란 더더욱 어렵다.

달리기 계획을 세우는 경우도 마찬가지다. 소파에서 일어나 5킬로미터를 뛰겠다는 계획을 세우기는 쉽다. 첫날엔 10분을 뛰고 10분을 걷는다. 다음 날엔 15분을 뛰고 5분을 걷는다. 처음엔 '하루 고작 20분인데 뭐가 그리 힘들겠어?'라며 대수롭지 않게 생각했지만 닷새째가 되자 몸이 천근만근에 전날 온 비로 축축해진 운동화 끈을 묶는데 이곳저곳이 욱신대기까지 한다.

30분쯤 침대로 돌아가 눕는다고 무슨 큰일이 날까?

달리기를 하겠다는 마음을 먹기는 쉽다. 큰 대회에 앞서 달리기 연습 일정을 다이어리에 기록해 놓기는 쉽다. 첫 번째 달리기에 나서기까지도 그리 어렵지 않다. 색다른 경험에 오히려 기분이 좋아진다. 그러나 3개월간 단 한 번도 훈련을 빼먹지 않기란 쉽지가 않다. 많은 사람들이 계획을 꼬박꼬박 실천하는 부분에서 나가떨어진다.

그러므로 먼저 작은 실천을 위한 시간을 어디에서 끌어올지 파악하는 쉬운 부분부터 시작해 보자. 그런 뒤에는 행동과학적 이론으로 꾸준한 실천에 도움을 받아보자. 이번 장에서는 새로운 여정을 한 걸음 한 걸음 꼬박꼬박 나아가는 좋은 습관을 들이기 위해 당장 활용할 수 있는 열 가지 행동과학적 통찰을 소개할 것이다.

시간이 없다는 착각

일주일에 한 번, 이를테면 매주 일요일 저녁 시간 같은 때에 다음 일주일을 어떻게 보낼지 생각한다고 해보자. 5킬로미터 달리기를 계획하면서 훈련 시간을 배분할 수 있듯이 ME+를 향한 여정에서도 90분은 이 활동에, 3시간은 저 활동에 할당할 수 있다(2장에서 참여했던 활동들을 떠올려 보라).

물론 이런 과정들에 참여하려고 마음먹는다면 안 그래도 빡빡한 일정에서 시간을 짜낼 필요가 있다. 다들 바쁘긴 하지만 이런 짬을 내기 어렵게 만드는 가장 큰 걸림돌은 무엇일까? 그것은 바로 시간 모순 선호time inconsistent preferences다. 시간 모순 선호란 대부분의 사람들이 자제심의 부족으로 인해 장기적인 관심사를 충분히 자주 돌보지 않는 현실을 가리키는 행동과학 용어다.

자제심은 시점 간 선택intertemporal choice을 할 때 특히 문제시된다. 시점 간 선택이란 선택을 결정하는 시점과 손익의 결과가 나타나는 시점이 시간적으로 떨어져 있을 때의 의사결정을 말한다. 일례로 눈앞의 작은 효용과 미래의 더 큰 효용 사이에서 선택할 때가 그런 경우다.

간단히 말해, 대부분의 사람들은 친구들과 술을 마시거나 TV를 보는 데는 3시간을 기꺼이 쓰지만 동일한 시간을 소설을 쓰거나 중국어를 배우는 데는 잘 쓰지 않는다.

운이 좋으면 큰 목표에 도달하기 위해 작은 실천을 하는 과정에서 즉각적인 만족감을 얻을 수도 있다. 가령 소설 쓰기나 새로운 언어 배우기를 좋아해서 그런 활동을 할 때마다 몰입에 빠져 즉각적인 만족감을 얻는 이들도 있을 것이다. 그러나 이런 활동들이 맺는 큰 결실은 먼 미래에 수확될 것이다. 처음으로 저작권 등록증을 받는 순간이나 간단한 의사소통을 뛰어넘는 유창한 중국어 실력으로 베이징에 있는 친구들과 한담을 나누게 될 때처럼 말이다.

이와는 반대로 즐거움은 당장 얻어지지만 비용은 나중에 부과되는 활동들도 많다. 행동과학에서는 이런 활동들을 '잘못'이나 '해악'으로 칭하지만 이 책에서 나는 그런 활동을 시간 좀벌레 라 부르기로 하겠다. 시간 좀벌레로는 과음, 뒹굴거리며 TV 보기, 끊임없는 SNS 활동 등이 있다. 이런 활동들은 시간을 좀먹을 뿐 아니라 장기적으로 건강마저 해칠 우려가 있다.[2] 온라인 쇼핑과 도박도 시간 좀벌레에 속한다. 이런 활동들은 시간을 좀먹을 뿐 아니라 다음달 신용카드 청구서 액수도 높인다. 이메일 작성과 무의미한 회의 참여, 사내 정치 활동도 보다 가치 있는 활동에 쓸 수 있는 시간을 앗아간다.

그렇다고 작은 실천을 위한 시간을 건강이나 가족을 위해 쏟는 시간이나 긴장을 푸는 데 쓰는 시간에서 끌어와서는 안 된다. 긴 시야로 앞을 내다보는 목적은 하던 달리기를 계속하고, 원만한 친구 관계를 유지하며, 뭉친 목을 풀기 위해 마사지를 받을 시간을 가지기 위함이다. 삶을 개선해 주는 일들을 매일 꾸준히 하는 것이 중요한 만큼, 이번 장에서는 그런 활동 시간을 확보하기 위해 불필요하게 우리의 시간을 갉아먹는 시간 좀벌레를 퇴치할 방법을 집중적으로 알아보고자 한다.

시간 좀벌레를 찾아라

국세청은 매년 국민들이 적정 세금을 납부할 수 있도록 소득 조사를 실시한다. 소비 시간 조사도 이와 비슷하게 평상시에 우리가 매시, 매분을 어떻게 쓰는지를 알아보는 것이다. 이를 통해 우리는 계획이 얼마나 잘 실천되고 있는지 확인할 수 있다.

다음 일주일 동안 시간을 어디에 어떻게 쓰고 있는지 조사해 보자. 하루를 15분 단위로 분할해 시간 좀벌레가 어디에 숨어 있는지 세부적인 위치를 확인할 수 있도록 하자.

시간 좀벌레는 도태시키거나 피하거나 줄일 수 있다(줄여야 한다). 소비 시간을 조사할 때, 시간 좀벌레가 출몰하는 곳을 형광펜으로 표시하면 어디서 시간을 허투루 쓰고 있는지 쉽게 파악이 된다.

당신의 시간을 가장 심하게 좀먹고 있는 것은 무엇인가?

내 시간 좀벌레는 무의미한 회의 참석, 불필요한 이메일 확인과 회신, 영상물 몰아보기다. 나는 이것들을 하나하나 살펴보며 여기에 내가 얼마나 많은 시간을 허비하고 있었는지 확인했다. 당신도 이와 같은 방식으로 자신의 시간 좀벌레를 파악하고 이를 퇴치할 방법을 찾을 수 있다.

나는 계획을 완수할 가능성을 최대로 높여줄 구조를 만들어서 이런 시간 좀벌레들을 가급적 피하고자 애썼다.

나의 시간 좀벌레를 분석한 다음의 내용을 살펴보자.

나의 시간 좀벌레

내용: 내가 꼭 참석해야 하는 것도 아니고, 도움이 될 것도 없는 무의미한 회의

- **주간 소비 시간:** 7시간.
- **절약할 시간:** 4시간(동료들에게 내가 살아 있음을 알리기 위해 가끔은 얼굴을 비쳐야 한다).
- **방법:** 회의 문건에 대한 의견을 담아 회의가 성공리에 진행되기를 바라는 마음으로 참석하지 못하는 데 대해 정중한 사과의 메시지를 보낸다. 회의 문건조차 준비되지 않았다면 그냥 참석하지 않는다. 주최자들마저 회의에 신경 쓰지 않는데 내가 뭐 하러 그러겠는가?

내용: 불필요한 이메일 확인 및 회신

- **주간 소비 시간:** 이메일 확인은 반사적인 습관이라 시간 추정이 어렵다. 부끄럽지만 이메일에 거의 중독된 수준이라 내가 무의식적으로 이메일을 확인하는 횟수가 한 시간에 두 자릿수에 달할 때도 있다.
- **절약할 시간:** 소비 시간의 80퍼센트.[3]
- **방법:** 내가 무의식중에 가장 자주 이메일을 확인하는 데스크톱 컴퓨터와 스마트폰에서 이메일 앱을 삭제한다. 이메일 관련 업무는 아이패드에서만 보기로 한다. 이렇게 하면 더 이상 내 무의식이 이메일 확인과 데스크톱 컴퓨터나 스마트폰을 연결시키지 않게 될 것이다. 아울러 이메일 업무 시간을 점심 식사 직후와 하루 일을 마치기 전으로 한정한다. 나는 심장외과의가 아니므로 내가 다른 사람의 이메일을 바로 확인하지 않는다 해도 목숨을 잃을 사람이 없음을 상기한다.[4]

내용: 영상물을 한 번에 몰아보면서 생각 없이 인터넷 서핑하기

- **주간 소비 시간:** 평일 저녁마다 1.5시간, 토요일과 일요일에 걸쳐 총 약 5시간.
- **절약할 시간:** 총 6시간.
- **방법:** 영상물 시청은 내가 긴장을 풀 때 쓰는 방법이기도 하기 때문에 이 시간을 줄이기는 쉽지 않았다. 그런 이유에서 끊임없이 이메일을 확인하거나 한심한 회의에 참석하는 것과 달리 영상물을 몰아보는 중독은 완전히 없애고 싶지가 않았다. 하지만 시청 시간은 줄이기로 결심하고, 영화 한 편을 한꺼번에 보거나 매일 밤 드라마를 2회분씩 보던 습관을 바꾸었다. 또 더 이상 TV를 보면서 인터넷 서핑을 하지 못하도록 방에서 인터넷에 접속할 수 있는 모든 기기를 치웠다. 덕분에 나는 몰입해서 한결 즐겁게 TV를 시청할 수 있게 되었다. 애플TVApple TV, 넷플릭스Netflix, 아마존 프라임Amazon Prime은 구독을 쉽게 취소하고 재가입할 수 있기 때문에(행동과학에서는 취소가 쉬울 때 '슬럿지sludge 수준이 낮다'고 표현한다—슬럿지는 오니汚泥 즉 '오염물이 섞인 진창'이라는 뜻으로, 넛지nudge가 팔꿈치로 슬쩍 찔러 좋은 의사결정을 내리도록 부추기는 것이라면, 슬럿지는 질척한 진흙탕에 빠뜨려 나쁜 의사결정을 유지하도록 만드는 것이다.–옮긴이), 지금 나는 구독 서비스를 바꿔가며 예전보다 더 다양한 콘텐츠를 즐기고 있다. 이런 '의도적 시청'은 내 수면의 질에도 대단히 긍정적인 파급 효과를 가져왔다.

불필요한 회의 참석과 영상물 몰아보기라는 두 가지 시간 좀벌레에 바쳤던 시간을 줄여서 일주일에 최소 10시간이 확보되었고, 이메일 작업 습관을 바꾼 데서도 역시 10시간이 확보되었다(보수적으로 계산해서 이 정도다!). 세상에! 이로써 목표 달성을 위해 쓸 시간이 일주일에 20시간이나 더 생겼다. 사람들은 늘 시간이 부족하다고 말하지만, 나는 하루를 통째로 벌었다! 1년은 52주이니 1년 동안 새로 확보되는 시간이 1,040시간에 달한다! 5년이면 5,200시간이다! 앞으로 5년간 내 야망을 달성하는 데 5,200시간을 더 들이면 내가 얼마나 더 나은 모습이 되겠는가?

자, 이제는 당신의 시간을 가장 많이 갉아먹는 시간 좀벌레 세 가지를 찾아보라.

시간 좀벌레 1

내용:

주간 소비 시간:

절약할 시간:

방법:

시간 좀벌레 2

내용:

주간 소비 시간:

절약할 시간:

방법:

시간 좀벌레 3

내용:

주간 소비 시간:

절약할 시간:

방법:

꾸준한 실천을 도와줄 행동과학적 통찰

2장에서 우리는 목표 달성에 필요한 활동들을 실천할 의지를 다졌다. 그리고 이번에는 평소에 시간을 어떻게 보내고 있는지 조사하여 시간 좀벌레들을 확인하고, 거시적인 목표를 실현시켜 줄 작은 실천들에 실제로 투입할 시간을 확보했다.

그럼 성공을 가로막는 또 다른 요소로는 어떤 것들이 있을까? 눈앞에 보이는 재미있는 일들에 정신을 빼앗기는 것? 이메일 확인이나 두서없는 생각들로 목적을 잃고 갈팡질팡하는 것?

필수적 과정들에 힘든 과업이 요구될 때나 외부 행사들이 비집고 들어올 때 견뎌내는 힘이야말로 성공의 관건이다. 계획을 꾸준히 실천하기란 쉬운 일이 아니다. 단지 꼬박꼬박 작은 실천에 임하는 데만도 보통 사람의 수준을 훨씬 뛰어넘는 자기 수양이 요구된다.

목표 달성을 위한 일이 지루하고 따분하게 느껴질 때가 있을 것이다. 친구와 칵테일 한 잔을 하지 못하거나 애인과 영화를 보러 가지 못할 때가 있을 것이다. 그러나 이 길은 당신이 바라는 삶을 얻고자 스스로 선택한 길이다. 오로지 당신만이 그 길을 갈 수 있다. 그러니 시간 좀벌레에 발목 잡히는 일이 없도록 하자.

그러나 인간이 매번 즉각적인 만족감만을 선택하도록 만들어져 있지는 않다. 앞서도 말했듯이 나는 쉽게 산만해지고 한 가지 일을 진득하게 하기를 무척 힘들어하는 사람이다. 더구나 저술 작업은 처음에는 큰 생각이 필요하고 나중에는 탈고하기까지 아주 꾸준한 실천이 요구되는 중기적인 여정이다. 그럼에도 불구하고 지금 당신은 내가 오랜 기간 공들여 쓴 책을 읽고 있다.

행동과학의 가르침 덕분에 나는 내가 쉽게 산만해지는 성향임을 인정하고, 나를 나 자신으로부터 지킬 수 있도록 도와주는 행동과학적 통찰에 의지해 산만함을 극복하고 궤도에서 이탈하지 않을 수 있었다. 아래에 시간 좀벌레를 피하고, 꾸준히 작은 실천들을 이행하며, 바라던 목표에 도달시켜 줄 행동과학의 값진 통찰들을 개괄해 놓았다. 이 통찰들은 실행하기 쉬울 뿐더러 비용도 거의 혹은 전혀 들지 않는다.

각각의 통찰이 누구에게나 도움이 된다는 보장은 없다. 저마다 개성과 특징이 다르기 때문에 사람에 따라 잘 맞는 것이 따로 있다. 그래도 모든 통찰을 하나하나 다 시도해 보기를 권한다. 그래야만 자신에게 어떤 통찰이 얼마나 잘 통하는지 판단할 수 있을 것이다. 효과가 있는 것은 계속 밀어붙이고 일주일이 지나도록 아무런 효과가 없으면 더 이상 거기에 매달리지 말고 다음 것으로 넘어가자. 꼭 순서를 지키지 않아도 된다. 가장 마음이 가는 것부터 시도해 보자.

이를 시행착오 학습trial-and-error learning이라고 한다. 효과가 있는 것은 지속하고 나머지는 버리면 된다. 나는 이 방법으로 (부족한) 주의 지속 시간을 관리하는 데, 나아가 전체적인 시간을 관리하는 데 도움을 받았다. 나는 주기적으로 나 자신을 하나의 행동과학적 실험 대상으로 삼는다. 이상하게 들릴지 모르지만, 한 가지 행동과학적 통찰을 취해 이를 나 자신에게 적용해 보는 것이 그 기본 개념이다. 그런 다음에는 일주일간 새롭게 가한 변화로 인해 바라던 방향으로 내 행동이 바뀌었는지를 평가한다. 행동이 바뀌었다면 그 변화를 지속하며 그것이 내 행동에 어떤 영향을 미치는지 매주 점검한다. 영향이 미미해질 때쯤이면 내가 거기에 적응이 되어 더 이상 새로울 게 없어진 것이다. 그러면 나는 다른 방법을 시도한다.

열린 마음으로 접근하면 자신에게 맞는 방식을 찾을 수 있다. 사람에 따라 통하는 방식이 다르므로 각자에게 맞는 방식을 쓰면 목표를 달성할 확률이 급격히 높아진다.[5] 시행착오 학습이란 아무런 득이 없는(더 나아가 딴 길로 새게 하는!) 기법의 사용을 중단하고 도움이 되는 기법을 고수한다는 뜻이다.

"자식은 결국 부모를 따라가게 마련이다"라는 옛말이 있다. 행동과학적 통찰을 상시 적용함으로써 나는 제멋대로인 아이를 열심히 지도편달해 무사히 대학으로 인도한 우리 엄마와 닮은꼴이 되었다. 이 책의 저술과 같은 의미 있는 중기적 목표들을 달성할 수 있도록 산만한 나 자신을 중기간에 걸쳐 이끌었으니까. 이번 장이 끝날 무렵엔 당신도 나처럼 성공을 향한 궤도에 안착할 수 있기를 빈다.

여기서 설명하는 열 가지 행동과학적 통찰 중에서 지금 당신에게 가장 끌리는 것 한 가지를 골라 내일부터 당장 적용해 보기를 바란다. 그 전 과정을 기록하면 더 유익할 것이다.

자신에게 통하는 방법을 배우는 것은 그 자체로 자기 발견의 여정이다.

통찰 1: 당장의 비용과 이득을 재조정하라

버클리 선생님이 내 모의고사 성적표를 주지 않는 바람에 나는 이후

6개월 동안을 실제 성적이 어떻게 나올지 모르는 막연한 상태로 보내야 했다. 모든 징후가 나의 실패를 암시하는 듯한 현실에서 엄마는 나를 성공 궤도에 올려 놓고자 더더욱 안간힘을 쓰셨다. 엄마는 대학 진학으로 얻어지는 이득이 당장에 나타나지 않는다는 사실을 잘 알았기에, 내가 공부를 열심히 할 수 있도록 그 시점에 공부에 투입하는 시간의 비용과 이득이 균형을 이루도록 조정해 주셨다.

아일랜드 엄마들은 특유의 눈길로 엄마가 호락호락 넘어가지 않을 것임을 아이에게 알린다. 이 눈길이 효과가 없으면 더 괴로운 잔소리가 한바탕 쏟아진다. 졸업시험 공부를 하는 동안 이런 눈길을 수도 없이 받고 잔소리도 엄청 들었는데, 이런 고통은 나쁜 행동에 곧바로 부과되어 실질적으로 체감되는 비용이었다. 내 경우에 나쁜 행동이란 매일 공부할 시간을 지키지 않는 것이었다.

엄마는 이런 눈길과 잔소리를 사용해 내가 공부를 하지 않을 때 감당해야 할 비용을 현재로 끌어오셨다. 아주 실질적이며 즉각적인 잔소리의 대가는 TV를 보거나 그와 비슷한 시시한 활동에 참여해서 얻는 당장의 이득을 능가했다. 이를 행동과학에서는 채찍 이라고 부른다. 진짜 채찍처럼 불쾌한 방식을 써서 특정 방향으로 행동을 유도하는 힘이 있다.

그러나 엄마는 잔소리만 한 게 아니라 나를 구슬리기도 하고 칭찬도 하셨다. "그레이스, 네가 정말 자랑스럽단다" "지루한 거 알지만 곧 끝날 거야. 초콜린 입힌 마시멜로랑 차 한 잔 줄까?"와 같은 다정한 말들과 더불어 맛난 마시멜로는 내가 공부에서 얻어지는 당장의 이득으로 작용해 내가 기꺼이 책상에 붙어 있을 수 있게 해주었다. 이런 전술을 행동과학에서는 당근carrot이라고 부른다. 이런 즉각적인 만족감은 미래의 삶을 개선할 수 있는 특정 행동에 지금 당장 참여하게 만드는 유인책이 된다.

엄마는 당근으로 내게 아주 다양한 것들을 제공해 주셨다. 몸에 좋고 마음에 위안도 되는 음식, 휴식 시간의 좋은 말동무, 저녁 시간에 긴장을 풀어줄 비디오테이프, 공부를 많이 한 날에 상으로 주는 다양한 선물(근사한 문구류에서부터 내가 좋아하는 매장에서 쓸 수 있는 쿠폰들까지) 등.

엄마는 내게 당근(유인책)과 채찍(처벌)을 골고루 사용하셨다. 엄마의 도움은 당시 나에게 절대적이었다. 머릿속 잡념을 쫓아다니는 내 개인적인 성향도 성향이지만 모교의 대학 진학률 역시 그리 좋은 편이 아니었기 때문이다. 그래서 나는 동료 효과(동료들에게서 받는 긍정적인 영향)로 인한 성적 향상을 기대하기 힘들었다.[6] 확률은 나에게 불리했고, 그 확률을 나에게 유리하게 바꾸려면 꼬박꼬박 빼놓지 않고 열심히 공부를 하는 수밖에 없었다.

요즘도 나는 먼 미래에나 막연한 이득을 기대할 수 있으며 그로 인해 지금 당장 내 여유 시간을 희생해야 하는 일을 할 때는 당장의 이득과 비용을 변경시키는 구조를 마련하여 여기에 의존한다.

자신에게 당근과 채찍을 활용할 때에는 이런 질문을 해보라. "어떻게 하면 작은 실천을 할 때 드는 당장의 비용은 낮추고 거기에서 얻어지는 당장의 이득은 높일 수 있을까?"

이 질문은 본질적으로 어떻게 하면 큰 목표를 이루기 위한 활동을 지금 당장 하고 싶게 만들 수 있는지를 묻는 것이다. 많은 사람들이 아침에 운동을 할 마음을 먹었다가 알람이 울리면 늘 '다시 울림' 버튼을 누르고 기상 시간을 뒤로 미룬다. 어떻게 하면 계획한 활동에 좀 더 쉽게 참여할 수 있을까?

알람을 방 반대편에 가져다 놓아 알람을 끄려면 일어날 수밖에 없게 만드는 방법이 하나 있다. 그리고 알람 옆에 운동화와 운동복을 챙겨두면 복장도 빨리 갖출 수가 있다.

이 방법이 어째서 도움이 될까? 멀리 떨어져 있는 알람은 침대에 머무는 비용을 증가시키고(누가 요란한 알람 소리를 계속 들으면서 침대에 누워 있고 싶겠는가?), 일단 일어난 뒤에는 다시 침대로 돌아가는 이득을 줄이는 데 기여한다(이때쯤이면 기분 좋은 나른함이 사라지기 시작하니까). 한편 바로 착용할 수 있도록 준비해 놓은 운동 장비는 밖으로 나가는 데 드는 비용을 낮춰준다.

새롭게 실천하려는 습관(작은 실천)의 비용과 이득을 살짝 조정하면 궤도를 유지할 가능성을 대폭 높일 수 있다. 예를 들어, 지속적 학습을 수행하는 동안 이메일이나 소셜미디어에 정신이 팔리는가? 그렇다면 작업 반경 내에서 이메일과 인터넷 접속을 차단하여 작업 공간을 오프라인으로 전환해 보라. 온라인 접속에 드는 노력을 증가시키면 지금 당장 그 행위를 하기 위한 비용이 높아지고, 따라서 온라인에 접속할 가능성이 확연히 줄어든다.

피곤하다는 이유로 네트워킹 행사장에 나가지 않는가? 그렇다면 그 다음 날 저녁에 자유의 날을 배정하여 한 달에 한 번씩은 반드시 행사장에 나갈 유인책을 제공하라. 자유의 날에는 친구들과 외식을 하거나 음식을 사다 먹고 영화를 보면서 여유로운 밤을 보내도 좋다. 이러한 유인책은 당장 행사장에 나갈 이득을 증가시켜 피로감을 이겨내게 해준다.

통찰 2: 자기 신뢰를 길러라

"그레이스, 넌 네가 원하는 건 뭐든지 될 수 있단다. 뭐가 될지는 전적으로 너에게 달렸고, 꾸준히 노력하는 한 한계란 없단다. 너는 아주 영리한 아이야. 엄마는 널 믿어." 엄마는 졸업시험을 정확히 3개월 앞둔 시점에 내게 이런 말씀을 해주셨다.

당시에 나는 그 말에 대단히 회의적이었다. 1997년 어느 비 오는 날 책상에 앉아서 이런 말을 들은 나는 엄마의 말이 무슨 뜻인지 머리로는 이해가 됐지만 그다지 납득은 되지 않았다. 나는 스스로를 아주 평범한 아이로 생각했기 때문에 내가 무엇이든 될 수 있다는 생각이 결코 들지 않았다. 10대의 나에게는 진정한 자기 신뢰가 턱없이 부족했다. 그러나 자기 신뢰가 없을 때 누군가 자신을 믿어주는 사람이 있으면 무엇보다 값진 자산이 된다.

공부를 잘하는 학생이든 못하는 학생이든 자신을 믿어주는 사람이 있다는 것만으로 변화가 일어날 수 있을까? 1968년 하버드 대학의 심리학 교수 로버트 로젠탈Robert Rosenthal과 초등학교 교장 레노어 제이콥슨Lenore Jacobson은 교사가 학생의 능력에 대해 보여주는 믿음이 아이의 전체 인생에 어떤 영향을 미칠지 조사하는 획기적인 연구를 수행했다.

그들은 샌프란시스코 남부의 한 초등학교 아이들을 대상으로 대기만성형(미래에 재능을 꽃피울) 아이들을 가려낼 검사를 실시했다. 이 검사로 로젠탈과 제이콥슨은 평소에는 우수해 보이지 않았지만 곧 천부적인 재능을 보이리라 예상되는 아이들을 선정해 교사들에게 명단을 제공했다.

그 이후 무슨 일이 일어났을까? 교사들은 대기만성형으로 확인된 아이들을 긍정적인 기대감을 품고 달리 대하기 시작했다. 이를 피그말리온 효과Pygmalion effect라고 한다. 연말에 이 학생들의 학업 능력을 다시 검사한 결과, 뛰어난 잠재력을 지닌 것으로 지목된 학생들과 나머지 학생들 간에 큰 성적 격차가 나타났다. 이 결과가 의미하는 바는 무엇일까? 두 연구자가 처음 수행했던 평가가 대기만성형 아이들을 완벽하게 예측한 것일까? 그렇지 않다.

그들이 대기만성형의 최우수 인재로 지목한 학생들은 사실 무작위로 선정된 것이었다. 제비뽑기로 뽑은 것이나 진배없었다. 선정된 학생들은 최우수 인재가 될 가능성만큼이나 평범한 아이로 머물 가능성도 있었다. 선정 과정은 학업 성취도나 시험 점수와는 아무런 관련이 없었다. 이 실험에서 눈여겨볼 부분은, 교사가 학생의 능력에 대해 보여준 믿음이 학생들에게 자기 충족적 예언으로 작용했다는 점이다. 학생들은 교사의 기대에 부응했다. 그들이 지닌 이점은 타고난 능력이 아니라 교사들이 대기만성형으로 확인된 학생들의 잠재력을 믿고 더 많은 관심을 주었다는 데 있었다. 교사들의 관심 속에서 학생들은 더 많은 노력을 기울였고, 이는 더 높은 성적으로 결실을 맺었다.

중기적인 계획에 착수할 때 자기 신뢰를 키우면 큰 도움이 된다. 왜 그럴까? 스스로를 믿으면 자신이 원대한 목표를 성취할 수 있으리라는 믿음 역시 가지게 되며, 그와 관련된 온갖 혜택이 뒤따르기 때문이다. 할 수 있다는 확신은 매일의 활동에 자신을 참여시키기 위해 지금 당장 필요한 연결 고리 역할을 할 수 있다. 우리는 자기 자신에게 자기 충족적 예언 또는 피그말리온 효과를 일으킬 수 있다.

그러면 자기 신뢰는 어떻게 기를 수 있을까?

꾸준히 노력하면 현재의 기술 수준과 그 밖의 여러 특성들을 바꿀 수 있다고 스스로에게 자꾸만 상기시켜라. 이런 것들을 변화시키기란 어렵지 않다. 너무 단순하게 말하는 것처럼 들릴지 모르지만, 자신의 능력을 변화시킬 수 있다는 믿음이야말로 변화를 실현하는 핵심 재료 중 하나다. 나는 수년간 계량경제학을 가르쳤다. 계량경제학은 많은 학생들이 두려워하는 통계 기반의 경제학 과목이다. 내가 기쁘게 전할 수 있는 한 가지 정형화된 사실은, 특정 과목에 대한 두려움 때문에 학생들이 그 과목을 잘하지 못할 때가 많았다는 점이다. 그런 두려움을 떨쳐주는 것만으로도 학생들에게는 굉장한 도움이 되었다. 학생들이 단순히 그 과목을 벅차게 느낀 나머지 공부를 피하는 일이 없어졌기 때문이다. 그들의 자기 신뢰를 긍정적인 방향으로 바꾸어 공부를 지속할 수 있도록 한 것이야말로 내가 한 가장 보람된 일 중 하나다.

어려운 과업 앞에서도 할 수 있다는 말을 스스로 되뇌면 도움이 된다는 사실을 나는 어떻게 알았을까? 긍정적인 자기 신뢰가 다양한 삶의 결과를 개선한다는 사실을 보여주는 대단히 설득력 있는 여러 증거들이 있다. 예를 들어 2011년에 15,000명 이상의 아이들을 대상으로 수행된 한 연구에서는, 학습을 통해 지능을 높일 수 있다는 믿음을 심어준 아이들이 이런 메시지를 들려주지 않은 통제 집단에 비해 어려운 과제에서 훨씬 높은 점수를 받았다.[7] 누구에게나 지적 능력을 향상시킬 수 있는 재능이 있다고 알려주었을 때도 역시나 배경에 상관없이 학생들의 성적이 향상되었다.[8] 큰 목표를 실현할 수 있다는 인식은 궁극적으로 그 목표에 도달하게 해줄 작은 실천들을 이행하도록 유도한다. 또한 개인적 능력에 대한 이런 형태의 재확인 역시 목표 달성에 도움이 된다는 증거가 있다.[9]

진정 고무적인 사실이 뭔지 아는가? 소프트 스킬soft skill(대인관계나 의사소통, 리더십, 책임감과 같이 정량적으로 측정하기 어려운 개인의 능력–옮긴이) 역시 인생의 어느 시점에 있든 간에 개발할 수 있다는 점이다.[10] 이 말은 곧 행동과 자존감, 근성, 회복력을 개선하기에 늦은 나이는 없다는 뜻이다. 행동과학 연구는 단순히 기술을 향상시킬 수 있다는 믿음만으로도 다양한 분야의 수행 능력을 단숨에 끌어올릴 수 있음을 말해준다.

목표를 이루기 위해 최선의 노력을 다하고 싶은가? 그렇다면 당신이 ME+가 되려는 도전을 충분히 잘 수행하고 있는지 확인하는 시간을 따로 가져보기 바란다. 지금까지 행해온 작은 실천들을 목적지를 향해 잘 나아가고 있다는 증거로 생각하자. 이 작업의 핵심은 반복이니 매주 시행하자.

처음부터 혼자 하기가 힘들면 마음 한 구석을 차지하고 있는 격려자를 찾아보자. 당신이 ME+를 향해 나아가고 있다는 걸 알고 있으며, 사기진작이 필요할 경우 자기 신뢰를 북돋워 줄 수 있는 그런 존재를 말이다.

결심이 흔들리고 자기 신뢰에 금이 갈 때는 그런 불안정한 느낌이—영구적인 것이 아니라—일시적인 것임을 상기하면 도움이 된다. 이에 대한 증거는 한 기발한 무작위 통제 연구에서 찾아볼 수 있다. 이 연구에서는 대학 신입생들 일부에게 (허구의) 한 선배가 썼다는 보고서를 보여주었다. "겉도는 느낌이 드는 것은 대학 생활 초반의 일시적인 현상"이라는 내용이었다. 그랬더니 그 학생들의 평균 평점이 이런 희망적인 메시지를 듣지 못한 학생들에 비해 0.3점 더 높게 나타났다.[11] 중기적 여정을 시작할 때 드는 부담감이 정상임을 인식하게 만든 단순한 개입이 그 학생들에게 흔들림 없이 나아갈 힘을 준 것이다!

그러므로 네트워킹 행사장에서 겉도는 느낌이 들거나, 강의를 수강할 때 따라갈 수 없어 답답하거나, 회의실에서 아무런 도움도 되지 않는다는 생각이 든다면 이런 감정들이 일시적임을 스스로 상기시키자.

이런 주문을 머릿속으로 되새기며 계속 시도해 보자. 어울리지 않는 옷을 입은 것 같은 느낌은 곧 사라질 거라고 자꾸만 되뇌자. 왜? 어디든 오래 붙어 있다 보면 결국엔 거기에 녹아들게 마련이니까!

통찰 3: 늘 시간이 부족한 이유

졸업시험을 준비하던 와중에 나는 여러 차례 기복을 겪었다. 1997년 4월 중순경 슬럼프에 빠졌을 때는 아무리 의지를 굳게 다지고 잔꾀를 부려봐도 영어 복습반 수업 준비를 썩 잘 해낼 수가 없었다.

"이렇게 시간이 오래 걸릴지 몰랐어요, 선생님… 어찌나 지루한지 처음 열 쪽을 읽고 또 읽고 또 읽어야만 했거든요."

『리어왕King Lear』의 결말이 어떻게 비극으로서의 요건을 갖추었는지 모르는 이유를 내가 피츠기번Fitzgibbon 선생님께 해명하려고 했던 말이다. 어쨌거나 원래의 질문에 대해 10대의 그레이스가 확실히 아는 사실은 이것뿐이었다. 첫째, 『리어왕』을 읽는 것 자체가 비극이었다. 둘째, 책을 읽는 데 시간이 얼마나 걸릴지를 말도 안 되게 과소평가했다. 절대적인 시간 면에서나 무지하게 꾸물대는 내 습성을 고려할 때나.

어떤 활동을 수행할 계획을 세울 때 우리가 의식적으로든 무의식적으로든 가늠하는 세 가지 변수가 있다. 첫째는 시간이 얼마나 걸릴 것인가, 둘째는 비용이 얼마나 들 것인가, 셋째는 활동에 수반되는 위험은 무엇인가다. 『리어왕』을 읽는 내 계획에는 지루함 외에 다른 비용은 들지 않았지만, 나는 그 책을 읽는 데 걸리는 시간을 엄청나게 과소평가했다. 게다가 내 꾸물대는 성격과 책을 읽지 않을 핑계를 만들어 내는 능력 또한 과소평가했다. 물론 나만(그때는 물론이고 성인이 된 지금도) 계획 세우기에 서툰 것은 아니다. 전문적으로 계획을 수립하는 일을 하는 사람들조차 엄청난 오판을 하곤 한다.

지난 수십 년간 '켈트의 호랑이Celtic Tiger'보다 아일랜드에서 태어난 아이들의 기회를 양분한 것도 없을 것이다. 좋은 쪽에 들든 나쁜 쪽에 들든 말이다. 켈트의 호랑이란 급속한 경제 성장과 소득 상승이 이루어졌던 기간(1990년대 중반부터 2000년대 후반)의 아일랜드를 일컫는 말이다. 이 시기에 아일랜드는 대형 프로젝트를 여럿 출범시켰는데, 비용과 시간 면에서 번번이 예측을 초과했다. 이 중 하나가 악명 높은 더블린항 터널로, 초창기에 이 터널의 건설비는 1억 유로로 추산되었다. 그런데 개통이 예정보다 2년 늦은 2006년에 이루어졌고, 비용은 원래 계획보다 무려 6억 유로가 더 들었다. 그보다 더 큰 문제는 개통도 전에 뜯어고치느라 이미 터널이 구닥다리가 되어버리고 말았다는 것이다. 무슨 연유일까? 처음에 천장을 너무 낮게 만든 나머지 최신 대형 트럭들이 터널을 통과할 수가 없었던 탓이다.

아일랜드 사람들만 계획 수립에 특별히 서툰 것은 아니다. 저 아랫동네 호주에서도 시드니 오페라 하우스 건립을 위해 세심한 계획 단계를 거쳤다. 기간은 4년이 걸리고 예산은 7백만 달러가 들 거라는 추정치가 나왔다. 그런 계획들은 최종적으로 어떤 결과를 이끌어냈을까? 완공까지 10년이라는 '짧은' 기간에 9천 5백만 달러라는 '소소한' 액수가 들었다. 한편 캐나다에서는 1976년 하계 올림픽을 위해 접이식 지붕이 설치된 경기장의 건설에 1억 2천만 달러의 비용이 들 것으로 예상했다. 실제로는 어땠을까? 1989년까지도 공사가 완전히 마무리되지 않았고, 지붕 하나에만 처음 추정했던 비용이 들었다.

혹시 새로 사업을 시작하려 하는가? 창업은 중기 계획에 속한다. 이때 사람들은 흔히 비용과 시간을 과소평가함으로써 성공 확률을 과대평가하곤 한다. 경영인의 30퍼센트가 자신의 실패 확률을 제로로 보며(불확실한 경제 상황에서 이는 통계적으로 불가능한 일이다!), 80퍼센트가 성공 확률을 70퍼센트 이상으로 본다.[12]

이런 예측 실패의 근본 원인은 무엇일까? 바로 계획 오류다. 이 오류는 1979년 대니얼 카너먼과 아모스 트버스키Amos Tversky가 수행한 연구에서 밝혀졌다. 계획 오류는 사람들이 과거 비슷한 활동에 예상보다 훨씬 더 오랜 시간이 걸린 걸 알면서도 어떤 활동을 하는 데 걸리는 시간을 시종일관 과소평가하는 경향을 말한다. 우리는 자신의 생산성에 대해 지나칠 만큼 낙관적이며, 이는 우리가 어떤 활동의 완수를 얼마나 쉽게 생각하는지를 설명해 준다.

뭔가를 계획할 때 우리는 일이 원만하게 풀리리라 가정한다. 과거에 그렇게 된 적이 없는데도 불구하고 최상의 시나리오대로 되리라 생각하고, 시간 지연이나 피로감, 산만함, 방해 따위를 전혀 예상하지 않는 것이다. 그리고 이런 낙관주의는 우리의 시간 배정에 파급 효과를 일으킨다.

계획 오류는 어떤 목표를 달성하는 데 필요한 시간과 돈의 양 모두를 지나치게 과소평가하는 인간의 습성을 단적으로 보여준다. 개인적 차원의 결정에서 금전적인 예측은 꽤나 정확하게 할 때가 있지만, 목표 달성에 걸리는 시간은 개인과 집단을 불문하고 한결같이 과소평가한다. 직설적으로 말하자면, 우리는 일을 마치는 데 걸리는 시간 예측에 영 젬병이다. 우리는 시간 관리를 어려워하며, 앉아서 지루한 일을 해내기를 힘들어한다. 하지만 그런 일이야말로 우리를 궤도에서 이탈하지 않고 중간 기착지를 거쳐 목적지에 제때 도달하게 해주는 주역이다.

당신이 세운 계획들도 분명 계획 오류를 겪을 것이다. 100퍼센트 장담한다. 그리고 계획 오류를 감안하지 않는다는 것은 자기 자신을 실패로 내몬다는 의미와 다르지 않다. 이번 주 후반에 당신이 3시간을 할당해 놓은 활동을 완수하기 위해 앉아 있는 모습을 상상해 보라. 만약 목표량의 50퍼센트밖에 달성하지 못했다면 그것은 무엇을 의미할까? 기대에 미치지 못했을 때 많은 사람들이 실망감을 내비친다. 이를 ME+를 실현할 도전에 나서기에 부족하다는 증거로 보고 그러한 차질을 핑계 삼아 가던 길을 중단하는 사람들도 있다. 반복적으로 계획 오류에 빠지다 보면 점점 부담스러운 마음에 포기하게 되기 십상이다.

그럼 어떻게 하면 계획 오류를 극복할 수 있을까?

먼저 자신이 이 인지 편향의 희생자인지 확인하는 것이 좋다. 지난 한

해 동안 당신이 계획했던 모든 프로젝트들을 검토하라. 완수 여부에 상관없이 지난 열두 달 동안 계획했던 모든 프로젝트를 샅샅이 떠올려 보자.

그 각각의 프로젝트를 다음 페이지의 표에서 '내가 세운 계획' 항목 아래에 나열하라. 이런 프로젝트들에는 승진, 신규 계약 10건 성사, 코앞에 닥친 마감일에 늦지 않게 저술 중인 책 마무리하기와 같이 평소 업무와 관련된 목표 외에도 창고에 페인트 칠하기, 10킬로미터 달리기, 자녀의 수학 숙제 봐주기 등이 포함될 수 있다. 또 계획한 책 읽기나 치과 및 기타 건강검진 따위의 보다 일상적인 계획들도 들어갈 수 있다.

두 번째 열에는 각각의 계획이 어떤 삶의 영역과 관련되는지를 다음 범주를 활용해 기입해 보자.

- 업무(이 부분은 '큰 목표'에 해당하는 범주다)
- 재정
- 친구와 가족
- 건강
- 내 시간(즉 자기 관리를 위한 시간)
- 개인적 성장(목표를 향한 여정을 꿋꿋이 나아갈 때 얻어지는)
- 연애
- 자아상
- 사회(모금, 공동체 활동 등의 사회 공헌)
- 영성

내가 세운 계획	인생 영역	달성	미진	실패

나열한 각각의 계획에 대해서는 '달성'(예정된 기한 내에 계획을 달성했을 때), '미진'(계획을 달성하긴 했으나 예상보다 시간이 오래 걸렸을 때), '실패'(계획을 달성하지 못했을 때) 여부에 따라 해당하는 열에 체크 표시를 해보자.

표에 작성한 내용들을 잠시 숙고해 보자. 전부 다 '달성' 열에 체크가 되었다면 작년에 계획한 일들을 솔직하게 작성하지 않았을 가능성이 높다. 아니면 더 많은 일을 할 수 있었는데도 몸을 사렸거나.

사람들은 특정 삶의 영역에서는 대체로 계획을 달성하지만 다른 영역에서는 그러지 못하는 경향을 보이곤 한다. 실패는 하지 않았지만 전반적으로 미진했던 삶의 영역도 있을 수 있다. 그럴 경우 한 가지 삶의 영역을 의도적으로 방관해 오지는 않았는지 혹은 허술한 인생 계획 때문에 그렇게 된 건 아닌지 고려해 볼 가치가 있다.

내가 업무상 만나는 사람들 중에는 수익이나 고객 발굴 측면에서는 착실히 계획을 달성하지만 건강과 관련된 계획은 본의 아니게 소홀히 하는 경우가 많다. 물론 사람마다 중시하는 우선순위가 다르다. 내 친구들 중에는 인생의 동반자를 만나거나 연애를 하는 데 전혀 관심이 없는 이들이 있는데, 나는 내 소중한 반쪽이 없다면 아마 길을 잃고 말 것이다. 한편 나는 겉으로 보이는 이미지에 좀처럼 신경을 쓰지 않기 때문에 내가 패션 트렌드를 좇는 데 시간을 소비할 가능성은 희박하다. 요즘 내 외모는 관리가 잘 되지 않은 모습이지만, 나는 이 부분을 애써 계획을 세워 가꿀 만한 가치가 있는 삶의 영역으로 바라보지는 않는다.

표를 채우면서 아마 당신은 일부 계획이 서로 연관된 두 가지 이상의 삶의 영역에 기여한다는 사실 또한 발견했을 것이다. 예컨대 내 경우에 이 책을 쓰는 일은 개인적 성장을 불러왔을 뿐만 아니라 업무에도 도움이 되었다. 그런가 하면 시기별로 일부 삶의 영역에 더 집중하게 될 때도 있다. 업무상의 특정 프로젝트를 진행할 때 나는 그 일에만 몰두하기를 좋아한다. 그럴 경우 사무실에 틀어박혀 일에 매진하는 동안 친구와 가족들은 자주 못 볼 수밖에 없다. 이럴 때 어떻게 일과 삶 사이에 균형을 유지할까? 나는 가까운 사람들에게 내가 무슨 일에 몰두해 있는지를 알리고, 가까운 미래에 그들과 양질의 시간을 함께 보낼 일정을 잡아둔다. 이런 유형의 시간 거래는 의도적인 것이며 그 구분은 중요하다. 만남을 아예 취소한 게 아니라 잠시 유보한 것뿐이다.

이제 '실패'한 계획들을 돌아보자. 당신은 왜 그 프로젝트들을 방치했는가? 더 마음이 끌리는 다른 일이 있었는가? 아니면 그럴 만한 합당한 이유가 있었는가? 온라인 강좌에 등록한 경우를 가정해 보자. 4강에 이르자 당신은 그 콘텐츠가 흥미롭지 않다는 생각이 들었을 수 있다. 강의 내용이 기대와 달랐거나 아니면 단순히 열의가 식었을 수도 있다. 그럴 때는 스스로에게 물어보자. 그 강좌가 정해진 시간 내에 당신을 목적지로 데려다 줄 유일한 길인가? 그렇지 않다면 5강을 들어봐야 내내 괴롭기만 할 것이다. 계속 수강할 경우의 비용과 이득을 따져볼 때 이미 강좌에 투입한 시간을 고려해야 할까? 그렇지 않다. 만약 당신이 그러고 있다면 식당에서 배가 부른데도 '본전을 뽑겠다고' 꾸역꾸역 남은 음식을 다 먹어치우는 사람이나 극장에서 보고 있는 영화가 눈물이 날 만큼 지루하고 차라리 그 시간에 다른 일을 하는 게 더 나은데도 표값이 아까워서 끝까지 앉아 있는 사람과 다를 바가 없다. 이런 사람들은 **매몰비용 오류**에 빠진 것이다.

훨씬 더 가치 있는 일을 하려는 의도가 있다면 하던 일을 중단해도 괜찮다.

하지만 그런 의도가 없는 중단은 어떨까? 내가 바로 자주 이러한 우를 범하는 장본인이다. 한 예로, 아름다운 리치몬드 공원에서 매주 5킬로미터를 달리겠다는 내 계획은 다른 계획들(또는 그저 내 미루는 버릇)에 잠식당해 결국 '실패'로 돌아가기 일쑤다.

한편 이번 장을 쓰는 작업도 처음부터 바로 완수되지는 않았다. 계획을 세울 때 계획 오류가 슬그머니 비집고 들어왔기 때문이다. 이번 장을 쓰는 데 대략 40시간이 걸리리라 예상하고 그 40시간을 한 주에 몽땅 배정했었는데, 이런저런 방해 요소가 생겨서 다른 데 정신을 쏟다가 그만 기한을 넘기고 말았다.

내가 이 계획을 기한 내에 완수하지 못한 이유는 무엇일까? 이유를 대자면 한이 없겠지만, 그때는 20분을 멍하니 흘려보낸 것과 반들반들한 새 연필을 깨물었던 것이 한몫을 차지했다(제발 나무라지 말아주길). 내가 그런 일이 일어날지 어떻게 예상할 수 있었겠는가? 연필 깨물기를 일과에 넣고 하루를 시작하는 사람은 없다. 멍때릴 시간을 따로 계획하는 사람도 없다.

작년에 계획했던 프로젝트를 하나하나 검토하다 보면 우리가 하루에 처리할 수 있는 일을 얼마나 끈질기게 과대평가하고 있는지 납득이 갈 것이다. 그리고 멀쩡한 계획이 아무런 이유 없이 버려지는 경우도 많으며, 어설픈 계획이 좋은 의도를 망치기도 한다는 것을 알게 될 것이다. 이번 장을 쓰는 데 충분한 시간을 할애하지 않았던 나는 리치몬드 공원에서 사슴과 나비, 토끼와 나란히 달리며 엔도르핀을 분출할 기회를 놓치고 말았다.

또한 앞선 표에 적은 내용을 돌아보면 우리가 계획 오류에 얼마나 많이 빠지는지도 확실히 알게 될 것이다. 계획 오류는 여러 삶의 영역에 걸쳐 계획의 실행에 부정적인 영향을 미친다. 이런 편향의 존재를 아는 것만으로도 계획 오류에 빠지는 습관을 떨치는 데 도움이 된다. 단지 시각적으로 할 일을 부각시키는 것만으로는 계획을 충실히 달성하기가 힘들다.

계획 오류를 막을 보다 적극적인 예방책으로, 활동에 예상되는 시간 자체에 일정한 승수—이를테면 1.5—를 곱해 배정 시간을 늘려보자. 그러면 기존에 ME+와 관련된 활동들에 썼던 시간이 1.5배로 늘어나게 된다.

다음으로는 계획 오류가 가장 많이 일어나는 분야들을 반영해 이 승수를 정밀하게 조정해 보자. 계획한 활동들 중 몇 퍼센트나 할당한 시간 내에 달성되었는지 매주 평가하고, 계획보다 늦어졌던 날들의 원인을 주의 깊게 파악하자. 몇 주간 이런 과정을 반복하다 보면 특정 과업을 완수하는 데 걸리는 시간은 물론이고, 낙관주의를 상쇄하고 계획 오류를 타파하기 위해 추정 시간에 곱할 각각의 승수도 보다 정확하게 예측이 될 것이다. 활동별로 다른 승수가 필요할 수 있으며, 이를 알면 일정을 정밀하게 세울 수 있다. 그러나 경험으로 미루어 1.5를 곱하면 무난하다.

통찰 4: 목표를 구심점 삼아라

"엄마, 어느 과가 좋을지 모르겠어요." 내가 대학 입시 요강에서 손가락으로 법학과, 경영학과, 치의학과를 지나쳐 여러 학과명을 죽 훑으면서 토로했다. 그러나 한편으로는 다 재미있어 보이기도 했다. "제가 나머지 인생 동안 뭘 하고 싶은지 지금 당장 어떻게 알겠어요? 이런 분야에서 일하는 게 어떨지 짐작도 안 가는데. 제가 어디에 열정을 바칠 수 있을지 모르겠어요. 동전이라도 던져서 결정할까요?"

최종 시험이 한 달 앞으로 다가왔는데도 나는 지원할 학과를 정하는 데 애를 먹고 있었다. 그뿐이면 괜찮았겠지만 장기간의 공부를 의미 있는 결과와 연결 짓지 못하니 계획된 공부량을 꼬박꼬박 채우기가 육체적으로도 정신적으로도 힘들어졌다. 부지불식간에 나는 스스로를 절망의 구렁텅이로 밀어넣고 있었다. 그날 입시 요강을 훑던 내 손가락이 컴퓨터공학과에서 딱 멈추며 비디오 게임과 영화 그래픽, 온라인 쇼핑몰을 제작하면 얼마나 멋질지 그 장면이 눈앞에 선하게 그려지기 전까지만 해도! 그런 일들은 『리어왕』을 몰라도 충분히 할 수 있었다.

나는 큰 소리로 외쳤다. "저 컴퓨터공학자가 될래요!"

눈앞에 목표가 뚜렷하게 보이면 2장에서 선택한 활동들에 매주 참여할 동기가 생긴다. 안 그러면 어디로 나아갈지 감이 안 잡혀서 작은 실천들을 이행할 동기를 불러일으키기가 힘들다.

여러분도 알다시피 나는 컴퓨터공학자가 되지 않았다. 설정한 목표는 우리를 앞으로 나아가게 해주면 그뿐, 최종 목적지를 영원히 못 박을 만큼 고정불변일 필요는 없다. 오히려 우리는 ME+에게 도움이 될 기술을 부단히 익히고 연마하며, 새로운 기회가 다가올 때 ME+의 비전을 계속해서 수정해 나가야 한다.

목표 설정의 이점은 행동과학 분야의 연구에서 무수히 입증되었다.[13] 그런데 목표를 설정하면 어떤 메커니즘이 작동할까? 본질적으로, ME+가 시각화되면서 미래의 자신이 현재로 소환된다. 목표를 시각화하면 마음속에 더 큰 그림이 그려지고, 여기에서 다시 중기적 여정이 끝나고 목적지에 도달했을 때 얻어질 미래의 이익이 떠오른다. 단순히 이런 미래의 이익을 기대하고 ME+의 비전을 상기하는 것만으로도 궤도 유지에 도움이 된다.

그러므로 매달 목표를 검토하고 새롭게 설정할 시간을 가지면 좋다. 이 작업은 주간 계획을 세울 때 같이 해도 된다. ME+를 실현하면 어떤 기분일지 상상해 보자. 이런 상상은 마음속에서 목표를 뚜렷하게 부각시키는 데 도움이 된다. 현재 하고 있는 작은 실천들을 ME+와 확고히 결부시킬수록 실천 과정에서 결의가 더욱 단단해진다.

그러나 구체적인 목표를 가지면 목표의 달성 가능성을 높일 수 있기는 하지만, 지나치게 매몰되면 시야가 좁아진 나머지 다른 매력적인 기회를 놓치게 될 우려도 있다. 무주의 맹시inattentional blindness에 빠지지 않도록 조심하자. 이 현상은 대니얼 사이먼스Daniel Simons와 크리스토퍼 차브리스Christopher Chabris가 1999년에 수행한 유명한 연구에서 밝혀졌다. 두 연구자는 인간이 한 가지에 주의를 집중하면 나머지는 차단해 버린다는 사실을 입증하기 위해 한 성인 그룹에게 서로 공을 주고받는 두 팀의 모습을 관찰하도록 했다. 그들의 임무는 간단했다. 검은 티셔츠를 입은 팀의 패스는 무시하고 흰 티셔츠를 입은 팀의 패스 횟수만 세면 되었다. 참가자들은 공이 패스되는 횟수를 열심히 세며 맡은 임무를 충실히 수행했다. 그런데 지나치게 시야가 좁아진 나머지 그들은 고릴라 털가죽을 걸친 사람이 도중에 들어와서 가슴을 두드리다가 나가는 모습을 보지 못했다. 그렇다. 지금 내가 말한 그대로다! 그들은 고릴라가 왔다 간 사실을 전혀 인지하지 못했다! 어찌나 깊이 몰입했던지 참가자들이 그 굉장한 볼거리를 놓치고 만 것이다.

무주의 맹시 때문에 고릴라의 모습으로 찾아온 기회를 놓치지 않으려면 매달 목표를 재설정하는 시간을 가지면서 계획에 중심을 두고, 새로운 경험을 선사해 줄 또 다른 기회에도 눈을 돌리자.

통찰 5: 의미가 동기를 유발한다

컴퓨터공학과에 가기로 마음을 먹고 나니 대학에서 하게 될 공부에 대해 도전 정신이 불타올랐다. 가족이나 친구, 심지어 낯선 이들마저 내게서 이런 이야기를 듣고 놀라워했고, 어떤 논리에서 내가 그런 결정을 내리게 된 건지 의아한 눈치였다. 당시에 나는 컴퓨터공학과에 남학생이 95명이면 여학생은 5명밖에 되지 않는다는 사실을 알지 못했다. 그 학위로 취업할 수 있는 정확한 직종에 대해서도 거의 아는 바가 없었다. 솔직히 향후 4년의 운명을 결정 지을 입학 원서를 보내면서도 자바가 프로그래밍 언어라는 사실조차 몰랐다.

그러나 오랜 방황 끝에 갖게 된 목표였다. 컴퓨터공학과에서 뭘 배우는지는 속속들이 몰라도 내 목표에는 분명 커다란 의미가 있었다. 기술적 혁신이 세상을 어떻게 바꾸는지 잘 알고 있었기에, 나도 세상을 보다 나은 곳으로 만들어 줄 기술 개발에 일조하고 싶었다. 사람들의 삶을 풍요롭게 만들고 교육적 접근성을 높여주는 그런 기술 말이다.

현재 당신이 추구하는 목표는 보다 숭고한 목적에 기여하는가? 당신은 자신의 핵심 가치와 일치하는 목표를 추구하고 있는가? 당신이 계획하는 일은 세상에 어떤 가치를 더하는가?

세상에 어떤 가치가 더해지는지 알면 달성하려는 목표의 전체적인 의미를 꿰뚫어 보게 되고, 그러면 의욕이 떨어질 때도 동기를 유지할 수 있다. 그리고 작은 실천들과 그에 걸리는 시간을 유의미한 결과를 낳는 하나의 생산 과정으로 바라볼 수 있다. 환멸이 들 때마다 이 점을 상기하면 도움이 된다.

목표의 의미를 아는 것이 어째서 궤도 유지에 도움이 될까? 자신의 목표에 의미가 있을 때 사람들이 그 목표를 달성하기 위해 훨씬 더 많은 노력을 투입하며,[14] 목표를 의미 있게 바라볼 때 계획을 달성할 가능성이 비약적으로 높아진다는 사실을 뒷받침하는 충분한 증거가 있다.[15] 목표의 의미는 우리가 필요한 활동에 계속 참여할 수 있도록 사기를 북돋워 준다. 매일의 활동(작은 실천)에서 의미를 찾으면, 행복과 동기는 증진되고[16] 스트레스와 냉소주의는 줄어드는 또 다른 부수 효과도 따른다.

그러면 목표 이면의 의미를 어떻게 하면 찾을 수 있을까? 먼저 ME+가 하기를 바라는 일에서 파생되는 결과에 주목하자.[17] 당신의 미래 커리어가 다음 중 어떤 효과를 내게 될지 자문해 보라.

- 나를 행복하고 충만하며 자랑스럽게 만들 것이다.
- 내가 느끼는 즉각적인 이득을 넘어서는, 이를테면 공동체나 인류에 대한 혜택 같은 긍정적인 파급 효과를 일으킬 것이다.

첫 번째 범주는 ME+의 일이 개인에게 가져다주는 의미에 관한 것이다. 우리를 행복하고 충만하고 자랑스럽게 하는 것에는 성장의 기회나 존경, 타인과의 유대, 이타주의, 번영, 창의력, 지위 등이 있다. 반면 두 번째 범주는 ME+가 하는 일의 외부적 의미에 관한 것이다. 예컨대 권한을 부여하고, 공감하고, 안전을 지키고, 삶을 개선하고, 일자리를 창출하고, 타인을 보살피거나 가르치는 등의 일이 여기에 속한다.

잠시 이 두 가지 범주의 측면에서 당신이 선택한 ME+의 일 이면의 의미를 찾는 시간을 가져보자. 그 의미 있는 일을 잘하게 만들어 줄 현재의 기술이나 ME+를 위해 개발하고 있는 기술에 대해서 생각해 보자. 이런 연습은 당신이 하고자 하는 일의 의미를 증진시킬 메커니즘으로 진정성과 자기효능감을 활용할 수 있게 해준다. 진정성은 당신이 현재 보유하고 있는 기술이나 앞으로 연마할 기술로 자신이나 타인에게 직접적으로 이득이 될 의미 있는 일을 할 수 있음을 깨닫는 데서 얻어진다. 자기효능감은 이런 기술들을 보유하는 것이 무엇을 의미하는지에 대한 자기 인식을 높임으로써 향상된다.

당신 자신을 그리고 당신 고유의 기술들을 당신이 할 일의 의미와 연결 지으면 작은 실천들을 계획대로 지속할 내적인 동기가 증진된다. 이런 연습을 꾸준히, 가급적 매일 정해진 시간에 반복하여 당신이 달성하려는 목표의 의미를 중기적 여정 내내 되새길 수 있기를 바란다. 머릿속으로 할 수 있는 간단한 연습만으로도 날마다 하기에 그리 즐겁지 않은 일을 할 동기마저 이끌어낼 수 있다.

나는 자기 일에서 의미를 찾으면 아무리 지루한 작업을 하더라도 생산성을 향상시킬 수 있다는 증거를 2019년 미국의 한 제조회사에서 알

베르토 살라모네Alberto Salamone와 함께 실시한 현장 실험을 통해 입증했다. 우리는 매우 반복적인 작업을 하는 업종의 근로자들을 대상으로 연구를 수행했다. 대부분의 사람들이 지루하게 여기는 일이었다.

우리는 무작위로 하루를 선정해 그들의 작업장에 포스터를 붙였다. 근로자들에게 그들이 하고 있는 일의 의미와 중요성을 부각시키는 내용이었다. 각각의 포스터는 세 부분으로 구성되었다. 첫 번째는 근로자들이 지닌 기술을 높이 사는 내용이었다. 두 번째는 그들이 만드는 제품의 폭넓은 용도를 강조하는 내용으로, 여기서는 사람들이 기찻길을 건너거나 도로 위를 운전할 때 안전을 지켜주는 조명을 그들이 제조하고 있다는 사실을 상기시켰다. 세 번째는 그들이 만든 제품에서 개개인이 받는 혜택을 일깨워 주는 내용으로, 이는 그들이 안전하게 지켜주고 있는 얼굴들로 표현되었다.

종합하면, 이런 3단계의 과정을 통해 근로자들이 하는 일의 의미를 부각시키자 그들의 내적인 동기가 크게 상승해 더 오랜 시간 일하고 결근을 적게 한다는 결과가 나타났다. 동기가 떨어질 때는 미래에 당신이 할 일에서 혜택을 볼 사람들—당신이 가르치게 될 학생들이든, 당신이 제공할 서비스로 이익을 얻게 될 소비자이든, 당신의 훌륭한 리더십으로 혜택을 볼 동료이든, 당신의 개선된 워라밸로 덕을 보게 될 가족들이든—을 시각화하면 도움이 된다. 효과를 극대화하고 싶다면 당신도 포스터를 만들어 눈에 잘 띄는 곳에 붙여보라!

통찰 6: 성취도를 가시화하라

시험을 앞둔 1997년 4월에 나는 매일 하루 공부가 끝나면 벽에서 일과표를 떼어 완료된 항목에 줄을 그으며 그날 내가 실제로 공부한 내용을 확인했다. 시험 첫날까지 5주가 채 남지 않았을 때 나는 내 계획 수립 능력이 눈에 띄게 개선되었음을 알아차렸다. 당시에 나는 계획 오류라는 말조차 들어본 적이 없었지만 이 간단한 자기평가로 인지적 함정의 징후들을 뚜렷하게 감지하면서, 자연히 그날그날 정해진 분량을 소화할 수 있도록 과목별로 추가 시간을 부여하게 되었다.

ME+는 큰 생각에서 비롯된 원대한 목표이므로, 당신은 선택한 활동들에 꼬박꼬박 꾸준히 참여해야 한다. 그렇지 않으면 야망을 이루기 힘들다. 이런 작은 실천들에 꼬박꼬박 참여하기 위해서는 미리미리 계획을 세울 필요가 있다. 여기에 더해 계획한 일 대비 실천한 일을 대조하는 사후 분석 작업을 하면 앞으로의 계획 수립에 도움이 되며, 이를 통해 스스로에 대한 책임 추궁도 가능해진다.

그럼 어떻게 하면 계획 단계에서부터 사후 분석이 가능하게 만들 수 있을까? 이미 매주 초에 당신은 수행할 활동들의 목록을 작성하고 있을 것이다. 이는 마음가짐을 가다듬어 준다. 이 목록에 각 회차별로 달성하려는 목표를 추가할 수 있다. 예를 들어 1만 단어 분량의 제안서를 쓸 경우, 월요일 밤 8~11시까지 3시간 동안 2천 단어를 쓰겠다는 계획을 세우는 것이다. 이렇게 하면 글쓰기가 끝난 뒤 사후 분석을 통해 실제로 글을 쓰는 데 걸린 시간과 더불어 작성한 단어 수까지 확인할 수 있다.

소요된 시간과 더불어 산출된 단어 수를 기록하는 이유가 무엇일까?

단어 수는 진전 상황을 가시적으로 보여준다. 만약 1만 단어 분량의 글 중에서 5천 단어를 썼다면 일을 절반쯤 끝냈음을 알 수 있다. 또 진행 상황이 눈에 보이면 수행 능력이 향상되기 때문에 일의 실질적인 진척을 보장할 수 있다.[18]

이런 식으로 점검을 하면 다음과 같은 다양한 업무에 도움이 된다.

- **음식 배달 사업을 위한 신규 고객 확보:** 이메일 발신 수나 전화 통화 수를 세고 사후 관리를 하라. 계획했던 연락 횟수와 실제 연락한 횟수를 비교하라.
- **소득 신고나 경비 및 급여 서류 정리 같은 소기업 관련 행정 업무 처리:** 계획을 세울 때 이런 업무들의 전체 목록을 작성하고 회차별로 특정 번호의 업무를 완료하면 지워나가라.

종합하면, 평가가 실천을 부른다는 철학을 받아들이면 자기도 모르는 사이에 궤도를 멀리 이탈할 일은 없을 것이다.

활동에 참여하도록 독려할 당근이 필요한 사람들의 경우엔 사후 분석에 유인책을 끼워넣을 수도 있다. 만약 목표량을 상당한 정도로 초과 달성했다면 자신에게 보상을 하자. 가령 일주일의 글쓰기 분량에서 2천 단어를 더 썼다면 잘해나가고 있다는 사실에 안도하며 그날 저녁은 쉬면서 당장의 만족감을 얻을 수 있는 것을 마음껏 해보자.

통찰 7: 행운 대 노력

졸업시험이 시작된 뒤 나는 영어 서술형 시험을 제대로 망쳤다.

"엄마, 제 잘못이 아니에요. 시험에 『리어왕』 문제가 그렇게 많이 나올 줄 누가 알았겠어요? 운이 지지리도 없었던 거라고요." 내가 볼멘소리를 했지만 실은 운이 없었던 게 아니다. 『리어왕』이 시험에 나오리란 건 기정사실이었다. 그저 내가 준비가 안 되어 있었을 뿐이다. 엎친 데 덮친 격으로 시험에 나온 문제는 『리어왕』의 결말을 어떻게 비극으로 볼 수 있는지를 묻는 것이었다.

중기적 여정 중에는 면접이나 대중 강연 행사, 투자자에 대한 홍보 기회, 발표한 작품에 대한 평가 같은 주요 관문들을 거치게 된다. 잘 풀리는 일도 있고 잘 안 풀리는 일도 있을 것이다. 결과가 좋든 나쁘든 그것이 대체로 운 때문이었는지 노력 때문이었는지 확인하면 지속적인 발전이 가능하며 지나온 사건들에서 교훈을 얻을 수 있다.

앞서 나는 당신이 매일 규칙적으로 한 일에 대한 완수 여부를 솔직히 평가하는 사후 분석을 실시하라고 권했다. 이번에는 당신이 기울인 노력으로 진정 당신이 앞으로 나아가고(또는 걸려 넘어지고) 있는지를 현실적으로 평가하기를 권한다.

어째서 당신이 특정한 관문에서 실패를 맛보았는지—왜 기회를 붙잡지 못했는지—에 답하는 사후 분석에 솔직담백하게 임하면 명료한 시야를 확보할 수 있다. 학창 시절에 나는 솔직하지 못했다. 나는 『리어왕』이 시험에 나올 줄 알고 있었고, 심지어 학교에서 내준 예상 문제가 실제 시험에도 그대로 나왔다. 사후 분석에 솔직하게 임했더라면 내가 수업 시간에 제대로 답을 하지 못한 것이 운이 없어서가 아니라 노력이 부족해서였다는 결론을 내렸을 테고, 그랬다면 나중에 있을 실제 시험에 대한 대비를 더 철저히 했을 것이다.

인생의 어떤 결과이든 노력과 행운의 산물임을 명심하라.

노력과 행운이 어느 정도의 비율로 결합되느냐에 따라 결혼 여부와 자녀 수, 소득, 직업이 달라진다. 행운은 무작위로 찾아오며 통제할 수 있는 게 아니다. 때와 장소가 잘 맞아떨어져야 행운을 누릴 수 있다. 평소에 나는 순전한 행운(복권 당첨 따위)과 특혜에서 얻어지는 행운(부잣집에 태어나는 경우)을 구분지어 생각하지만, 사후 분석 시에는 이 두 가지를 뭉뚱그려 한 가지로 취급한다. 순전한 행운처럼 특혜도 선택할 수 있는 게 아니기 때문이다.

큰 이익을 보았거나, 실패를 경험했거나, 뜻하지 않은 기회가 찾아왔을 때는 이런 주요 사건들에 대한 사후 분석을 실시해야 한다. 이런 유형의 사후 분석에는 단지 운이 좋아서 좋은 결과가 나왔을 수 있다는, 또 단지 운이 나빠서 실패했을 수 있다는 생각으로 접근해야 한다. 이를 당신이 내린 결정과 그간 기울였던 노력을 되돌아볼 시간으로 삼아, 그로 인해 어떻게 그날의 결과에 이르게 되었는지 살피자. 그 시간을 한탄하거나 자화자찬하는 시간이 아닌 배움의 시간으로 삼자.

우측 표는 주요 사건들에 대한 사후 분석 시에 활용할 수 있는 견본이다.

당신에게 영향을 미쳤던 최근의 주요 사건들을 떠올려 보라. 고등학교나 대학교 입시, 그간 개발해 온 상품의 런칭, 면접 응시에 이르기까지 무엇이든 좋다. 업무 외적인 것도 상관없다.

표 상단에 생각나는 사건 한 가지와 그 최종 결과를 기록하자. 그 사건

주요 사건:
결과:

어떤 결정을 했는가?	잘된 일은 무엇인가?	잘못된 일은 무엇인가?
1.		
2.		
3.		
4.		
5.		

과 관련하여 당신이 이룬 성과에 조금이나마 영향을 미쳤던 여러 결정들이 있었을 것이다. 다섯 칸의 공란에 그 결정들을 기재하자. 이는 당신을 그 지점에 이르게 한 모든 결정들을 돌아보도록 하기 위함이다. 사람들은 흔히 주요 사건의 성공이나 실패를 한두 가지의 핵심적 결정에서 기인한 것으로 보려고 하지만 이는 현실과 동떨어진 생각이다. 최대한 기억을 더듬어 최소한 다섯 가지의 결정을 찾아내자. 그리고 이 기회를 활용해 각각의 결정에서 무엇이 잘되었고 무엇이 잘못되었는지를 적어보자.

이 방법이 유용한 이유가 뭘까?

당신의 진보는 결과의 질이 아닌 의사결정의 질로 평가되어야 한다. 결국 결과는 행운과 노력의 합작품이다. "잘된 일은 무엇인가?"와 "잘못된 일은 무엇인가?"라는 두 열에서 틀림없이 당신은 행운을 만났었다는 사실을 알게 될 것이다. 어쩌면 시험 범위에서 몇몇 문제들만 골라서 공부했는데 그 문제가 시험에 나왔을지도 모른다. 그것은 선생님에게서 들은 정보에 근거한 결정이었을까 아니면 해야 할 노력을 줄이고자 감행한 모험이었을까? 또 어쩌면 신제품의 공개 전에 밀레니얼 세대만을 대상으로 제품 테스트를 했는데 물건이 날개 돋친 듯 팔려나갔을 수도 있다. 그것은 전략의 결과였을까 아니면 어쩌다가 얻어걸린 행운이었을까?

사후 분석은 또한 이처럼 주요 사건에서 마주친 결과가 (좋든 나쁘든) 의도적 행위에서 비롯된 것인지 아닌지를 자문해 보도록 해준다. 당신이 지금 훨훨 날아다니는 이유가 운이 좋아서라면 앞으로도 계속 그런 운이 따르리라는 보장은 없다. 어쩌다가 승승장구하고 있다 해도 그것이 미래의 결과에 모종의 영향을 미치리라고는 기대하지 마라. 예를 들어 당신이 어떤 프로젝트에 지원해 일을 따내려 한다면, 응찰에 얼마만큼 노력을 쏟을지와 새 고객에게 어떤 면을 어필하면 좋을지를 가늠해 보는 것이 좋다. 이렇게 하면 성공 확률을 최대로 높이기 위해 필요한 준비 시간이 어느 정도일지 알 수 있다. 또 당신이 제공할 상품이나 서비스의 어떤 특징이 신규 고객 확보에 중차대한 역할을 할 것이며 어떤 특징이 외면받을지도 파악할 수 있다. 이런 과정을 거치면 낙찰을 받았다 해도 부족했던 부분을 짚고 넘어갈 수 있다. 어쩌면 입찰서 제출 기한에 맞추느라 며칠 밤을 샜던 것이 계획 오류 때문이었음을 알아차릴 수도 있고, 입찰서에 맹점이 있었다는 사실을 뒤늦게 인식할 수도 있다. 또 제공하는 서비스에서 본의 아니게 일부 사람들이 배제되었음을 알게 되거나, 그런 식으로 입찰서를 작성하려면 엄청난 시간이 들기 때문에 당장은 일을 따낼 수 있을지 몰라도 장기적인 목적에는 큰 도움이 되지 않는다는 사실을 깨달을 수도 있다.

일을 따내지 못했을 경우에도 사후 분석은 동일한 방식으로 실시한다. 입찰서를 충분한 시간 동안 심혈을 기울여 작성했는지 여부를 돌아보고, 어째서 낙찰을 받지 못했는지 제안을 거절한 고객에게서 피드백을 구하자. 피드백을 받을 수 없을 경우엔 입찰서를 다시 훑어보며 당신이 제공하는 서비스가 적절히 표현되었는지 능동적으로 자문해 볼 수 있다. 아니면 입찰서의 다른 측면이 결과에 부정적인 영향을 끼쳤는지도 모른다. 혹시 너무 큰 금액을 요구한 건 아닐까?

제안 내용을 아무리 뜯어보아도 여전히 문제를 찾지 못할 수도 있다. 그런 경우엔 단지 당신이 운이 없었던 것인지도 모른다. 성공하지 못하더라도 부당하다며 허구한 날 세상 탓만 해서는 안 된다. 특히 같은 문제가 반복해서 일어날 때는 더더욱. 실패에 대해 남을 탓하기보다 그 경험에서 긍정적인 면을 찾으려고 애쓰자. 실패 과정에서 얻을 수 있는 정보를 최대한 많이 수집하자. 앞서 제시한 견본을 활용해 좋은 결과에 기여한 일들과 노력이 부족했던 부분의 목록을 주도적으로 작성해 보자. 이렇게 하면 성공적인 결과—어느 정도는 운에 힘입은—만으로 스스로를 판단하지 않게 된다. 이런 배움은 실패에 맞닥뜨렸을 때 버텨낼 한 줄기 희망을 준다.

앞으로의 여정에서 당신은 미리 시간과 노력을 투입해야 하는 일에 나서게 될 때가 많을 것이다. 취업 면접이나 대중 강연, 기사 작성, 잠재적 투자자 대상의 홍보, 외국어 구술 시험, 회의 진행, 공직 선거 등에 말이다. 이때, 앞선 견본을 활용해 사후 분석을 하면 매우 유익하다.

뭔가에 도전하기에 앞서 '좋은 결과'의 정의를 분명히 해두면 사후 분석이 용이해진다. 프리랜서 업무에 입찰할 때는 어떤 것이 좋은 결과인지가 명백하지만 대중 강연을 하거나 회의를 진행할 때는 어떨까? 이런 경우는 좋은 결과를 어떻게 규정할까? 좋은 결과가 무엇인지에 대해 명확한 관념이 있으면 사건 종료 후 사후 분석을 실시할 때 도움이 된다. 결과에 대한 평가를 제대로 할 수 있기 때문이다.

통찰 8: 감정이라는 사기꾼

"대학 갈 생각일랑 집어치울까 봐. 정말 지긋지긋해. 망할 놈의 수학 같으니." 수학 복습을 하던 중에 나도 모르게 볼멘소리가 튀어나왔다. 엄마는 옆방에서 빨래를 개고 계셨다. 내가 영어 서술형 시험을 망친 걸 알았던 데다 그 실패로 인한 감정적 반응이 내 장기적인 미래에 불필요한 영향을 끼치지 않기를 바랐던 엄마는 내가 스스로를 그만 책망하고 휴식을 취하도록 제안하셨다.

"그레이스, 오늘 저녁은 그만하는 게 어떻겠니? 그동안 열심히 했으니 좀 쉬면서 영화라도 보렴."

긴긴 여정에 걸쳐 당신은 몇 가지 큰 결정과 수많은 작은 결정을 하게 될 것이다. 작은 결정은 매일 활동에 참여할지 말지와 같은 결정이고, 큰 결정은 그런 활동들을 무엇으로 정할지, 어떤 목표를 지향할지와 같은 결정이다.

10대 시절 졸업시험 공부(내 활동)를 하는 동안 내가 경험하는 부정적인 감정은 더 크고 중대한 목표(대학 진학—결국 컴퓨터공학과에 가려면 수학에서 좋은 점수를 받아야 했다!)에 부정적인 영향을 끼칠 위험이 있었다. 감정이 의사결정에 좋지 않은 영향을 미친다는 사실을 잘 알았던 엄마는 얼른 끼어들어 내가 수학 서술형 시험을 망칠 것 같은 불안감 때문에 대학에 가지 않겠다는 중대한 결정을 내리지 못하도록 미리 차단하셨다. 그렇다고 내가 느끼는 좌절감이 오래가지 않는다는 사실도 굳이 알리지 않으셨다. 어차피 그런 감정은 다음 날이면 사라질 테니까.

어떤 결정을 내리든 간에 감정이 당신의 결정에 중대한 역할을 한다는 사실을 유념하라. 목표에 커다란 영향을 미칠 일을 시작하거나 중단하려고 할 때는 특히 이 점에 유의해야 한다. 또 활동을 자꾸만 건너뛰는 경향이 나타날 때도 이 점에 주목할 필요가 있다. 우리는 자신이 내리는 결정 이면에 존재하는 감정을 의식적으로 살펴야 한다. 혹시 실패가 두려워 활동을 피하는 것인가? 아니면 배움이 너무 벅찬 나머지 좌절감을 느끼지 않으려고 그러는 것인가?

계획이 야심찬 만큼 간혹 자신감이 떨어질 때도 있을 것이다. 이는 자연스러운 현상이다. 그게 그렇게 쉬운 일이라면 세상에 목표를 달성하지 못할 사람이 어디 있겠는가? 어떤 감정—실패에 대한 두려움이나 더딘 진척에 대한 좌절감—이 들든 그 감정이 곧 지나가리라고 생각하면 꿋꿋하게 버티는 데 도움이 된다.

2007년에 폴 슬로빅Paul Slovic과 그의 동료들은 감정적 반응이 우리의 수행 능력과 의사결정에 영향을 미친다는 사실을 입증했다. 우리를 괴롭히는 감정에는 두 가지 종류가 있다. 첫 번째는 당면 과업에 으레 따르게 마련인 감정이다. 예컨대 면접이나 중요한 발표 또는 대중 강연 행사를 앞두고 드는 두려움이 감정적 반응을 유발하여 수행 능력에 영향을 미칠 수 있다. 두 번째는 불쾌한 동료를 상대하거나 병든 친척을 돌보거나 개인 채무에 시달리는 등 삶에서 겪게 되는 다른 일들에 의해 유발되는 부수적인 감정으로, 이 역시 수행 능력에 영향을 미친다.[17] 두 가지 유형의 감정적 반응 모두 감정 지능이 높은 사람들은 별 무리 없이 극복한다. 감정 지능은 학습이 가능하며 개발해 둘 가치가 있다. (회복력 구축과 감정적 반응의 처리에 대해서는 7장에서 보다 상세히 다룰 것이다.)

여기서 말하려는 요지는, 결정을 내릴 때는 감정에 유의하고 큰 결정은 급하게 내리지 말라는 것이다.

행동과학에서는 현재의 감정 상태에 의거해 성급하게 행동하거나 판단하도록 만드는 정신 작용을 감정 추단법affect heuristic이라고 한다. 마음과 정신 사이의 이러한 상호작용은 ME+를 위한 옵션들을 평가할 때, 단순히 긍정적인 느낌이 든다는 이유로 어떤 옵션은 장밋빛으로 보게 하고, 반대로 부정적인 감정이 든다는 이유로 어떤 옵션은 간과하게 만든다. 어떤 기회가 생겼을 때 당신이 보이는 반응에 의문을 갖고, 그것이 감정에 의해 추동된 반응이 아닌지 살피자. 아직 잘 모르는 사람이나 친밀한 관계에 있지 않은 사람들이 제안한 기회를 거절하는 것은 본능적 반응일 수 있다. 어쩌면 당신은 함께하면 좋은 사람들과 부담 없는 일만 하면서 소중한 시간을 허비하고 있는지도 모른다.

또한 여러 실천들에 시간을 배분할 때에도 감정으로 인해 판단 착오를 일으킬 수 있다. 필요한 과정이라고 해서 다 즐겁게 할 수 있는 것은 아니다. ME+를 위해 두 가지 기술이 필요하다고 할 때, 당신은 그중에서 더 쉬운 기술을 연마하는 데 과도한 투자를 하고 있을지도 모른다. 그리고 그런 결정의 이면에는 감정적 반응이 도사리고 있을 확률이 높다. 까다롭거나 따분한 활동에 참여할 때 기분이 좋을 사람은 없기 때문이다.

그럼 이 문제를 어떻게 해결할까? 특정 활동에 대해 드는 불편한 감정은 일시적이어서 어느 정도 활동에 숙달이 되면 금세 사라질 것임을 유념하자. 어렵게 여겨지는 활동에 10번 참여하겠다고 다짐하고, 그대로 실천하면서 차차 불편한 감정이 사그라드는지 주의 깊게 관찰하자.

인생의 중대한 결정은 차가운 머리로 해야 한다. 고로 남들에게 어떤 부탁을 받을 때는 반드시 생각할 시간을 달라고 해야 한다. 이 시간은 부탁을 들어주기 위해서 이용 가능한 다양한 방법과 관련된 비용 및 이득, 위험의 목록을 작성하는 데 사용할 수 있다. 이 과정을 통해 각 선택지의 장단점과 위험이 충분히 파악되기 때문에 이런 시간을 가지면 꽤나 합리적인 의사결정을 할 수 있다. 또 이렇게까지 하지 않더라도 단순히 약간의 시간을 가지는 것만으로도 자동 반사적인 반응을 피하고 보다 신중한 결정을 내릴 수 있다. 청혼을 받았을 때 쓰기에는 그리 낭만적인 전술이 아니지만, 목표를 향해 가는 여정에서는 이런 접근 방식으로 더욱 만족스러운 결정을 내릴 수 있다!

꿀팁 일기를 쓰면 의사결정에 도움이 된다

일기를 자주 쓰면 어떤 활동에 대한 참여 여부를 결정할 때 자신의 감정이 어떤 역할을 하는지, 그리고 여정에서 만나게 되는 큰 기회들에 자신이 어떤 반응을 보이는지 면밀히 들여다볼 수 있다. 화가 나거나 흥분되거나 허기지거나 속상하거나 두렵거나 신이 나는 등의 격렬한 감정 상태에서는 절대로 ME+와 관련된 결정을 내리지 말아야 한다. 특정한 감정적 상태에서는 반드시 다른 사람들과 여러 옵션을 놓고 상의를 하되, 결정을 내려야 할 시기는 일정 시간 뒤로 미루자.

경험적으로 볼 때, 누군가에게 짜증이 날 때는 곧장 이메일을 보내거나 전화를 걸어 직접적으로 대응하지 않는 것이 좋다. 감정적 반응이 가라앉을 때까지 기다린 다음 마음이 차분히 진정되면 그때 반응을 보여도 늦지 않다. 그때까지는 다른 누구에게도 자극받을 일이 없도록 하자!

통찰 9: 상·중·하로 난이도를 설정하라

나는 졸업시험을 거의 6월 한 달 내내 치렀다. 처음엔 시험 날짜가 연달아 돌아왔지만 뒤로 갈수록 간격이 일주일까지도 벌어졌다. 8일 뒤에 있을 마지막 과목의 시험을 앞두고는 공부를 정말 열심히 하려고 했지만, 얼마 지나지 않아 집중력이 떨어지고 미루는 습관이 다시 도져서 좌절감이 쌓여갔다. 더딘 진척에 낙담한 탓에 내 손톱과 연필이 죄다 물어뜯겨 있었다.

"그레이스, 항상 모든 걸 모 아니면 도 식으로 할 필요는 없단다. 어떤 날에는 계획한 분량의 절반밖에 못했더라도 일단 공부를 했다는 사실과 어느 정도의 진전이 있었던 것만으로 만족해야 해." 내가 화학 공부를 계획의 절반밖에 달성하지 못했다고 푸념하자 엄마는 이렇게 조언해 주셨다.

여러분 중에도 아무것도 시작하지 못하는 사람이 있는가 하면, 목표 달성을 위한 작은 실천에 들어가기는 했지만 몇 주가 가도록 도무지 완수를 못 하는 사람도 있을 것이다. 이런 일이 일어나는 데는 크게 두 가지 이유가 있다.

첫째, 스스로에게 과도한 부담을 지우고는 계획 오류(정해진 시간 내에 지나치게 많은 일을 할 수 있다고 생각하는 것)에 빠져 허우적대고 있는지 모른다. 이럴 때는 현재 배정한 시간에 얼만큼의 추가 시간이 필요한지 확인해야 한다.

둘째, 정해진 시간이 돌아왔을 때 주기적으로 활동을 수행하는 데 필요한 마법의 주문이 아직 없는지 모른다(내가 아직이라고 말한 점에 주목하라!). 그래서 활동 중에 공상에 빠져들거나 차를 마시거나 친구에게 문자 메시지를 보내는가 하면, 네트워킹 행사장에 가서는 멀뚱히 서서 원래부터 알고 있던 사람들과 잡담을 나누면서 의도한 일을 제대로 하지 않는 것이다.

그러면 이런 행태를 어떻게 바꿀까?

타협 효과compromise effect가 그 해법이다.[20] 어떤 활동을 계획할 때 대체로 우리는 한 가지 활동에 올인한 뒤 그 활동이 완료되면 줄을 그어 지운다. 그러나 이렇게 모 아니면 도 식으로 접근하기보다 상·중·하로 작업량을 구분해 보면 어떨까? 그러면 당일의 기분에 따라 어느 정도를 완료할지 스스로에게 선택권을 줄 수 있다. 타협 효과가 통하면 아예 하지 않는 경

꿀팁 **일과에 타협 효과 적용하기**

매일의 활동에서 타협 효과는 어떤 모습으로 나타날까? 이번에도 1만 단어 분량의 까다로운 제안서를 작성하려 한다고 상상해 보자. 이때 월요일 작업량을 다음과 같이 설정할 수 있다.

1. 상 — 밤 8~11시까지 3시간 동안 2천 단어 분량을 작성한다.
2. 중 — 밤 8시 30분~10시 30분까지 2시간 동안 1천 단어 분량을 작성한다.
3. 하 — 밤 9시 30분~10시 30분까지 1시간 동안 5백 단어 분량을 작성한다.

우보다 중간 정도의 작업량을 달성하는 경우가 훨씬 많아질 것이다.

막상 월요일이 되었는데 피로감이 든다면 '중' 또는 '하'의 옵션을 택해도 된다. 하지만 일단 작업에 들어가고 나면 몰입이 되어 결국 '상'의 작업량을 달성할 수도 있다.

통찰 10: 무언가를 잃게 된다면?

"지금까지 잘 버텨내서 얼마나 기쁜지 몰라요, 엄마. 콘서트 표를 질리언에게 넘겨줘야 했다면 정말 비참했을 거예요. 표를 놓칠지 모른다는 생각만으로도 목표한 공부량을 해치울 수 있었어요. 이제 내기가 끝나서 더 이상 표를 잃을까 걱정하지 않아도 되어서 다행이에요."

10대의 그레이스는 신발을 벗어던지고 흐뭇한 마음으로 자리를 잡고 앉아 좋아하는 시트콤을 시청했다. 그해의 가장 핫한 콘서트 표가 무사히 내 손에 들어왔고 시험도 끝났기 때문에 느긋한 마음으로 성적 발표를 기다렸다.

당신은 매주 새로운 한 주를 충실히 보내고자 마음을 다잡을 것이다. 그러나 감히 추측컨대 계획대로 하지 못하면 거창한 성과는커녕 자책만 남을 것이다. 만약 당신이 사후 합리화에(왜 매일 실천에 임하지 않아도 괜찮은지에 대해 납득할 만한 핑계를 대는 데) 능한 사람이라면 자책만으로는 다시 말에 오를 동력을 얻지 못한다. 게다가 자책은 상심을 낳고 스스로에게 실패자라는 자기 기술을 덧씌운다. 지금 내 말뜻을 이해했다면 이제는 당신의 주간 계획에 하나의 이행 장치commitment device로 작용할 채찍질을 가할 때이다.

주간 계획에 채찍질을 가한다 함은 의도한 목표를 달성하지 못했을 때 실질적 가치가 있는 무언가를 내놓도록 한다는 뜻이다. 현금을 내도록 하는—또는 바라 마지않는 것을 포기하도록 하는—'처벌'은 계획한 활동을 확실히 이행하게 하는 훌륭한 방법이다. 이는 활동을 이행하지 않았을 때 발생하는 비용을 현재에 부담시킨다. 5년이 넘도록 목표를 실현하지 못하는 막연한 불이익을 지금 당장 현금을 잃는 것으로 전환시키는 것이다.

이행 장치에 수반되는 고통은 즉각적이다. 그래서 관심을 가지지 않을 수가 없다. 고질적인 문제점도 이행 장치를 두면 고칠 수 있음을 보여주는 증거들이 무수히 많다.[21] 손실에 대한 예상만으로도 우리는 목표를 다시금 되새기게 된다.

꿀팁 이행 장치의 실행

방법: 활동을 완수하지 못할 경우 현금이나 다른 가치 있는 물품을 양도한다.

약속 상대: 자기 자신이나 친구, 가족, 동료에게 또는 온라인상에 약속을 한다.

이행 실패 시 발생할 결과: 약속한 현금이나 귀중한 물건을 잃게 된다. 실제로는 자선단체에 보내거나 자신이 전혀 공감하지 않는 대의를 위해 헌납하기로 맹세하는 것이다. 예를 들어 총기 소지 반대론자가 전미총기협회에 찬조금을 약속하고, 사냥 반대론자가 사냥 동호회에 기부금을 약속하는 식이다. 이렇게 하는 이유가 뭘까? 싫어하는 대의에 돈을 쓴다는 것은 자신의 가치관에 어긋나는 방식으로 행동한다는 뜻이 되기 때문이다. 그럴 때 우리의 자아는 불쾌한 심리적 비용의 발생을 막고자 원치 않는 결과를 회피하려 애쓰게 된다.

온라인 자료: 이행 장치에 관심이 있다면 stickK.com을 이용해 보는 것도 좋다. 이곳에서는 계획 완수를 보장할 온라인 이행 계약서를 작성할 수 있다. 이 사이트에서는 50만 건이 넘는 이행 계약서가 작성되었으며 5천만 달러를 훌쩍 넘는 금액이 서약되었다. 이루고자 하는 목표를 정한 다음(새로운 진로의 모색이든 마라톤 참여든) 계획을 이행하지 못했을 때 내놓을 금액을 정하라. 약속을 지키지 못했을 때 자동으로 채찍질이 가해지길 원한다면 이곳에서 방법을 찾을 수 있다.

요 약

목표 달성의 열쇠는 시간에 있다

비용과 이득이 먼 미래가 아니라 지금 당장 발생하도록 조정하는 것이야말로 계획한 활동의 수행으로 목표를 달성하도록 보장할 열쇠가 된다. 시간 좀벌레에 발목이 잡힐 수 있음을 항상 명심하자. 당장은 그런 일들이 재미있을지 몰라도 결국엔 ME+의 실현을 위해 투자할 시간을 빼앗겨 값비싼 대가를 치르게 될 것이다.

이번 장에서 우리는 ME+로 나아갈 활동들에 투자할 시간을 어디에서 끌어올지 알아보았다. 새롭게 소개된 열 가지 행동과학적 통찰을 돌아보며 어느 것부터 먼저 시도할지 생각해 보자. 이 통찰들은 궤도 유지를 도와주고 동기 유지에 어려움을 겪을 때 참고가 될 것이다.

이번 장의 내용을 다시 정리해 보자.

통찰 1: 당장의 비용과 이득을 재조정하라

작은 실천에 투입하는 시간이라는 비용은 지금 당장 발생하지만 그로 인한 이득은 먼 미래에나 기대할 수 있다. 과업의 달성을 위해 당근과 채찍을 사용하면 먼 훗날의 비용과 이득을 현재로 끌어올 수 있다.

통찰 2: 자기 신뢰를 길러라

변화의 가능성을 믿고 자기 신뢰를 기르는 시간을 갖자. 어려운 과업을 시작할 때는 과연 해낼 수 있을지 불안한 마음이 들겠지만, 목표를 향해 꾸준히 과업을 실천해 나가다 보면 이내 그런 감정이 사라질 것임을 기억하자.

통찰 3: 늘 시간이 부족한 이유

개별 과업들에 대한 예상 소요 시간에 1.5를 곱해 수행 시간을 좀 더 넉넉하게 배정하자.

통찰 4: 목표를 구심점 삼아라

큰 목표를 명확히 할 시간을 주기적으로 가져보자. 새로운 여정에 투입하는 시간에서 얻게 될 이득을 부각시키면 필요한 활동에 계속 참여하게 될 가능성이 높아진다.

통찰 5: 의미가 동기를 유발한다

ME+가 하게 될 일의 의미를 찾고, 그 의미를 수시로 떠올려 동기를 유지하자.

통찰 6: 성취도를 가시화하라

수행한 활동에 대한 사후 분석을 정기적으로 실시해 진행 상황을 평가하고 앞길을 가로막는 장애물을 확인하자.

통찰 7: 행운 대 노력

과업의 진행 내역과 성패 여부를 돌아볼 때는 운과 노력 중에 무엇이 결과에 더 큰 영향을 미쳤는지 고려하자. 그러면 그 결과가 자신의 결정으로 초래되었는지 아니면 통제 범위 바깥의 요인으로 유발되었는지를 명확히 확인할 수 있다.

통찰 8: 감정이라는 사기꾼

목표에 지대한 영향을 미칠 결정은 항상 차가운 머리로 하자. 그러면 일시적인 감정에 휘둘리는 대신 장기적인 비용과 이득, 위험을 정확하게 평가할 최선의 기회를 갖게 될 것이다.

통찰 9: 상·중·하로 난이도를 설정하라

계획하는 활동의 작업 목표를 상·중·하로 구분해 과업 수행 시 당일의 컨디션에 따라 작업량을 소화할 수 있도록 하자. 조금이라도 하는 것이 아예 안 하는 것보다 낫다.

통찰 10: 무언가를 잃게 된다면?

자잘한 당근과 채찍만으로 궤도 유지에 도움이 안 된다면, 현금이나 귀중한 물건을 내놓도록 하는 등의 더 강한 벌칙이 수반되는 이행 장치를 고려해 보자.

이 열 가지 행동과학적 통찰을 당신의 여정에서 실험하려면 먼저 가장 쉬워 보이고 끌리는 방법부터 시도해 보면 된다. 그리고 그 통찰이 계획한 활동을 제때 수행하게 해주는 효과가 있는지 살펴보자. 일주일이 지나도록 아무런 효과가 없다면 그 방법을 중단하고 다른 방법을 시도해 보자. 두 번째 통찰이 효과가 있으면 계속 그 방법을 쓰면서 다른 방법을 추가해 보자. 이 통찰들은 서로 배타적이지 않다. 시행착오법을 통해서 당신은 일의 효율을 높여주고 성공의 길을 열어줄 도구들을 모을 수 있다.

이 전략에 매진하면 필요한 활동들의 꾸준한 수행으로 목표를 달성할 가능성이 확연히 높아진다. 이 사실을 확인시켜 주는 행동과학 연구 논문들도 많지만, 나 자신이 바로 이를 몸소 체험한 산증인이기도 하다.

10대 시절 어머니는 내 곁에서 동기를 심어주셨고, 당신 자신도 모르는 사이에 행동과학의 여러 교훈들을 적용해 내가 대학 진학의 길을 꿋꿋이 나아갈 수 있도록 도와주셨다. 오늘의 행복을 내일의 만족보다 우선시하는 내 성향에도 불구하고 엄마는 내가 벅찬 과제들을 훨씬 수월하게 달성하게 해주셨다.

내일의 큰 목표보다 오늘의 즐거움을 택하는 내 성향은 지금도 변함이 없다. 그렇다면 이런 심리적 한계를 나는 어떻게 극복하고 있을까? 나 역시 바로 이번 장에서 제시된 방법들을 사용한다. 나는 행동과학 문헌의 일반적인 가르침들을 나 자신에게 하나하나 적용해 나갔다. 일주일 뒤 새로 도입한 방법이 내 행동에 긍정적인 변화를 만들어냈는지 평가하여 만약 그랬다면 그 방법을 지속하고 그렇지 않았다면 다른 방법을 시도했다. 간단하다!

나는 행동과학의 여러 통찰들을 몸소 실험해 본 장본인으로서 여기에서 그 효과를 증언하는 것이다. 나에게 효과가 있었다면 당신에게도 효과가 있을 것이다!

행복한 변화의 과정이 되기를!

다음으로 넘어가기 전에 아래의 내용을 확실히 해두자.

- 소비 시간을 조사해 퇴치 가능한 시간 좀벌레를 찾는다.
- 당장 내일부터 일상생활에 적용해 볼 행동과학적 통찰을 선택한다.

이번 장에서 언급된 다섯 가지 행동과학 개념

1. **당근과 채찍:** 행동의 변화를 유도하는 데 사용되는 보상과 처벌
2. **계획 오류:** 과거 비슷한 활동에 예상보다 훨씬 더 오랜 시간이 걸렸음을 알고 있음에도 어떤 활동을 하는 데 걸리는 시간을 과소평가하는 경향
3. **감정 추단법:** 현재의 감정 상태에 의거해 성급하게 행동하거나 판단하도록 만드는 정신 작용
4. **타협 효과:** 결정을 내릴 때 극단적인 선택을 피하는 경향
5. **이행 장치:** 현재의 선택으로 인해 미래에 발생할 비용과 이득을 현재로 끌어오는 약속

4장

스스로 발목을 잡지 않게 나 자신

"인지 편향은 어떻게 우리를 궤도에서
이탈하게 만드는가?"

우리를 눌러 앉히는 편향들

나는 가까스로 대학에 입학해 컴퓨터공학을 공부하게 되었다. 집에서는 한바탕 소란이 벌어졌다. 특히 엄마가 야단이었다. 엄마는 막내딸이 대학에 합격했다는 한없는 뿌듯함과 딸을 떠나보내야 한다는 엄청난 슬픔 사이를 오락가락하셨다.

우리 고등학교에서는 대학에 진학하는 여학생이 별로 없었던지라 누구도 나에게 여자아이들은 보통 과학, 기술, 공학 관련 학과를 가지 않는다고 말해준 이가 없었다. 다행인 건 이런 고정관념을 전달받을 일이 없었던 만큼 내가 이를 내면화할 일도 없었다는 것이다. 사실 나는 컴퓨터공학자가 어떤 모습이어야 하는지에 대해서 진지하게 생각해 본 적이 없었고, 실리콘 밸리에 있는 내 롤 모델들이 죄다 남자라는 사실도 미처 알아차리지 못했다. 그랬으면 첫날 자바 코딩 수업에 들어가서 이 수업을 듣는 150여 명의 학생 중 여학생은 10명도 채 안 된다는 사실을 발견하고 흠칫 놀랐어야 했겠지만, 이번에도 역시 나는 그 사실을 딱히 눈치채지 못했다.

고정관념에 대한 이런 인식 부족은 오히려 내게 득이 되었다. 이런 종류의 사회적 고정관념은 대개 우리가 어떤 유형의 삶을 꾸려가야 할지에 대한 기대를 형성한다. 그러나 사회적 고정관념은 우리의 기술이나 능력, 선호와는 별 상관이 없다. 다시 말해, 여학생들이 컴퓨터공학을 좋아하지 않고 잘하지 못한다고 믿게 되는 이유는 실제로 여학생이 남학생보다 컴퓨터공학에 적합하지 않다는 증거가 있어서가 아니라 단순히 그런 말을 자주 듣기 때문이다.

앞서 우리는 즉각적인 만족감을 얻고자 하는 인간의 욕구가 어떻게 중장기적 목표 달성을 방해할 수 있는지 알아보았다. 이번에는 각종 인지 편향들이 어떻게 우리를 궤도에서 이탈시킬 수 있는지를 알아볼 것이다.

인지 편향은 우리 뇌가 세상을 단순화하여 빠른 결정을 내리려 들기 때문에 발생하는 사고 과정의 오류다. 이런 편향들 중 일부는 과거의 사건을 부정확하게 기억하는 데서 기인하며, 일부는 우리 주의력의 한계 때문에, 즉 우리가 주변 세상에서 발생하는 일에 선택적으로 주의를 기울이기 때문에 유발된다.

인지 편향은 당신을 눌러앉히고, 진전을 위해 필요한 작은 실천들을 하지 못하게 가로막아 ME+를 향한 당신의 여정에 영향을 미칠 수 있다. 인정하고 싶지 않겠지만 누구에게나 편향은 있다. 우리가 세상을 보는 눈은 현 시점까지 해왔던 경험들로 형성된 것이다. 내가 자랄 때만 하더라도 여자아이들은 **고정관념 편향**stereotype bias 때문에 대부분 과학이나 기술, 공학 분야를 피했다. 당신이 세운 거시적인 계획의 핵심 측면들도 여러

인지 편향들에 의해 형성되었을 것이다. 그렇기 때문에 이런 편향들에 대해 다룰 만한 가치가 있다. 당신의 인지 편향은 당신 자신의 것임을 명심하라. 그 편향들은 타인이 당신에게 보이는 편향과는 다른 것이다. 타인의 편향도 당신의 앞길을 방해할 수 있지만 그 부분에 대해서는 다음 장에서 다루기로 하고 지금은 우선 당신의 편향에 집중해 보자.

자신의 인지 편향에 발목이 잡힐 수 있다는 발상에 반신반의하며 '내게는 어떤 편향도 없어. 난 세상을 있는 그대로 본다고!'라며 속으로 항변하고 있다면, 미안하지만 당신이 틀렸다. 그리고 그런 반감도 어쩌면 편향 맹점bias blind spot에 의해 유발된 것인지도 모른다.[1]

편향 맹점이란 자신이 다른 사람에 비해 편향의 영향을 덜 받는다고 여기는 경향을 말한다. 그런 사람들에게 인지 편향은 자신과는 상관없는 남의 일일 따름이다. 게다가 이 책을 통해 행동과학에 호기심을 갖게 되었다면 더더욱 이 맹점의 희생자가 될 확률이 더 높다. 사람들의 일상적인 결정에 영향을 미치는 편향들에 대해 알면 알수록 자신은 그런 편향들과 거리가 멀다는 생각에 빠져들기 쉽기 때문이다. 그 덫에 걸리지 않도록 조심하자!

하지만 편향을 알아차리기가 쉽다면 그런 편향들에 발목 잡힐 이유가 어디 있겠는가? 이런 편향들의 상당수는 무의식적 차원의 빠른 뇌인 시스템1에 의해 관장된다. 그래서 누구에게나 편향이 있음을 알면서도 자신의 편향을 제어하기는 쉽지 않은 것이다.

다행스러운 점은 편향에 지배되지 않도록 우리 뇌를 재구성하기가 어렵기는 해도 아예 불가능하지는 않다는 것이다. 큰 결정을 내릴 때나 주요 관문에 접근할 때는 이런 편향들을 감지하기 위해 각별한 노력을 기울여야 한다. 나는 행동과학을 통해 결정적인 순간에 인지 편향의 존재를 인식하고 곧바로 이를 피하기 위한 의식적인 노력을 기울임으로써 인지 편향을 극복할 수 있는 방법을 배웠다. 이번 장에서는 중장기적 계획 중에서 인지 편향에 가장 영향을 많이 받는 분야들을 다루는 한편, 그 편향들을 완화할 수 있게 도와주는 행동과학적 통찰들을 제시할 것이다.

내가 만든 덫을 피하는 행동과학적 통찰

통찰 1: 우리는 비슷한 사람에게 끌린다

1998년에 나는 열성적인 컴퓨터공학도로서 자바 프로그래밍 과제를 수행하는 데 혼신의 힘을 다했다. 매 과제마다 교수님께서 아이디어를 제시하셨고, 우리는 그 아이디어를 실물로 변환해 내야 했다. 나는 간단한 게임을 제작하거나 자동 조명을 설계하는 등의 작업을 했다. 필요한 지식을 얻기 위해서 우리는 정기적으로 2시간씩 코딩 실습을 했다. 과제를 제대로 수행하고자 나는 많은 시간 공을 들였다. 그러던 중 첫 학기 중반쯤에 강의를 마친 교수님을 붙들고 도움을 청한 적이 있다. 뭔가 제대로 안 굴러가는 것 같은데 뭐가 문제인지 도통 감이 안 잡혔기 때문이다. 1시간이 넘도록 교수님에게서 뾰족한 해결책을 얻지 못한 나는 불편한 침묵을 깨보려는 순진한 생각에서 질문을 던졌다.

"컴퓨터공학과에 여학생이 별로 없다는 게 문제라고 생각 안 하세요? 이 분야에서 미래를 주도할 기술의 유형이 결정될 텐데 말예요…." 교수님의 인상이 찡그려지는 것을 보고 나는 말끝을 흐렸다. 그 순간 컴퓨터는 또 다른 에러를 뱉어냈다.

2장에서 나는 세상으로 나가서 당신을 인도해 주고 새로운 기회를 만나게 해줄 새로운 사람들을 만날 방법을 제시했다. 그리고 당신은 향후 3개월간 연락을 취할 3명의 이름을 적었다(74쪽 참고).

그 명단을 다시 확인해 보자. 그리고 각각의 이름 옆에 그 사람의 성별과 나이, 인종, 출생지, 교육받은 곳에 관한 정보를 기입하자. 잘 모르겠으면 최대한 추측해서 써보자. 그들 사이에 공통점이 많은가? 그렇다면 당신은 고정관념 편향에 휘둘리고 있을지 모른다. 당신은 누가 당신에게 길을 안내해 줄 수 있을지에 대해 모종의 (잘못된) 믿음을 가지고 있으며, 그로 인해 '좋은' 사람은 이래야 한다는 고정관념에 일치하는 인물을 찾고 있는지도 모른다. 흔한 고정관념으로는 기업가 정신을 남성과, 기술적 능숙함을 젊은이와, 돌봄과 관련된 직업을 여성과 연결시키는 것 등이 있다.

당신의 명단에 있는 사람들은 당신과도 상당히 비슷한 점이 많을지 모른다. 당신 정체성의 주축을 이루는 관찰 가능한 특징들을 기술하고 이를 명단에 있는 사람들의 특징들과 비교해 보라. 나는 내 친구 에리카와 함께 이렇게 해보았다. 에리카는 소매상에서 관리직으로 일하며 출세를 꿈꾸는 30대의 야심찬 여성이다. 에리카의 명단은 모두 자기 나이 또래의 소매업 종사자이면서 중간 관리자급에서 더 나아가지 못하고 있는 여성들로 이루어져 있다. 교육 수준과 인종은 조금씩 달라도 그들 모두 자녀가 있다. 그것도 정확히 둘씩. 에리카도 마찬가지다.

에리카의 선택 이면에는 워킹맘으로서 살아가기가 힘들다는 그리고 사실상 ME+를 열정적으로 추구하기가 너무나 힘들다는 고충을 이해받고자 하는 욕구가 자리잡고 있었다. 충분히 공감되는 부분이다. 일과 양육을 다 잘해내기란 힘이 들고, 여자의 몸으로는 더더욱 버거운 일이다. 그러나 이런 전략은 에리카가 의도한 관계망의 확장에는 도움이 되지 않았을 것이다. 오히려 확증편향을 가중해 시간만 좀먹었을 것이다. 명단의 여성들이 에리카에게 값진 조언을 해주지 못했을 거라는 뜻이 아니다. 다만 그들이 하는 말에는 겹치는 부분이 많았을 테고, 따라서 그보다는 좀 더 다양한 선택지에서 의견을 교환하는 편이 더 가치가 있었을 것이다.

이처럼 우리가 자신과 흡사한 사람들로 주변을 채우는 경향을 유사성 편향similarity bias이라고 한다. 우리는 자기 자신을 무척이나 아끼며, 자신과 똑같은 사람들을 무수히 복제하고 싶어 한다. 그들은 우리와 유사한 관점을 가지고 있으며 우리가 낸 아이디어를 기막히게 좋은 것이라고 확신하게 만드는, 다른 말로 확증편향에 쉽사리 동조하게 만드는 경향이 있다. 이 유사한 사람들의 무리가 당신에게 자극을 준다 하더라도 그 방법은 모두 대동소이할 것이다. 만약 그 집단이 힘을 가지고 있고 당신을 원하는 일자리에 고용해 줄 수 있다면 이 방법이 효과가 있을 수 있다. 그러나 당신이 개인적인 성장의 여정을 가려 한다면 누구와 시간을 보낼지, 누구에게서 조언을 구할지 재고해 보기 바란다.

빨리 성장할 수 있는 가장 쉬운 방법은 다양한 배경과 인생 경험을 지닌 사람들에게서 피드백을 받는 것이다.

왜 그럴까? 다른 생각을 가진 사람들이 다른 종류의 조언을 해줄 수 있기 때문이다. 만약 당신이 창업을 준비하는 사람이라면 오로지 한 가지 유형의 고객만으로 만족하겠는가? 제품 디자인을 하는 사람이라면 여성들의 욕구가 남성들의 욕구와 어떻게 다른지 알아야 하지 않겠는가? 기사를 쓰는 사람이라면 그 기사를 20대만 읽기를 바라는가 아니면 더 높은 연령층의 사람들도 보아야 하겠는가? 회사에서 승진하기를 원하는 사람이라면 한 부류의 동료들에게서만 지원을 받으면 충분할까? 무슨 일을 하는 사람이든 모든 기회에 최대한 마음의 문을 활짝 열고 있어야 한다.

다양한 구성원으로 이루어진 팀이 문제 해결에 더욱 능하고, 미래를 보다 정확히 예측하며, 더 혁신적인 것은 어쩌면 당연하다.[2] 그들이 서로 다른 삶을 살아왔고, 다른 기술을 추구해 왔으며, 저마다 다른 지식을 보유하고 있기 때문이다. 그들은 천편일률적으로 사고하지 않으며 똑같은 아이디어를 내지 않는다. 그 결과 오로지 한 가지 배경과 기술, 지식 기반을 지닌 팀보다 훨씬 더 빨리 앞으로 치고 나아간다. 당신이 잠재적 인플루언서로 선택한 사람들을 재평가하여 유사성 편향과 확증편향을 물리치자. 필요할 경우 당신과 다른 관점을 가지고 있으며 서로 간에도 다른 관점을 가진 사람들로 구성을 변경하여 더 큰 도움을 받을 수 있도록 하자.

내가 그동안 관찰한 최고의 경영인들은 언제나 자신보다 나은 사람들을 기꺼이 고용했다. 그런 생각이 바람직한 데는 두 가지 이유가 있다. 첫째, 팀의 평균 생산성이 자동적으로 높아진다. 둘째, 자신보다 뛰어난 동료가 있으면 자신의 승산도 덩달아 올라간다. 그러나 많은 경영자들이 이렇게 하지 않는다. 왜 그럴까? 그들의 자아가 그들로 하여금 자신이 돋보이도록 비슷한 수준이거나 수준이 더 낮은 사람들을 곁에 두도록 유도하기 때문이다. 새로운 관계망을 선택할 때는 이런 덫에 걸리지 않도록 조심하자. 당신이 새로운 기술을 배우는 중이라는 사실을 명심하고, 필요한 전문성을 획득하기 위해서는 당신보다 훨씬 더 많은 지식과 훨씬 뛰어난 실력을 지닌 사람들을 곁에 두는 것이 도움이 될 수 있음을 기억하자.

주변에 어떤 사람들이 있느냐에 따라 우리의 수행 능력이 달라진다는 사실을 입증하는 증거는 무수히 많다. 2009년 알렉상드르 마스Alexandre Mas와 엔리코 모레티Enrico Moretti는 미국의 한 슈퍼마켓 체인에서 근무하는 계산원들에 대한 연구에서, 누구와 함께 일하느냐에 따라 사람들의 근무 태도가 달라진다는 명백한 증거를 발견했다. 실험 결과, 평균보다 일을 더 잘하는 근로자가 교대근무에 나오면 다른 동료들의 생산성이 1퍼센트 증가하는 것으로 나타났으며, 이때 생산성이 높아지는 동료들은 그 일 잘하는 근로자를 볼 수 있는 이들뿐이었다. 여기서 생산성은 1초당 스캔된 물품의 수로 측정되었다.

가까이 지내는 롤 모델과 동료들에 대해 생각해 보라.

이런 점검이 중요한 데는 두 가지 이유가 있다. 첫째, 주변에 있는 사람들과 지식을 공유하게 되므로 우리는 우리보다 뛰어난 능력을 지닌 사람이나 우리와는 다른 지식을 가진 사람들을 찾을 필요가 있다. 굳이 군계일학이 되려고 애쓸 필요가 없다. 그래 봐야 더 이상 배울 게 없을 테니까.

둘째, 미처 깨닫지 못하는 사이에 우리는 주변 사람들의 행동을 모방하게 될 가능성이 높다. 주변 사람들에 의해 새로운 기준에 노출되면 새

로운 습관이 길러질 수 있다.[3]

계산원들에게서 관찰된 생산성 향상에 대해 마스와 모레티가 제시한 근거는 사회적 압력social pressure이다. 사회적 압력은 새로운 기준을 설정하게 하여 행동을 변화시킬 수 있다. 학교에서 학생들이 자기보다 성적이 높은 아이들과 한 반이 될 경우 공부를 더 잘하게 되는 것이 바로 이런 이유에서다. 또 사람들이 집단에 속해 있을 때 규칙적으로 운동할 확률이 높아지는 것이나 퇴근 시간에 다른 동료들이 서둘러 퇴근을 하지 않으면 덩달아 더 늦게까지 일하게 되는 것도 마찬가지 이유에서다.

우리는 주변 사람들을 따라하기를 좋아한다. 그러나 대부분의 경우 남들을 따라하고 있다는 사실을 인식하지 못하고 스스로 알아서 하고 있다고 생각한다.

주변의 유익한—또는 유익하지 않은—사회적 기준들을 살펴보는 연습을 하면 좋다. 여유 시간에 당신과 가장 시간을 많이 보내는 사람들 사이에는 어떤 사회적 기준이 자리잡고 있는가? 그들과 개인적 성장을 촉진하는 활동들을 함께하고 있는가? 아니면 대부분의 시간을 TV 앞이나 술집에서 보내고 있는가? 그들과 당신은 서로의 야망을 지지하는가? 아니면 서로 간에 시기와 비열한 경쟁이 판을 치는가?

누구와 어울리느냐에 따라 부지불식간에 우리의 행동과 기량이 바뀔 수 있다. 우리는 주변 사람들에 의해 만들어진 창조물이다. 사람들은 자신의 관계망에 속한 이들을 모방하고 그 결과 새로운 습관을 체득한다. 향후 3개월간 연락하여 친분을 쌓을 명단을 재검토할 때 이 점을 유념하자.

통찰 2: 당신에게 맞는 목표인가?

대학 1학년 때 나는 여성복 매장에서 아르바이트를 한 적이 있다. 마음 잘 맞는 동료들 덕분에 그 일이 좋았다. 정육점 보조, 식당 서빙, 식료품점 계산원, 개인 비서 등 전에 했던 모든 일들이 다 별 볼 일 없게 여겨질 정도였다. 1학년을 마친 여름 방학 때는 근무 시간을 시간제에서 전일제로 바꿔 아무도 원하지 않는 주말과 저녁 근무까지 도맡아 했다. 대학의 다른 친구들은 세계 곳곳으로 여행을 떠났다. 그해 여름 나는 상품 판매와 더불어 매장 새 단장 작업에 오랜 시간 공을 들였다. 다소 집중을 요하는 일이었지만 명상에 들어간 듯 마음이 차분해지는 효과가 있었다.

상품 재배열 작업을 돕던 어느 날, 문득 어떤 계시 같은 것이 내렸다. 내가 컴퓨터공학을 전혀 즐기고 있지 못하다는 생각이 머릿속을 스친 것이다. 그토록 또렷했던 순간은 내 인생에서 전무후무했다. 불현듯 나는 내가 잘못된 길을 가고 있음을 깨달았다!

당신도 어쩌면 전에 설정했던 목표에 의문이 생겼을지도 모른다. 그런 의심에 대해서도 충분히 다룰 만한 가치가 있다. 멘토를 선택하는 데 인지 편향이 비집고 들어와 영향을 미칠 수 있다면, 목표 역시 똑같은 편향의 제물이 되지 않으리란 법이 어디 있겠는가? 오히려 그럴 확률이 상당히 높을 것이다.

다행스러운 점은, 어쨌거나 기존에 선택한 목표를 그대로 밀고나가도 대게는 훗날 과거를 돌아보면서 좋은 선택을 했다는 평가를 하게 되리라는 사실이다. 선택 지지 편향choice-supportive bias 때문이다. 자신이 했던 선택을 돌아볼 때 우리는 그 선택이 옳았다고 생각하는 경향이 있다.

사람들이 어째서 선택 지지 편향을 보이는지 그 이유는 밝혀진 바가 없다. 그러나 내 직감으로는 밤에 후회 없이 잠자리에 들기 위한 필요성에서—자신의 행동에 대해 분명히 자각하고는 있지만—이런 편향이 생겨난 게 아닌가 싶다. 선택 이후의 합리화는 마음의 짐을 덜어준다.

현재의 목표가 만족스럽다면 추구하는 편이 낫다. 그러나 자신의 목표를 좀 더 숙고해 보기를 바라는 사람들은 다음의 편향들을 살펴보고 그 편향들이 당신의 목표 선정에 어떤 영향을 미쳤을지 고려해 보라.

맨 먼저 소개할 것은 **모호성 효과**ambiguity effect다. 왜 당신이 특정 목표를 선택했는지 돌아볼 가치가 있다. 어쩌면 당신은 다소 불확실한 길을 헤치고 가기보다 길이 잘 닦여 있는 선택지를 찾고 있는지도 모른다. 혹시 이용 가능한 선택지에 대한 정보가 부족한 것은 아닌가? 모호성 효과는 사람들로 하여금 더 좋아 보이기는 하지만 성공 확률이 다소 불확실한 선택지보다 성공의 가능성이 익히 알려져 있는 것을 선택하도록 유도한다.

아니면 혹시 주변 사람들의 발자취를 단순히 따라가고 있지는 않은가? 그 이유가 진정 그들과 똑같은 일을 하면서 살고 싶기 때문인가? 아니면 지인들과 발맞춰 가며 유사한 직업을 선택하도록 만드는 **밴드왜건 효과**bandwagon effect에 물들었기 때문인가? 흔히 아이들이 부모의 직업을 물려받는 것 혹은 부모와 유사한 업무를 하는 직업을 선택하는 것은 결코 우연이 아니다.[4] 그러나 자기 일을 즐기는 사람을 따라 한다고 해서 당신도 그 일을 좋아하게 되리라는 보장은 없다.

당신이 선택한 목표의 작용 원리를 살펴볼 가치가 있다. 목표를 이룬 뒤의 일상은 어떤 모습일까? 그 일에 요구되는 활동들에 참여하는 것이 정말로 즐거울까? 나는 경제학 공부를 싫어하는 학부생들을 많이 만나보았다. 그들이 경제학 공부를 하는 이유는 오로지 부모님이나 선생님에게서 "나중에 좋은 직장에 취업할 수 있다"는 말을 들었기 때문이다. 이 경우에 좋은 직장이란 '많은 행복'을 안겨주기보다 '많은 월급' 또는 '안정'을 주는 직장을 뜻한다. 그러나 과거 그 어느 때보다 더 오래도록 직업 생활을 하는 요즘 같은 세상에서는 즐거움을 얻을 수 있는 직업을 찾는 것이 무엇보다 중요하다.

그런가 하면 밴드왜건효과와 상반되는 반발 편향reactance bias도 있다. 나의 일과 삶에서 했던 선택들을 비판적인 시선으로 돌아보면 내 이력 전체에서 이런 편향을 찾아볼 수 있다. 순응하는 것 자체를 싫어하는 사람들에게는 밴드왜건효과가 반발 편향으로 대체되어 나타날 수 있다. 내 경우엔 근사하게 여겨지는 아이디어가 떠올랐을 때 반발 편향이 발동한다. 그때는 누군가가 나를 염려해 지금 내 커리어에는 거기에 시간을 쓰는 게 바람직하지 않다고 말해줘도 아무 소용이 없다. 그럴수록 내 선택의 자유를 제한하려는 참견자의 시도에 반발해 나는 그 아이디어를 더 완강히 밀어붙인다. 이 부분에 주의해야 한다. 반발 편향은 상대적인 이점과는 무관하게, 상반되는 선택에 대한 의지를 더더욱 불태우게 만든다. 2016년에 실시된 영국 극지 연구선에 대한 명칭 공모에서 보티 맥보트페이스Boaty McBoatface라는 괴상한 이름이 124,109표로 가장 많은 득표를 한 것도 이런 이유에서다. 반발 편향은 열망을 이루어줄 목표보다는 어떤 주장의 정당성을 밝혀줄 목표를 선택하도록 부추길 수 있다.

꿀팁 편향된 목표를 바로잡는 법

2장에서 당신이 설정한 거시적인 목표를 돌아보라. 그 목표를 실현했을 때 참여하게 될 활동들을 떠올려 보라. 은퇴 시점까지 날마다 그 활동들을 하는 게 즐거울까?

그 답이 "그렇다"이면 더할 나위 없이 좋다.

그 답이 "아니다"이면 2장으로 돌아가 목표를 다시 설정해야 한다.

통찰 3: 실패를 감수할 필요가 있다

전공을 잘못 선택했음을 깨달은 뒤에도 나는 꽤 오랫동안 새로운 진로를 찾아보겠노라는 말을 엄마에게 꺼내지 못했다. 이런 소통의 지연은 잘 알려진 손실 회피loss aversion 때문이었다. 손실 회피—더 구체적으로 말하면, 손실을 경험하리라는 상상—는 대화를 미루게 하여 여정을 지연시킬 수 있다.

예를 들어 당신의 목표가 승진이고 그 기한을 5년으로 잡고 있다고 가정해 보자. 5라는 숫자는 마법의 숫자인가? 4년으로 잡으면 안 되는가? 3년은 어떤가? 이런 기한을 정하게 만든 요인을 재검토할 수 있는가?

경제학자들은 대부분의 직장에서 활용되는 승진 기준에 '논란의 여지가 많다noisy'고 본다. 승진을 위해 정확히 무엇을 해야 하는지가 불분명하다는 뜻이다. 승진에 적합한 일을 했을 때도 이를 인지하기가 힘들다. 기준에 논란이 많으면 많을수록 예상보다 더 일찍 승진하는 사람들을—그리고 예상보다 훨씬 늦게 승진하는 사람들도—자주 보게 된다. 그 이유가 무엇일까? 승진을 하려면 자신을 내세울 필요가 있다. 그리고 자신을 내세우느냐 그러지 못하느냐는 각자의 위험 회피risk aversion 수준에 달려 있다.

대부분의 일상적인 직종에서는 위험 회피 수준이 성과에 영향을 미치지 않는다(범죄로부터 거리를 지키거나, 화재로부터 주택을 보호하거나, 증권거래소에서 마구잡이로 주식을 사들이는 사람들을 제외하면). 따라서 그로 인해 커리어의 발전에 지장을 받는 것은 결코 바람직하지 않다. 또 여성이 남성보다, 교육 수준이 낮은 사람이 고등교육을 받은 사람보다, 소수 인종이 백인보다, 가난한 사람이 부자보다 위험을 더 회피하는 것 역시 바람직하지 않다.[5] 달리 말하면 부자와 백인, 대학을 나온 남성들이 더 뛰어난 성과를 올리는 것은 단지 그들이 다른 사람들에 비해 평균적으로 주사위를 더 자주 던지고 베팅을 더 자주 하기 때문이다. 기술이나 능력과는 아무런 상관이 없다. 관건은 위험을 얼마나 만만하게 바라보느냐에 달렸다.

또 위험 회피는 사람들이 지원하는 직업 유형에도 영향을 미칠 수 있다. 구인 광고에는 통상 장황한 지원 기준이 따라붙는다. 그러나 사실상 지원자가 기준을 충족했는지 여부를 판단하기란 여간 까다롭지가 않다. 그러니 일단 도전하고 본대도 누가 알겠는가?

도전하는 행위가 말해주는 것은 그 사람의 업무 능력보다도 그의 자신감과 위험 회피 수준이다. 흥미로운 사실은, 능력과 자신감 사이에는 상관관계가 거의 없다는 점이다. 2012년에 실제 지능과 자체 평가 지능(예컨대 자신의 능력에 대해 얼마나 자신감을 가지는가)을 150건 이상 비교 연구한 알렉산더 프로인트Alexander Freund와 나딘 카스텐Nadine Kasten은 이 두 변수의 상관관계를 고작 10퍼센트로 추정했다.

그렇다고 자신감 넘치고 위험을 마다하지 않는 사람들이 자기를 내세우는 것이 잘못일까? 궁극적으로는 "그렇지 않다". 약오르는 이야기일지 모르지만 그들은 당면한 비용과 이익을 고려해 자신들에게 가장 이익이 되도록 행동한다. 성공 확률은 언제나 존재한다. 왜냐하면 기준에 논란이 있는 과정에서도 자신을 내세우면 성공할 가능성이 있기 때문이다. 그 확률이 아무리 낮다 하더라도 밑져야 본전이다. 그리고 거부당할지 모른다는 두려움에 떨지 않는 사람들은 실패에 따르는 어려움에도 유연하게 대처할 수 있다. 심지어 그들은 기준에 맞도록 자신의 전문성을 후다닥 재구성할 수도 있다. 이 집단이 들이는 유일한 비용은 도전장을 내밀 때 드는 시간뿐이다. 이 비용이 충분히 낮으면 그들은 일단 도전하고 본다. 결국 이들이야말로 늘 시대에 발맞추어 이력서를 갱신해 나가는 부류의 사람들이다.

그러면 어째서 더 많은 사람들이 이런 성공 확률에 기대지 않을까? 그 답은 위험 회피가 부분적으로 손실 회피에서 기인한다는 데 있다. 대부분의 사람들이 이득보다 손실을 더 뼈저리게 느낀다. 더 나아가, 거절당했을 때 예상되는 괴로움을 피하려는 **예상 손실 회피** anticipatory loss aversion 도 위험 회피에 영향을 미친다. 실패에 대한 예측은 그 자체로 부정적인 삶의 경험이다. 그 느낌이 어찌나 강렬한지 단지 실패할지 모른다는 생각만으로도 아예 시도조차 못 할 수 있다.

위험 회피, 손실 회피, 낮은 자신감은 발전을 가로막을 우려가 있는 위험한 조합이다. 여성은 남성보다 손실 회피 성향이 강하다.[6] 그 이유는 알려져 있지 않지만, 남자들이 왜 손실 회피에 둔감한지 내 나름의 이론은 있다. 이 이론은 데이트와 관련이 있다. 전통적으로 10대들이 데이트를 시작할 때 '데이트 신청'이라는 다리 후들거리는 임무를 담당하는 쪽은 절대다수가 남자아이들이다. 발달 초창기부터 남자아이들은 거절을 처리하는 데 익숙해지는 것이다. 그리고 이들은 생각보다 거절당하는 게 그리 뼈아픈 것은 아니라는 사실을 깨닫게 된다. 이런 경험은 남은 평생 동안 놀라운 혜택을 가져다줄 값진 자산이 된다.

위험을 즐기는 자신감 넘치는 사람들은 일찍부터 쉽사리 도전을 중단해 버리지 않는다. 일부 조직은 정기적인 피드백 시간을 통해 다양한 성향의 사람들을 골고루 기용하려 애쓴다. 어떤 조직의 상부에 자신만만하고 외향적인 사람들만 넘쳐난다면, 그곳의 인사 제도가 완벽하지 않다는 증거다.[7] 물론 프리랜서나 자기 사업을 하는 사람들은 인사과의 관리를 받는 호사를 누리지 못한다. 그러므로 세심하고 내성적인 사람들의 경우,

꿀팁 **승산 높이기**

1. 결과가 불확실할 때는 자신을 재구성해 내세우라. 성공 확률은 언제나 존재함을 기억하라. 그 확률이 아무리 미미할지라도 밑져야 본전이다.
2. 결과에 초점을 두지 말고 당신의 의사결정 과정에 초점을 두라. 통제 가능한 것은 오로지 당신이 내리는 결정뿐이다.
3. 실패에 대한 예상이 실패 자체보다 더 괴롭다는 점을 명심하라. 설사 실패를 하더라도 언제나 그 과정에서 배울 점이 있다.
4. 손실에 몇 번 노출되어 보면 뭔가를 놓친다고 해서 그렇게까지 애통하지는 않음을 깨닫게 된다. 다시 말해, 손실을 더 가볍게 받아들이게 된다!

자신의 승산을 높이기 위해 할 수 있는 모든 노력을 다할 필요가 있다.

통찰 4: 당신의 가치를 알라

선택한 학과의 공부를 그만둘지 말지와 같이 위험 부담이 큰 결정을 내리려 할 때는 그 일에서 잠시 주의를 돌리면 보다 현명한 결정을 하는 데 도움이 된다. 요즘에는 추천하지 않는 방법이지만, 1998년에 딜레마로 고심하는 동안 나는 좀 과하다 싶게 자주 쇼핑을 했다.

내 고향 코크시에서 좋아하는 백화점을 둘러보며 나는 행동과학을 접하기 한참 전부터 앵커링anchoring(닻내림)에 대해 터득했다. 그 백화점에서는 세상에서 가장 예쁜 검정 가죽 가방을 팔고 있었다. 혹시 지루한 전공 공부를 다시 하게 될 때 그 가방이 있으면 얼마나 위안이 될까 하는 생각이 들었다. 그 가방에 늘 가지고 다니는 노트는 물론이고 대학 공부에 필요한 교재까지 전부 담을 수 있었다. 그러나 그 어여쁜 가죽 가방에는 500파운드짜리 가격표가 붙어 있었다(당시는 아일랜드가 아직 유로화를 채택하기 몇 달 전이었다). 그러던 어느 날 가방 품목 전체를 50퍼센트 세일한다는 안내문이 내걸렸다. "50퍼센트 세일"이라는 문구에 나는 그 가방을 싸게 살 수 있는 절호의 기회라고 생각했다. 그런데 애초부터 250파운드짜리 가격표가 붙어 있었더라도 내가 그 가방을 똑같은 시선으로 바라보았을까?

이런 질문들은 잘 알려진 행동과학적 개념인 앵커링과 연결된다. 앵커링이란 사람들이 결정을 내릴 때 기존의 정보에 과도하게 의존하는 현상을 말한다. 그래서 (내 쇼핑 경험으로 예를 들자면) 원래 500파운드짜리 가방인데 50퍼센트 할인된 가격에 사면 원래 가격이 250파운드짜리인 가방보다 더 싸게 사는 듯한 느낌이 드는 것이다. 요즘 정기적으로 하는 반짝세일 때 많은 사람들이 온라인 쇼핑에 뛰어드는 것도 바로 이런 이유에서다.

잠시 시간을 내어 당신이 현재 받고 있는 급여가 어떻게 정해졌는지를 돌아보라. 당신은 합당한 금액을 받고 있는가? 앵커링이 당신의 급여를 결정하고 있지는 않은가?

과거의 급여 수준은 현재 얼마를 받으면 좋을지를 판단하는 중요한 기준점이 된다. 예컨대 저스틴 이 새로운 직장에 들어가기로 하고 연봉으로 얼마를 원하느냐는 질문을 받았다고 해보자. 저스틴은 얼마를 요구할지 심사숙고할 것이다. 새로 들어갈 회사에 대해 그가 알고 있는 지식과 영위하고 싶은 생활 수준을 고려할 테고, 친구나 가족의 조언도 구할 수 있다. 그러나 어쨌거나 그가 요구할 금액을 결정짓는 주된 요인 중 하나는 현재의 연봉이 될 것이다. 결국 그 금액에서 10~30퍼센트 더 많은 금액을 요구하더라도 여전히 과거 연봉이 이 협상에서 일차적인 기준점이 되는 것은 마찬가지다.

현재의 연봉은 우리를 굉장히 단단히 옭아매어 심지어 다니고 있는 직장을 떠나지 못하게 만들기도 한다. 내 친구 카라 가 바로 이런 경우다. 카라는 현재 매달 나가는 지출을 충당해 주는 급여를 사수하고자 자신이 원하는 곳에 더 빨리 도달하게 해줄 기회를 수차례 날려버렸다. 뭐, 거기까지는 그럴 수도 있다. 월급이 깎이는 걸 달가워할 사람은 없으니까. 하지만 재밌는 사실이 뭔지 아는가? 카라는 자기 일을 싫어한다. 카라는 일 때문에 잠도 충분히 못 자고 친구도 못 만나며 자기 일을 전혀 즐기지 못하고 있다. 카라의 앵커는 카라를 옴짝달싹 못하게 붙들어 둔 채 카라를 불행하게 만들고 있다.

또한 앵커링의 막강한 힘 때문에 당신이 현재 적절한 보수를 받고 있지 못할 가능성도 있다. 어쩌면 당신은 혁신적인 제품을 너무 싸게 팔고 있거나, 상담료로 너무 낮은 금액을 청구하고 있거나, 현재 연봉에 얽매여 해마다 연봉 협상 시에 충분한 임금 인상을 요구하지 못하고 있을지도 모른다.

이 문제를 해결하려면 앵커를 재설정할 필요가 있다. 예컨대 실물 상품을 판매하는 경우라면 경쟁자의 가격이 알려져 있기 때문에 앵커를 재설정하기가 한결 수월하다. 서비스를 제공하는 프리랜서의 경우엔 대개 요금을 공개하지 않고 새로운 고객과 연결이 될 때 금액을 합의한다. 이는 곧 신규 고객을 만날 때마다 앵커를 재설정할 기회가 있다는 뜻이다. 한 예로, 고객에게 금액을 제안하도록 하고 그 금액이 당신이 그동안 제시해 왔던 금액보다 더 높은지 알아보는 방법이 있다. 아니면 요금을 5퍼센트 올리고 상대의 반응을 살펴볼 수도 있다.

대기업 종사자들의 경우엔 직무 유형별로 급여 내역이 발표되는 경우가 많아 자신의 연봉과 동료들의 연봉을 쉽게 비교할 수 있다. 급여 내역을 구할 수 없다면 관계망을 통해서나 (용감한 편이라면) 다른 회사의 급여 조건을 확인하여 정보를 수집할 수도 있다. 우리가 회사 내에서 어떻게 평가되느냐는 다른 사람들의 인지 편향에 영향을 받는다. 당신에 대한 모호하거나 부정적인 인식을 불식시키는 가장 빠른 방법은 현재 당신이 맡고 있는 역할보다 확실히 더 나은 외부의 일자리를 제안받는 것이다. 그런 다음에 할 일은? 상사와 대화를 나누는 것이다.

통찰 5: 왜 더 자주 요청하지 않을까?

결국 엄마에게 컴퓨터공학과를 그만두고 싶다고 이야기할 필요는 없었다. 그에 앞서 일명 '자바 제임스Java James' 교수님과 상담을 했기 때문이다.

2학년 개강일이 며칠 앞으로 다가왔지만 대학 복도는 여전히 너저분했다. 우리 학과 복도에서 문이 살짝 열려 있는 곳은 자바 제임스 교수님의 연구실뿐이었다. 나는 한 번 마음먹은 일은 끝장을 보고 마는 성격인지라, 확실한 마무리를 짓겠다는 생각으로 그의 연구실로 다가갔다. 그리고 문을 두드린 뒤 들어오라는 소리도 기다리지 않고 안으로 밀고 들어갔다. 더 이상 꾸물거릴 이유가 없었다. 나는 남은 인생을 잘 살아가고 싶었다.

"아, 그레이스." 교수님이 인사를 건네셨다. "여름 동안 잘 지냈는가?"

"네, 교수님. 학교를 그만두기로 결정해서 홀가분했어요. 학교를 떠나 있는 동안에도 전공이 그립지 않더라고요. 좋아하지도 않는 공부를 하면서 시간을 허비하고 싶지는 않아요."

"좋아한다?" 교수님이 껄껄 웃으셨다. "배울 가치가 있는 건 힘들게 마련이야. 단 1초도 좋아할 수가 없지. 자네 학우들도 아마 이 공부를 좋아하지는 않을걸세. 바로 그런 이유에서 우리가 여름 동안 휴식기를 갖는 거고. 또 다시 힘겨운 과정을 헤쳐나가야 하니까. 뭐, 그렇대도 어쨌거나 자네에겐 이 공부가 맞지 않을지도 모르지."

앞에서도 언급했지만 나는 그동안 자주 반발 편향에 내몰려 여러 선택들을 해왔다. 단지 누군가가 "넌 그 일을 못할 거야"라고 말하면 괜히 더 악착같이 매달리곤 했다. 이때도 그런 성미가 발동했었나 보다. 뭐가 되었건 그만둘 마음으로 교수님을 찾았던 나에게 그의 반응은 상당히 신경에 거슬렸다.

"네, 저랑은 잘 맞지가 않네요!" 나는 발끈했다. "너무 지루하고 썩 도움도 안 될 것 같아요. 앞으로 3년간 제가 이 공부를 잘해낼 수 있을 것 같지가 않아요."

"흠, 그렇다고 꼭 모 아니면 도 식으로 생각할 필요는 없어. 그럼 그 대신에 하고 싶은 게 뭐지?"

"글쎄요… 잘 모르겠어요. 도와주실 수 있나요?"

그날, 교수님은 내게 여러 선택지를 제시해 주셨고, 나는 남은 기간 동안 컴퓨터공학과 경제학을 함께 공부하기로 결론을 내렸다. 단지 도움을 청함으로써 필요한 것—당시의 내 관심사에 더 적합한 대학 공부의 길—을 얻게 된 것이다.

우리는 간절히 필요할 때조차 충분히 자주 도움을 요청하지 않는다. 목표 수립에 대해 조언을 구하는 것에서부터 일터에서 응당 받아야 할 처우를 요구하는 데 이르기까지, 우리는 직업적인 대화에서 그 정도로 친밀한 이야기를 꺼내도 될지 주저하곤 한다. 취약한 느낌이 드는 것이 싫고 어떤 대답이 나올지 모른다는 불안감에 너무나 오래도록 질문을 미룬다.

상사와 승진에 관해 이야기할 생각을 하면 겁이 나는가? 목표를 빨리 달성할 방법에 대해 도움을 구할 생각을 하면 멘토와 만나기로 한 약속을 취소하고 싶어지는가? 인사과에 연봉 인상 문제를 꺼낼 생각을 하면 소름이 돋는가? 무언가를 요구하면 너무 욕심이 많아 보이든가 너무 궁색해 보일까 봐 두려워하는 사람들이 있다.

임금 인상에 대한 대화를 나눠보면, 너무나 많은 사람들이 자기 일을 무척 좋아한다며 돈을 올려달라고 하는 건 옳지 않은 것 같다고 이야기한다. 많은 중소기업 소유주들도 돈에 너무 연연하는 것처럼 보일까 봐 고객사와 그런 대화를 피한다. 그러나 이는 본말이 전도된 사고방식이다. 매일같이 직장에 나가 가치 있는 무언가를 생산하면 우리는 그 더해진 가치만큼의 보상을 지급받아야 마땅하다. 우리 일은 서로에게 이익이 되어야 하는 거래다. 고용주나 고객사에게 돈에 무심한 듯이 구는 것은 탐욕스러워 보이지 않으려는 생각으로 적합하지 않다. 그보다는 당신의 가치에 합당한 급여를 받고 나서 세금을 납부하고 자선 단체에 기부를 함으로써 탐욕스러워 보일지 모른다는 두려움을 상쇄하는 편이 낫다.

당신을 가로막고 있는 것은 어쩌면 탐욕스러워 보일지 모른다는 두려움이 아닐지도 모른다. 그저 적절한 시기가 되면 상사가 알아서 승진을 시켜주거나 임금을 올려주겠거니 하는 믿음을 가지고 있을 수도 있다. 그들이 당신을 늘 주시하고 있다가 당신 몫의 디저트를 반드시 챙겨주리라고 말이다. 과연 그럴까? 글쎄, 항상 그렇지는 않다. 당신은 어쩌면 지식의 저주curse of knowledge에 사로잡혀 있는지도 모른다. 이는 자신이 알고 있는 사실을 타인이 모른다고 상상하기가 힘든 현상을 말한다. 당신이 스스로를 괜찮은 사람으로 여기는 것처럼 상사도 똑같은 시선으로 당신을 바라보리라 생각하거나, 하루 종일 당신이 얼마나 많은 일을 하는지 매니저가 알고 있으리라 추정하고 그에 맞게 대우해 주겠거니 생각하는 것이다.

지식의 저주는 왕관 증후군tiara syndrome으로도 이어질 수 있다. 이는 매일같이 열심히 일하면 보상이 따르고 누군가가 머리에 왕관을 씌워줄 때가 올 거라는 기대를 뜻한다. 그러나 당신이 이런 보상을 해주리라 기대하는 사람들은 그저 제 갈 길을 갈 뿐이다. 그들은 자기 일로 바쁘고 어쩌면 그들 스스로도 원대한 목표를 꿈꾸기 시작했을지도 모른다. 그러므로 사람들에게 당신이 지닌 가치와 미래에 대한 열망을 보여줄지 말지는 당신에게 달렸다. 필요한 조언과 지도를 요청할 책임은 언제나 당신에게 있다. 적절한 보상을 이끌어 내기 위해 당신의 발전 정도를 명확히 알릴 책임 또한 당신에게 있다.

당신이 얼마나 발전하고 있는지, 어디로 가고자 하는지 남들에게 알리면 더 많은 기회가 찾아올 것이다. 서로에게 이익이 될 기회를 직접 찾으면 더더욱 좋다. 단, 도움을 요청할 때는 늘 상대방의 입장에서 생각할 수 있도록 하자.

통찰 6: 피드백은 귀하다

대학에서 150명이 넘게 수강하는 강의를 들을 때는 학업에 대해 개인적인 피드백을 받기가 여의치 않다. 내가 자바 제임스 교수님과 나누었던 대화는 내 갈팡질팡하는 마음(그리고 쇼핑 요법으로 인해 감당할 수 없이 늘어난 신용카드 청구액)에 대한 결단이 필요했던 데서 단행된 이례적인 사건이었다. 대학 2학년 때는 그나마 학생 수가 60명 정도로 줄어—다수가 낙제를 하거나 자퇴를 해서—피드백을 받기가 훨씬 용이해졌다. 그래도 여전히 반드시 피드백을 받게 된다는 보장은 없었다. 컴퓨터공학과로 다시 돌아간 뒤 나는 적극적으로 피드백을 찾아 나서야 했다.

예나 지금이나 내가 뭘 제대로 했는지 상세하게 말해주는 사람은 별로 없다. 나는 비판적인 피드백을 선호한다. 한 번은 백화점 엘리베이터를 작동시킬 수 있는 엘리베이터 유저 인터페이스user interface를 설계하는 과제를 준 다소 소심한 조교에게 내 결과물을 어떻게 평가하는지 피드백을 요청한 적이 있다. 그는 내가 잘했던 부분에 대해서 20분 정도 이야기를 늘어놓았다. 정확히 그가 무슨 말을 했는지는 기억나지 않지만 하나같이 입에 발린 소리뿐이어서 나는 속으로 딴청을 피우며 시간을 때웠다. 결국 그는 내가 자기 말을 듣고 있지 않다는 사실을 알아차리고는 특별히 상의하고 싶은 점이 있는지 물었다. "네, 어느 부분이 엉망이었는지 말씀해 주세요!" 마치 좋은 소식이라도 들은 양 내가 반색하며 대답하자 그는 당황한 듯 보였다. 그래도 그는 내 부탁을 들어주었고, 우리는 이후 내 과제를 난도질하며 훨씬 더 흥미로운 20분을 보냈다.

3장에서 나는 갖가지 인지 편향을 물리칠 방법으로 정기적인 자가 피드백의 중요성을 강조한 바 있다. 같은 이유에서 타인의 피드백을 구하는 것도 가치가 있다. 요즘 나는 향상을 도모할 최고의 메커니즘이 피드백이라고 본다. 피드백을 통해 자신에게 있는지도 몰랐던 기술과 능력의 강점 및 약점을 발견하고 또 비교 우위를 어떻게 발휘할지도 알 수 있기 때문이다. 나는 여전히 비판적 피드백에 더 많은 시간을 할애하는 편이지만, 시간이 지나면서 신선한 시각을 통해 내가 잘하고 있는 것이 무엇인지 알게 되는 이점도 깨닫게 되었다. 결국 긍정적인 피드백이 아니면 자신의 비교 우위가 무엇인지 어떻게 알겠는가? 굳이 비율을 나눈다면 나는 비판적 피드백을 구하는 데 80, 긍정적 피드백을 구하는 데 20의 시간을 쓴다.

학습 증진과 수행력 향상 측면에서 타인의 피드백 구하기의 가치는 행동과학 문헌에서 오래도록 논의되어 왔다.[8] 혹시 앵커링이나 지식의 저주, 왕관 증후군에 빠진 것 같거나 손실 회피 때문에 주저하고 있다면 적극적으로 피드백을 구하는 것이 좋다. 피드백이 위협적이지 않은데도 이를 거부하는 사람은 다른 이들과 상호작용을 하거나 남을 이끄는 역할을 맡아서는 안 된다.

중기간에 걸친 발전을 진심으로 희구한다면 피드백을 추구하는 것이야말로 목표를 달성할 최고의 기회를 얻을 길이다. 적당한 사람에게 피드백을 구하면 좀 더 빨리 나아갈 방법들을 콕콕 짚어주고 현재 당신의 맹점이 무엇인지도 알려줄 수 있기 때문이다. 구체적 사안에 대해 정기적으로 피드백을 구하도록 하자.

누구에게 피드백을 구하면 가장 좋을지는 거시적인 목표가 무엇이냐에 달려 있다. 고속 승진을 하고자 한다면 사내 매니저와 간부에게 피드백을 받는 것이 좋다. 시중에 내놓은 제품을 개선할 계획이라면 현재 고객이나 새로운 잠재 고객이 적절한 대상이다. 직업을 완전히 바꿀 계획이라면 당신이 훗날 하고자 하는 일을 현재 하고 있는 사람들과 상의를 하는 것이 좋다.

비판적인 의견을 피력하고 개선할 점을 지적하는 피드백이야말로 최상의 피드백이다. 그러나 이런 유형의 피드백을 준다고 해서 그들에게서 문제에 대한 해결책까지 기대해서는 안 된다. 그래 준다면 더할 나위 없이 좋겠지만 문제 해결은 그들의 몫이 아니다.

비판적인 피드백을 감정적으로 받아들이지 않도록 하라. 성격에 따라서 피드백을 감정적으로 받아들이는 바람에 피드백 과정을 무용지물로 만드는 경우가 있다. 피드백의 3분의 1 이상이 오히려 수행 능력을 저하시킨다는 메타분석 결과에는 그만한 이유가 있다.[9] 그러므로 누군가 당신이 뭔가에 능숙하지 못하다고 말하더라도 그 사실에 과도하게 매달리지 말고 어느 부분을 개선해야 할지에 집중하라. 감정 추단법이 피드백을 듣는 방식을 결정지을 수 있음을 명심하라. 그러므로 그 과정에서 감정이 격해진다면 메모를 해두었다가 열기가 식었을 때 적어둔 말을 곱씹어 보자. 상대방이 선한 의도에서 피드백을 주었으리라 가정하고, 상대방의 관점에서 그 의견을 바라보도록 노력하자.

조언자의 표현 방식이 서툴더라도 열린 마음과 의연한 태도로 피드백을 대하자. 피드백을 어떻게 전달하면 좋을지 잘 모르는 사람들이 흔히 가장 정곡을 찌르는 말을 한다. 알맹이와 껍데기를 잘 구분하는 것도 중요하다. 대화가 어떤 식으로 흘러가든—어설프든 그 반대이든—그들의 의견 하나하나는 그저 하나의 데이터 값일 뿐이다. 한 번의 비판으로 목표와 계획을 송두리째 뒤엎기보다 먼저 추가적인 피드백 자료나 객관적인 데이터로 그 비판을 검증할 필요가 있다.

피드백 과정에서 확인된 문제가 정당한 것으로 판명되면, 그것을 처리할 수 있다고 자신에게 각인시키자. 수행 능력상의 문제는 고정불변한 것이 아니며, 행동과 태도를 수정하여 충분히 개선할 수 있다. 어떤 문제든 노력으로 해결할 수 있다.

그리고 주의 편향 attentional bias 에 유의하자. 피드백에 대한 인식은 그 시점에 사로잡혀 있는 생각에 의해 왜곡된다. 배가 고플 때 빵 냄새에 더 민감해지는 것처럼 스스로 약점으로 여기는 부분과 관련된 비판에 주의가 더 쏠릴 수 있는 것이다. 이럴 때는 곧바로 의견을 구하기보다 멘토가 하는 이야기를 그대로 기록하는 것이 좋다. 그러면 멘토에게 방해 없이 자유롭게 이야기할 기회를 줄 수 있기 때문이다. 그리고 당신에게 중요하지 않은 분야에 그들의 주의가 쏠리지 않는지 살피자. 물론 멘토라고 해서 주의 편향에 빠지지 않는다는 보장은 없지만 두 사람 이상에게서 피드백을 받는다면 큰 문제는 없을 것이다.

다양한 외부 관계망으로부터 받는 피드백은 당신의 계획에서 삐걱거리는 요소들과 수정하거나 파기할 부분을 파악하게 해주는 귀중한 자산이다. 그간 목표 달성을 위해 들인 시간 때문에 원래 계획을 그대로 밀고 나가는 매몰비용 오류에 빠지지 않아야 한다. 거의 동일한 내용의 논문이 다른 곳에서 발표된 것을 알고서도 교수들이 쓰던 논문을 중단하지 못할 때나 비슷한 제품이 이미 출시된 것을 알고서도 발명가들이 제품 개발을 위한 투자를 밀고 나갈 때, 한없이 회의만 하면서 정작 돈 되는 일은 맡기지 않는 고객을 프리랜서들이 쫓아다닐 때가 바로 매몰비용 오류에 빠지는 경우다.

진행 중인 일이 제대로 돌아가고 있지 않다는 피드백을 받으면, 중심을 다시 잡아 그 일을 제대로 돌아가게 만들 방법을 숙고할 때다. 위의 예시에서 교수는 먼저 발표된 다른 논문과 비교해 어떻게 하면 자신의 논문에 가치를 더할 수 있을지 판단할 필요가 있다. 발명가는 설계 단계로 되돌아가 어떻게 하면 자신의 제품을 차별화할 수 있을지 고심할 필요가 있다. 프리랜서의 경우엔 새로운 고객에게 접근해 관계를 구축하는 데 시간을 할애할 필요가 있다.

당신의 계획에서 어느 한 가지 요소가 쓸모없다는 피드백을 받는다면 정말로 그런지 다른 곳에서 재차 검증을 받아야 한다. 한 사람의 의견이 대세가 될 수는 없다. 또 중심을 다시 잡는 데는 시간이 걸리며 불운도 따르게 마련임을 유념할 필요가 있다. 그러나 타조 효과ostrich effect에 매몰되지는 않도록 하라. 타조 효과란 맹수가 달려올 때 타조가 모래에 머리를 박고 안심하듯이, 위험을 경고하는 부정적인 정보에 눈을 감아버리는 행위를 뜻한다.

열린 마음과 의연한 태도로 피드백을 대함과 더불어, 피드백을 주는 사람으로 하여금 모호하게 돌려서 말하지 말고 직설적으로 의견을 전달하도록 격려하는 것이 좋다. 실패나 성공을 경험하는 등의 큰 사건들이 발생할 때 시의적절하게 피드백을 구하는 것도 도움이 된다. 최신의 피드백일수록 더 효과적이며, 그에 따른 조치를 취할 가능성도 높아진다.[10]

또 한 가지 기억해야 할 것은 누구에게 피드백을 받을지 정할 때, 최선의 선택은 당신의 야망을 격려하고 당신이 어려움을 겪을 때 진심으로 도와줄 사람들이라는 사실이다. 선정 과정에는 시행착오가 있을 수 있으며, 허술하거나 잔인하거나 상대방을 깔아뭉개는 피드백을 주는 사람에게는 다음번에 상대하지 않는 것으로 그가 보인 '호의'를 되갚아주면 된

꿀팁 피드백 구하는 법

세션 초반에는 피드백을 주는 사람이 방해받지 않고 자유롭게 이야기할 수 있는 기회를 주자. 이를테면 미리 보낸 문서에 대해서 혹은 준비한 발표에 대해서 어떻게 생각하는지 반응을 들어보는 것이다.

다음으로는 당신이 잘하고 있는 것은 무엇인지 그리고 무엇을 해야 하는지에 대해 매우 구체적인 피드백을 요청하자. 비판적인 피드백에 특별히 관심이 있다는 귀띔도 잊지 말자. 훌륭한 피드백은 제기된 문제들을 실현 가능한 목표로 전환할 수 있게 해준다. 목표는 기한이 명시되어 있을 때 공략이 가능하다. 예컨대 단순히 "시간 관리를 더 잘하라"라고 말하면 어떻게 하라는 것인지가 막연하다. 반면에 "ㅁ 프로젝트를 ○월 ○일까지 완수하라"라고 하면 더 접근이 용이하다.

긍정적인 피드백에 대해 실현 가능한 목표는 어떤 조치들을 더 취해야 할지 알려준다. 판매자가 특정 상품에 대해 2번 이상 긍정적인 피드백을 받는다면 그 제품에 힘을 실어 주력 상품으로 밀어도 좋을 것이다. 조직에서 리더가 되고자 하는 사람이 회의 진행 방식에 대해 긍정적인 피드백을 받는다면 그런 진행 방식을 자기만의 스타일로 삼는 것도 괜찮다. 진로를 바꾸고자 하는 사람이 피드백 세션에서 연거푸 동일한 강점을 확인한다면 새로운 고용주에게 제출할 이력서에 자신의 강점을 피력할 수 있는 공식적인 방법을 찾아보는 것도 좋다. 정식 자격을 갖추거나 인정 가능한 업무 경력을 쌓으면 이런 강점을 제시할 수 있다.

부정적인 피드백의 경우, 실현 가능한 목표를 통해 이력서나 제품상의 격차 및 결점을 해소하기 위해 어떤 조치를 중점적으로 취할 필요가 있는지 확인시켜 준다. 이는 또한 목표 도달 가능성을 높여줄 일들에 집중하기 위해서 어떤 조치를 중단해야 할지를 확인할 기회가 되기도 한다.

다. 결국 가장 소중한 자원은 시간이므로, 시간을 잡아먹는 시간 좀벌레는 계획하지 않는 편이 현명하다.

통찰 7: 체면을 차리다 몽땅 놓치고 만다

나는 컴퓨터공학과 경제학 두 학위를 모두 우수한 성적으로 이수했다. 졸업식 날 부모님은 강당에 서서 내게 열렬한 박수를 보내주셨다. 졸업식이 끝난 뒤에는 이모와 이모할머니, 이웃은 물론이고 심지어 모르는 사람들의 집에까지 줄줄이 초대를 받아 축하받았다.

그러나 하마터면 그런 축하연을 못 가질 뻔했다. 당장 취업할 일자리를 구하지 못했기 때문이다.

그 첫 번째 이유는 닷컴 거품이 꺼진 데 있었다. 다시 말해, 컴퓨터공학과 관련된 일자리들이 늘기는커녕 사라져가고 있었다. 이런 상황에서 아일랜드 지방대학의 학위로는 시장에 명함을 내밀기가 힘들었고, 나는 보기 좋게 물을 먹고 말았다.

두 번째 이유는 내 경제학 학위가 도움이 되었을 '좋은' 직장들에 지원할 기회를 내가 놓쳐버렸기 때문이다. 그런 직장들에는 공공기관은 물론이고 주요 회계법인과 금융회사의 졸업자 인턴십 등이 포함되었다. 여기에서 '좋은'이라 함은 연금 수급권과 괜찮은 소득, 영주권 신청 자격(많은 아일랜드 부모들이 황금 트리오로 여기는 조건)이 보장된다는 뜻이다.

이런 곳들의 채용 과정은 졸업하기 한참 전부터 시작되는데 내가 미처 이를 챙기지 못한 것이다. (사실 이곳들 대부분의 지원 마감일 이틀 뒤에야 진작에 지원서를 냈어야 했다는 사실을 깨달았다.) 나는 경제학을 무척 좋아했다. 그러나 자연스럽게 형성되는 우정이나 오래된 연인 관계처럼 나는 경제학과 관련된 모든 것이 물 흐르듯 흘러가는 대로 내버려 두었다. 그렇게 경제학 전공이 가져다주는 직업 선택의 기회를 주시하지 않고 있다가 중요한 마감일을 모두 놓쳐버린 것이다.

그러고도 나는 남들 앞에서 체면을 차리느라—그리고 자기 앞가림은 스스로 하는 책임 있는 성인이 되지 못한 과오를 받아들이지 못해—절대 자발적으로 나서서 도움을 청하지 않았다. 그렇게 답답한 가슴을 안고서 앞으로 어떻게 할지 궁리하며 보낸 시간이 장장 10주였다.

졸업 전에 나는 모교에서 부총장의 임시직 비서로 일하고 있었다. 누가 들으면 중요한 직책이라도 맡은 것 같지만 실은 금요일에 쉬는 다른 직원의 빈 자리를 채운 것에 불과했다. 부총장님은 상사 치고는 좋은 사람이었다. 그는 지적인 데다 농담도 잘하고 내 학내 인맥을 넓혀주려고 애써 주셨다. 나는 그를 통해 경제학과 학과장을 소개받았다. 자기 연민에 빠져 한탄을 늘어놓던 나에게 학과장님은 내가 학부에서 경제학과를 추가로 이수하느라 미처 기술 분야의 시장 변동을 인지하지 못했을 거라는 말씀을 무심히 하셨다. 아픈 데를 찔린 나는 그만 울음이 터져서는 그뿐만이 아니라 내가 다른 든든한 직장들의 입사 지원 마감일도 모조리 놓쳐버렸다고 고백했다. 그는 내 격한 반응에도 동요하지 않고 아직 대학원 지원 기간은 남아 있으니 장학금으로 다닐 수 있는 경제학 석사과정에 지원해 보라고 권했다.

체면을 차리느라 한동안 이러지도 저러지도 못하고 있던 나에게 이 예기치 못한 멘토와의 즉흥적인 만남은 새로운 기회를 열어주었다. 이 행운의 만남이 없었다면 아마 나는 계속 스트레스를 받으며 빈둥거리고 있었을 것이다. 하지만 덕분에 나는 졸업식 단상 위에서 부모님의 열렬한 환호에 화답해 드릴 수 있었다. 직장은 구하지 못했지만 경제학 석사 공부를 할 생각에 나는 은근히 기분이 좋았다. 물론 늘 하늘에서 멘토가 뚝 떨어져 주기를 기대할 수는 없다. 더 안전한 방법은 자신을 도와줄 멘토를 직접 찾아나서는 것이다.

체면 차리기 효과는 자주 개인적 발전의 속도를 더디게 만들곤 한다. 체면 차리기는 예상 손실 회피와 동전의 양면 같은 관계이지만 약간의 차이가 있다.

예상 손실 회피는 손실로 인해 당사자가 느끼게 될 두려움과 관련이 있다. 이를테면 승진을 못 했을 때 자신이 어떻게 느낄지에 대한 것이다. 반면에 체면 차리기 효과는 손실을 경험할 때 타인에게서 받을 것으로 예상되는 판단과 관련이 있다. 당신이 승진을 못 했을 때 타인이 당신에 대해서 하는 생각 말이다. 우리는 단지 타인의 생각과 말이 염려되어 선뜻 행동하지 못할 때가 많다.

노라Nora의 사례를 살펴보자. 그녀는 제품 개발 부서에서 일하는 무척 재능 있는 크리에이터다. 혁신적인 아이디어를 내고 고객들에게 제공하는 제품의 한계를 확장하는 것이 그녀의 업무다. 노라는 자기 일에 대단히 능숙하다. 하지만 정신없이 돌아가는 업계의 특성상, 그녀의 손을 붙잡고 승진으로 가는 길을 차근차근 안내해 주는 사람이 아무도 없다. 그래서 노라는 만성적인 자신감 저하에 시달리고 있다. 동료들 역시 눈코 뜰 새 없이 바쁘게 일하느라 노라가 늘 얼마나 잘 해내고 있는지 말해줄 겨를이 없다. 그러나 복도에서 노라의 동료들을 붙잡고 물어본다면 거의 만장일치로 노라가 없어서는 안 될 귀중한 인재라고 대답할 것이다. 그런데도 왜 무력감을 느끼는지 이야기를 나눠보면 노라는 자신이 한 일이 제대로 안 될 때 카페에서 동료들을 볼 낯이 없기 때문이라고 속내를 털어놓는다. 농담이 아니다!

누구나 공개적인 실패—동료나 친구, 가족들 앞에서의 실패—를 하게 되면 혼자서만 아는 실패를 할 때보다 몇 배나 더 큰 상처를 입는다. 왜 그럴까? 어째서 사람들은 결혼 생활이 파탄났을 때 이웃들이 어떻게 생각할지를 걱정할까? 왜 계획한 대로 승진을 하지 못했을 때 동료들 보기를 창피해할까? 왜 살을 빼고 싶으면서도 남들의 시선이 신경 쓰여 체육관에 나가지 못할까?

중요한 일에서 좌절을 겪었을 때 자신을 염려해 주는 사람에게 그 사실을 털어놓으면 큰 위안이 된다. 나는 이 사실을 오랜 세월이 걸려서야 깨달았다. 학창 시절에는 선생님들이 최선을 다해 관심을 가져주셨던 일을 제대로 못 해내면 그게 상처가 되었다. 그러나 요즘 내게는 일이 뜻대로 안 되었을 때 기분을 풀어주는 절친들이 있다. 당신의 실패에 대해 비난하는 사람들의 말은 들을 가치가 없다. 몹쓸 사람들 같으니라고! 당신이 세상에 나가 파문을 일으키거나 무언가에 도전하는 것을 삐딱한 시선으로 바라보는 사람이라면 진정으로 당신을 응원할 리가 없다.

불행히도 이런 사람들을 피할 수 없을 때는 최대한 남들이 모르게 실패해야 한다. 이런 사람들에게는 승진을 했을 때만 그 사실을 알리고, 능력을 넘어서는 직장에 도전장을 냈을 때는 말하지 말자. 오직 절친들에게만 당신의 계획을 알리고 되도록이면 당신이 하는 일을 숨겨서 체면 차리기 효과가 개입될 여지를 줄이자.

하지만 남몰래 실패하기가 불가능할 때도 있다. 군중 앞에서 투자자를 모집하는 홍보를 하거나, 선거에 출마하거나, 오픈 토너먼트에 참가해야 하는 경우가 그렇다. 아니면 반드시 해내야 할 활동 중에 대중 강연이 포함되어 있을 수도 있다. 침실에서 빗을 들고 연습하는 것만으로는 이런 일을 제대로 해낼 수가 없다. 그럼 어떻게 할까?

먼저, 생각만큼 사람들이 당신에게 관심을 보이지 않는다는 사실에 위안을 삼자. 우리 마음에는 자기 자신이 두드러져 보인다. 그래서 우리는 실제보다 남들이 훨씬 더 지대하게 그리고 훨씬 더 자주 우리를 주목한다는 잘못된 믿음을 가지곤 한다.

행동과학자 토머스 길로비치Thomas Gilovich는 이런 현상에 조명 효과spotlight effect라는 이름을 붙였다. 그와 그의 동료들은 당신이 창피해하거나 불안해할 때 남들이 이를 알아차릴 거라 확신하지만 실상은 전혀 그렇지 않다는 점을 입증해 보였다. 사람들은 스스로에게 몰두한 나머지 다른 사람들의 시선이 자신에게 쏠려 있다는 과장된 생각을 한다.[11]

생각만큼 당신은 그리 자주 조명받지 못한다.

그렇다고 실망할 건 없다. 자신의 실수와 실패가 염려하는 것만큼 타인에게 자주 인지되지 않는다는 사실을 알면 부담이 한결 덜해진다. 그러면 좀 더 과감하게 도전해 볼 수가 있다.

조명 효과의 실상을 받아들이고, 대중에게 보이고자 하는 이미지에 가로막혀 계획을 밀고나가지 못하는 일이 없도록 하자. 내가 취업 지원 기간을 놓쳤듯이 만약 당신도 일을 그르쳤다면, 믿을 만한 사람에게 조언을 구하고 해결책을 궁리하여 앞으로 나아갈 수 있도록 하자.

통찰 8: 새로운 기회에 마음을 열어라

지금 내가 있는 런던정경대학에는 나름의 사연으로 학문적 소명을 받들고 있는 사람들이 가득하다. 이곳 런던 캠퍼스에서 박사 과정을 밟으려는 사람들의 지원서를 보고 있노라면 자신의 진로에 대해 다들 어쩌면 그렇게도 뚜렷한 생각을 가지고 있는지 매번 감탄이 절로 나온다. 하지만 내가 학계에 입문하게 된 경로는 조금 달랐다.

경제학 석사과정을 마친 뒤 나는 트리니티 칼리지의 더블린 캠퍼스에서 연구원 자리를 제안받았다. 여러 가지 이유에서 그 자리는 매력적이었다. 다량의 데이터 세트를 다루며 데이터모델링 기술을 연마할 수 있는 데다 유연한 근무 시간에 자율성도 상당 부분 보장되었다. 학교는 더블린(인맥을 쌓기 좋을 만큼 충분히 작으면서도 익명성을 유지할 수 있을 만큼 적당히 큰 세계적인 도시) 한복판에 자리하고 있었고, 런던의 협력 대학을 오가며 일하는 조건이었다. 그런데 문제가 하나 있었다. 그곳의 급여는 적은데 더블린의 집세는 비싸다는 점이었다. 결국 2005년 8월, 나는 고심 끝에 일자리를 제안해 주신 노먼드Normand 교수님께 어려운 전화를 드릴 수밖에 없었다.

"노먼드 교수님, 면접 통과 소식을 알려주셔서 정말 감사합니다." 내가 말문을 열었다. "지난 며칠간 많이 생각해 봤는데요, 요즘 더블린 월세를 고려할 때, 급여가 너무 적어서 그곳에 살면서 일하기는 힘들 것 같더라고요. 조금이라도 급여를 올려받을 여지는 없을까요?"

"그레이스, 급여 조정이 안 된다고 했던 건 빈말이 아니에요. 할 수 있으면 진작에 했겠죠. 하지만 이 자리는 그레이스에게 다시없는 기회가 될 거예요. 놓치기에는 너무 아까워요. 그래서 말인데, 내가 급여는 못 올려주지만 그레이스가 여기서 일하는 동안 학비 면제로 경제학 박사과정은 밟게 해줄 수 있어요. 이런 조건이면 함께 일하기에 어떨까요?"

그때까지 나는 박사 공부를 할 생각이 추호도 없었다.

느닷없이 기회가 생기면 거기에 어떻게 접근해야 할까? 우선 부작위 편향(omission bias)과 행동 편향(action bias)이 이런 경우 의사결정 과정에 어떤 영향을 미치는지를 알아두면 도움이 된다.

부작위 편향과 행동 편향은 인간의 상반된 행동 특성이다.[12] 부작위 편향은 아무 행동도 하지 않았을 때보다 어떤 행동을 함으로써 피해가 발생했을 때 이를 더 어리석다고 여기는 현상을 말한다. 아무 행동도 하지 않으면 위험을 무릅쓰는 일 없이 현 상태를 유지하게 되므로 대개 잠 못 드는 밤을 보낼 일은 없다. 이것은 가만히 있는 것을 선호하는 심리적 무력감의 한 형태다. 반대로 행동 편향은 옳은 판단이든 아니든 일단 행동을 하고 보는 것으로, '모험하지 않으면 얻는 것도 없다'라는 말로 그 단적인 특징을 요약할 수 있다.

행동과학적 증거에 의하면, 의사결정 시에 부작위 편향이나 행동 편향에 이끌리느냐 아니냐는 상황과 개인에 따라 달라진다. 후회에 관한 설명에서도 행동과학 문헌들은 한 일에 대한 후회와 하지 않은 일에 대한 후회를 구분하고 있다. 그런데 지난 인생을 돌아볼 때 사람들은 한 일보다는 하지 않은 일을 훨씬 더 사무치게 후회할 가능성이 높다.[13] 사람과 상황을 불문하고 대체로 이런 현상이 나타나며, 이는 곧 당신의 ME+ 역시 행동 편향보다는 부작위 편향을 더 우려 섞인 눈으로 볼 것이라는 의미다. 다시 말해, 당신은 한 일보다는 하지 않은 일을 더 걱정하게 될 것이다. 두 가지 다 해로울 수 있는데 어째서 이런 결과가 나타날까?

심리학자 샤이 다비다이Shai Davidai와 토머스 길로비치에 의하면,[14] 반응을 보일 대상이 있는 일을 후회할 때는 그 일을 돌아볼 때 드는 후회의 정도가 줄어들 수 있다고 한다. 그러나 가만히 있다가 삶에 찾아온 기회들이 그대로 사라져 버리게 되면 반응할 대상이 있을 리 없다. 물론 다가오는 기회를 모두 다 잡을 수는 없다. 이용 가능한 옵션을 고려할 때는 모든 수단을 동원해서 신중히 살피자. 갑자기 다가온 기회는 냉철한 머리로 궁리하는 것이 좋다.

반가운 사실은, 예기치 못한 기회를 이용할 때 장래에 우리가 내린 결정에 대체로 만족하게 되리라는 점이다. 우리는 아무리 처참한 실패를 맛보더라도 자신의 행동을 정당화할 방법을 찾는 데 비상한 재주가 있다. 밤에 두 발 뻗고 편히 잠을 잘 수 있도록 사건을 가공하는 것이다. 실패 속에서도 인간은 한 줄기 빛을 찾아낸다.

그러나 아무 행동도 안 하고 가만히 있을 때는 그 한 줄기 빛조차 들지 않는다. 그러므로 대개는 무엇이든 일단 하고 보는 편이 낫다. 어떻게든 미래에 후회하지 않을 방법을 찾아낼 가능성이 높기 때문이다.

이런 이유에서 불쑥 기회가 찾아왔을 때는 특히 부작위 편향이 발동하지 않도록 주의를 기울일 필요가 있다. 그 기회가 우리의 여정을 가속화하거나 전에는 미처 생각지 못했던 궤도에 들어서게 해줄 전망이 보인다면 더더욱 그렇다.

부작위 편향은 남들에게서도 심심치 않게 엿보인다. 우리 친구들 중에는 자기 일을 싫어하면서도 절대 그만두지 못하는 이들이 있다. 또 전도유망한 기업가가 될 재목인데 실패할까 두려워서 절대로 꿈을 좇지 않는 사람들도 많다. 그들은 어려운 대화를 피하고, 도움을 요청하지 않으며, 자신의 발전을 위해 나서기를 주저한다. 다름 아닌 행동을 꺼리기 때문이다.

성공하기 위해 매번 위험을 무릅쓸 필요는 없지만 작은 실천들은 꼬박꼬박 해나가야 한다. 그리고 이제부터는 새롭게 다가오는 기회도 진지하게 고려해 보자.

통찰 9: 우리는 종종 자신을 속인다

박사학위를 이수하기까지는 박사 공부를 염두에 두고 있는 대부분의 학생들이 짐작하는 것보다 훨씬 더 할 일이 많다. 학술적 글쓰기를 할 줄 알아야 하고, 저명한 국제 학술지에 발표하기에 손색이 없을 만큼 창의적인 아이디어를 구상해야 한다. 또 대중 강연 행사에서 자신의 아이디어를 다수의 (신랄한) 학계 청중들과 공유할 필요가 있다. 나아가 연구 분야에 따라 데이터과학, 수학, 연역적 추리, 면접, 저술, 소통, 교수법 등 무수히 많은 기술을 연마해야 할 수도 있다.

2007년 여름, 나는 뉴욕 대학교의 넓은 강당에서 존경받는 계량경제학 교수님들 여남은 분과 함께 내 박사학위 논문 중 하나에 대해 논의하는 자리를 가졌다. 그날 내가 숨도 제대로 못 쉴 지경이었기 때문에 감히

'논의'라는 말을 써도 되는지는 모르겠지만 말이다. 나는 혀 꼬인 소리를 하며 말을 더듬거렸고 할 말을 잊어버려 땀을 뻘뻘 흘렸다.

나는 위험을 무릅쓰고 과감히 도전했지만 보기 좋게 실패했다.

이때, 실패라는 결과에 대한 나의 책임이 무엇인지 인식하는 것이 중요했다. 나는 발표 기술을 기르기 위해 실질적으로 투자한 시간이 없었다.

어쩌겠는가. 첫술에 배부를 리 없고 누구나 일을 망칠 때가 있는 법이니. 그러나 그럴 때 자기 위주 편향 에 굴복하지 않는 것이 중요하다. 이 편향은 성공은 자기 공으로 돌리고 실패는 남의 탓으로 돌리는 경향을 말한다. 불운이나 부정을 실패의 원인으로 들먹이지 말자. 실패의 순간이 훌륭한 자기반성의 기회가 될 수 있음을 명심하자. 당신은 책임을 다했는가?

자기 위주 편향이 항상 나쁘기만 한 것은 아니다. 빠른 회복이 필요한 경우에는 오히려 이로울 수도 있다. 자기 위주 편향은 우리가 했던 선택을 사후에 합리화함으로써 밤에 발을 뻗고 잘 수 있게 해주는 한 가지 확실한 방법이다. 또한 이는 본질적으로 자기 보호의 행위이기도 하다. 이 편향은 우리가 다시 세상에 나서야 할 때 위축되지 않도록 도와준다.

그러나 나처럼 끔찍한 발표를 하고서도 자기 위주 편향에 빠져 있으면 진짜 실패를 경험할 때 자기반성의 기회를 놓치게 된다. 또 발전에 필요한 새로운 기술 개발을 소홀히 할 수도 있다. 당시 나는 발표 기술을 기를 필요가 있었다. 상황에 탓을 돌릴 수 있는 경우가 아니었다. 자기반성을 하지 않으면 다음번 기회를 위해 무엇을 개선해야 할지 어떻게 알겠는가?

어쩌면 2장에서 당신이 개발하기로 한 기술과 특성에도 자기 위주 편향이 영향을 미쳤을지도 모른다. 혹시 이미 보유하고 있는 기술을 새로 개발할 필요가 있는 기술로 꼽지 않았는가? 이미 갖춘 자질의 가치를 강조하면서, 진정으로 필요하지만 현재는 갖추지 못한 기술의 파악을 소홀히 해 당신의 자아를 우쭐하게 만들지는 않았는가?

제프리 쿠치나Jeffrey Cucina와 그 동료들의 2005년 연구가 이를 멋지게 증명했다. 그들은 실험에 참가한 학생들에게 학문적 성공의 보장에 필요한 성격 특성을 탐색해 달라고 요청했다. 어떤 결과가 나왔을까? 학생 본인의 성격과 그들이 중요하게 꼽은 성격의 범주가 상당 부분 겹치는 것으로 나타났다. 로리 매컬위Rory McElwee와 그 동료들도 2001년에 유사한 결론에 도달했다. 그들은 실험 참가자들이 수학이나 구술 능력에 재능이 있는 것처럼 거짓으로 믿게 만들었다. (과학자들은 속임수에도 일가견이 있다!) 그런 다음 한 뭉치의 대학 지원서를 내밀며 수학 능력의 적합도 측면에서 각 지원자의 등급을 매겨달라고 요청했다. 그 결과는 어땠을까? 참가자들은 전혀 객관적이지 못하게, 가장 우수한 지원자들을 정당하게 선정하기보다는 자신과 가장 흡사해 보이는 지원자들에게 강한 선호도를 보였다(참가자들이 특정 과목에 재능이 있는 것처럼 거짓 믿음을 갖게 되었음을 기억하라).

이처럼 혹시 당신도 목표를 향한 여정에서 함양해야 할 기술 못지않게 이미 확보하고 있는 재능을 지나치게 강조하고 있지는 않은가? 잘 모르겠다고? 그러면 새롭게 구축한 관계망에 질문해 보면 된다. 당신의 ME+가 개발할 가장 중요한 특성들이 무엇인지 그들에게 구체적으로 물어보자. 그리고 그들의 답변을 당신이 개발하기로 결심한 특성들과 비교한 뒤 필요할 경우 궤도를 수정하자.

당신이 나아가는 길에 자아가 걸림돌이 되지 않도록 하라. 불필요한 고집을 꺾고 실제로 ME+에게 필요한 기술을 연마하자. 내가 뉴욕 대학교에서 숨도 제대로 못 쉬었던 것처럼 당신도 힘겨운 학습의 경험을 하고 있을지 모르지만, 그것도 다 여정의 일부분이다!

통찰 10: 숨 고를 시간을 가져라

2009년 9월, 나는 박사학위를 성공적으로 마쳤다. 최종 관문인 구술시험을 목요일에 본 다음 일요일에 바로 동남아시아로 배낭여행을 떠났다. 10월부터 일할 강사 자리가 이미 호주에 마련되어 있었다. 그 준비를 하느라 나는 연구 혼을 하얗게 불태웠다. 모든 일이 순탄하게 풀려갔다.

뭐, 그런 편이었다.

빡빡한 일정으로 합의한 호주의 강의 시작일에 맞추어 박사과정을 일찌감치 마치느라 내 의지력은 바닥이 나 있었다. 나는 신축성 좋은 운동복 바지를 입고 기내 좌석에 앉아 태국에서 펼쳐질 새로운 모험을 가슴 벅차게 기대하며 자축의 의미로 와인을 마셨다. 그러나 장거리 비행을 편안하게 할 심산으로 운동복 바지를 입고 있었던 건 아니다. 진짜 이유는 박사 과정 마지막 두 달 사이에 신장에 결석이 2개나 생겼기 때문이다. 6개월이 넘도록 하루 14시간씩 악전고투를 하느라 건강을 챙길 여력이 없어 내 심신은 말이 아니었다.

ME+를 향한 여정은 단거리 경주가 아니라 마라톤임을 명심해야 한다. 삶의 다른 부분을 돌아보지 못할 만큼 고속으로 질주하다 보면 삶의 균형이 깨지고 만다. 에너지와 의지력은 무한히 샘솟는 것이 아니므로 스스로 어디에 에너지와 의지력을 소진하고 있는지 살피자.

행동과학에서는 한 가지 일에 매진하느라 다른 일을 할 의지력이 상실되는 현상을 자아 고갈ego depletion이라 부른다. 다행히 의욕을 북돋워 줄 선물이나 활동으로 자아 고갈을 해소할 수 있다는 증거들도 행동과학 문헌에 실려 있다.[15] 자아 고갈을 방치하면 삶의 한 국면에서는 긍정적으로 볼 수 있는 행동(목표를 향한 작은 실천 등)이 다른 국면에서는 나쁜 결과를 유발할 수 있다. 두 가지를 다 신경 쓸 여력이 없기 때문이다.

의지력을 우리 몸의 근육처럼 생각하자. 한바탕 힘을 쓰고 나면 의지력은 약해진다. 다시 힘이 보충되기는 하지만 시간이 걸린다. 그러므로 의지력이 고갈된 느낌이 들면 기운을 되살릴 선물과 활동을 물색해 보자. 마사지나 공원 산책, 잠시 일을 중단하고 명상하기, 막 우려낸 이국적인 허브티 마시기, (적당량의) 초콜릿이나 술 또는 다른 기호 식품을 먹으며 좋아하는 TV 프로그램 한 편 보기가 그 예이다. 달랑 한 가지 선물에만 의존하기보다 온갖 선물이 가득한 창고를 가지고 있으면 더 좋다.

목표에 매진하는 동안 나머지 삶의 영역에서 안 좋은 습관이 고개를 든다 싶으면, 이런 선물 보따리를 하나 열어 고갈된 자아를 보충해 줄 필요가 있다.

요 약

나 자신을 객관적으로 보는 방법

그럼 이번 장에서 살펴본 열 가지 행동과학적 통찰을 다시 정리해 보자.

통찰 1: 우리는 비슷한 사람에게 끌린다

관계망을 확장하기 위해 2장에서 작성한 3명의 명단을 다시 검토하여 서로 간에 충분한 다양성이 확보되도록 하자.

통찰 2: 당신에게 맞는 목표인가?

최종적으로 확정한 목표에서 당신이 좋아하는 활동을 하게 되리라고 단언할 수 있는가?

통찰 3: 실패를 감수할 필요가 있다

실패할지 모른다는 생각 때문에 도전을 포기하는 일이 없도록 하자. 성공 확률은 늘 존재한다.

통찰 4: 당신의 가치를 알라

당신과 같은 일을 하고 있는 사람들이 어느 정도의 수입을 올리고 있는지 알아보고, 지나치게 낮은 급여에서 벗어나지 못하는 앵커링 문제를 해결하고 합당한 급여를 받을 수 있도록 하자.

통찰 5: **왜 더 자주 요청하지 않을까?**

주변 사람들이 당신의 변화를 알아주리라 기대하지 마라. 다들 자기 일로 정신이 없다. 당신이 이룩한 성과를 직접 제시해 보이고 적절한 보상을 받자.

통찰 6: **피드백은 귀하다**

피드백을 구할 때는 전략적으로 접근하자. 비판적인 피드백을 의연하게 받아들여라. 납득이 안 되는 피드백을 받았을 때는 그것이 하나의 데이터 값에 불과함을 상기하고 다른 자료들로 그 피드백을 검증할 시간을 갖자.

통찰 7: **체면을 차리다 몽땅 놓치고 만다**

당신이 무언가에 실패를 하든 성공을 하든 그 사실을 알아차리는 사람은 많지 않으며, 설사 안다고 하더라도 그 사실을 오래 신경쓰지 않음을 인식하여 체면 차리기 효과를 피하자.

통찰 8: **새로운 기회에 마음을 열어라**

뜻밖에 생기는 기회를 진지하게 받아들이자. 언제나 한 일보다는 하지 않은 일을 후회하게 마련이라는 점을 명심하자.

통찰 9: **우리는 종종 자신을 속인다**

실패의 탓을 남들에게거나 세상의 부당함에 돌리지 말자. 자신의 노력

부족이나 허술한 의사결정이 좋지 않은 결과를 불러온 것은 아닌지 솔직하게 돌아볼 시간을 갖자.

통찰 10: 숨 고를 시간을 가져라

ME+를 향한 여정은 단거리 경주가 아니라 마라톤이다. 일정 기간 고도로 집중하거나 에너지를 쏟은 뒤에는 심신의 안녕을 증진할 시간을 가짐으로써 자아가 고갈되지 않도록 하자.

조심해야 할 편향이 이토록 많다는 데 낙심하지 않기 바란다. 이런 편향들 다수가 무의식중에 발현되기는 하지만 고정불변의 것은 아니다. 이번 장에서 소개한 행동과학적 통찰들을 잘 활용하면 이러한 인지 편향이 여정에 미치는 영향을 제한하고 앞길에 걸림돌이 되지 않도록 할 수 있다.

편향에서 벗어나는 즐거운 시간이 되기를!

다음으로 넘어가기 전에 아래의 내용을 확실히 해두자.

- 대부분의 결정이 인지 편향과 맹점에 영향을 받는다는 사실을 인식한다.
- 열 가지 행동과학적 통찰을 꼼꼼히 읽고 이 중 몇 가지 비법과 요령들을 활용해 여정에서 편향과 맹점의 영향을 최소화한다.

이번 장에서 언급된 다섯 가지 행동과학 개념

1. **편향 맹점**: 남들보다 자신이 편향의 영향을 덜 받는다고 생각하는 경향
2. **선택 지지 편향**: 과거의 선택을 돌아보면서 그것이 옳은 선택이었다고 생각하는 경향
3. **예상 손실 회피**: 거절당했을 때 예상되는 괴로움을 피하려는 경향
4. **타조 효과**: 모래 속에 얼굴을 파묻고 위험을 경고하는 부정적인 정보에 눈을 감아버리는 경향
5. **자기 위주 편향**: 성공의 공은 자신에게 돌리고 실패의 탓은 남에게로 돌리는 경향

5장

평가에서 자유롭지 못한 우리 타인

"타인이 편향이

당신의 앞날을 막는다면 어떨까?"

내가 알렉스Alex를 만난 건 한 강연장에서였다. 알렉스는 강연 뒤에 나에게 다가와서는 편향이나 강연 내용과 관련된 다른 행동과학적 문제들에 대해 질문하는 대신 곧장 자신의 신제품 아이디어를 설명하기 시작했다.

알렉스는 기업가 정신이 충만한 열정 넘치는 사람이었고, 흥에 겨운 나머지 자신이 속사포처럼 쏟아내는 이야기에 내 정신이 멍해져 가는 것도 모른 채 말을 이어갔다. "누구에게나 필요한 제품이에요!"라거나 "부모들이 좋아할 거예요!"처럼 자기 상품이 어마어마하게 팔릴 거라고 확신하는 알렉스의 몇 마디 말만 드문드문 내 귀에 들어왔다. 체중 감량과 체격 키우기에 대한 이야기도 있었다. 한마디로, 알렉스는 세계를 제패할 생각이었다.

알렉스의 이야기는 그 후로도 계속되었다. 이제는 밤이 늦어 나가야 할 시간이었는데, 아무리 둘러보아도 내 코트가 보이지 않았다. 점점 더 이 반갑지 않은 독백에 집중하기가 힘들어졌다. "모두의 생각이 틀렸다는 걸 보여주겠어요"라는 알렉스의 말이 뇌리에 박히고서야 내 입에선 반사적으로 이런 말이 튀어나왔다. "정확히 어떤 사람들을 말하는 거죠?"

알렉스의 이야기는 알고 보니 꽤 흥미로웠다. 그러나 이야기에 좀 더 주의를 기울이며 일방적인 연설 대신 대화로 형식을 전환하고 나서야 그 사실을 깨달을 수 있었다.

알렉스는 런던 전역의 엔젤 투자자들에게 신제품 아이디어를 홍보하고 다녔다. 엄청나게 바쁜 사람들을 스무 그룹 넘게 만났다는 점까지는 그런대로 고무적이었다. 누차 거절을 당해도 알렉스는 넘치는 에너지로 굴하지 않고 밀어붙였다. 그것은 그 자체로 존경할 만한 일이었다. 그런데 문제는 알렉스가 피드백에 귀를 기울이지 않는다는 점이었다.

알렉스가 그들로부터 받은 피드백은 그룹을 막론하고 상당히 유사했다. 제품 아이디어는 창의적이지만 그 제품을 성공시키기에는 알렉스가 무척 허술해 보인다는 것이 그들의 의견이었다. 진작부터 그런 이야기를 했다면 내 인생의 1시간을 허비하지 않았으련만.

나는 손목시계로 시간을 확인했다. "당신이 모두의 생각이 틀렸다는 걸 보여주겠다고 한 이후로 거의 1시간이나 지났어요. 사업 아이디어에 대한 알렉스의 열정은 잘 알겠지만 당신이 허술하지 않다는 사실은 어떻게 입증할 건가요?"

내 말에 알렉스는 당황해서 아무 말도 하지 못했다. 그 잠시의 침묵을 틈타 나는 작별 인사를 하고 강연장을 나왔다.

모두가 "너는 죽었다"라고 말한다면 바닥에 드러눕는 시늉이라도 해야 한다는 옛말이 있다. 내가 좋아하는 이 격언은 다름 아닌 알렉스에게 해당되는 말이었다. 알렉스는 스무 그룹이 넘는 사람들에게서 들은 소중한 피드백을 무시하고 맹점에 사로잡혀 있었다. 다른 사람의 맹점이 아닌

바로 자기 자신의 맹점에.

여기서의 핵심은 알렉스가 한 사람이나 한 집단이 아닌 훨씬 더 많은 사람들에게서 피드백을 받았으며, 그들은 서로 별개의 인물들이었다는 점이다. 다시 말해 단 몇 사람이 알렉스를 못마땅하게 여겨서 막말을 한 것이 아니었다.

진정 안타까운 부분은 알렉스가 그런 피드백을 진지하게 받아들이고 조치를 취하지 않아서 투자를 받을 수 있는 소중한 기회를 숱하게 날려 버렸다는 점이다. 다섯 번째나 아니면 적어도 열 번째 만남쯤에는 알아차릴 만도 했는데 말이다.

허술하다는 평가는 그렇게 심한 편도 아니다. 이런 문제는 쉽게 해결할 수 있다. 업무를 외부에 위탁할 수도 있고, 아니면 더 꼼꼼한 동업자를 영입하거나 개인 비서를 고용할 수도 있다. 어쩌면 알렉스를 가로막고 있는 것은 알렉스의 자아인지도 몰랐다. 그 짧은 대화만으로도 확실히 알렉스는 남의 말에 좀 더 귀를 기울일 필요가 있어 보였다. 아니면 피드백을 받아들일 생각도 하지 못할 만큼 정말로 알렉스가 너무나 허술한 것일지도 몰랐다.

어느 쪽이든 알렉스는 투자 유치를 불가능하게 만드는 유일한 문제점을 해결하지 못해 앞으로 나아가지 못하고 있었다. 자기 발목을 자기가 잡고 있었던 것이다. 알렉스는 이 책의 4장을 읽고 자기 자신을 돌아볼 필요가 있었다.

누군가 내 앞길을 막을 때

누구나 이따금 스스로가 만든 굴레에서 헤어나오지 못할 때가 있다. 우리는 자신의 편향과 맹점에 휘둘린다. 쓸모 있는 피드백을 누차 무시하는 경우가 수두룩하다! 일례로, 소통 능력에 문제가 있다는 피드백을 누차 받으면서도 반대를 위한 반대를 하는 사람들이 있다고 항변하는 임원 비서는 부진의 늪에 빠진다. 소매업에 종사하는 하급 관리자는 고객에게 부정적인 영향을 끼치지 않고도 교대근무를 개선할 방법이 있다는 피드백을 들으려 하지 않아 직원들의 사기를 저하시킨다. 성장을 강요하여 동료들을 위협한다는 말을 해마다 듣는 리더도 있다. 그런가 하면 고교 졸업생들도 대학 진학을 고려해 보라는 조언을 외면하기 일쑤다. 그렇다. 진솔한 조언은 늘 하던 대로 하면서 다른 결과를 기대하는 사람들에 의해 번번이 묵살되곤 한다.

그러나 스스로의 인지 편향과 맹점만 자기 발목을 잡는 것은 아니다.

사람들이 당신을 바라보는 시각에는 당신의 능력이나 기술, 재능이 제대로 반영되지 않았을 수 있다.

타인은 당신의 직무 적합도와 프로젝트 진행 능력 또는 회사 운영 능력에 대해 서로 다르게 말할 수 있으며, 이런 타인의 말은 업무를 수행할 당신의 능력과는 전혀 관련이 없는 요인들에서 비롯되었을지 모른다. 당신이 할 수 있는 일에 대해 당신 스스로는 예리하게 인식하고 있을지라도 그러한 인식이 타인이 당신에 대해 갖고 있는 믿음과 일치하리라고는 기대하지 말라. 타인은 당신과는 다른 시선으로 당신을 바라보며, 그들의 관점은 그들 자신의 인지 편향과 맹점에 물들어 있게 마련이다.

세상에는 당신을 아는 수많은 사람들이 있다. 그들은 당신을 저마다 다른 시선으로 바라본다. 공적인 영역에 있는 사람들을 생각해 보면 쉽게 이해할 수 있다. 도널드 트럼프Donald Trump를 예로 들어보자. 미국 대통령직을 수행하는 동안 그에게는 모순된 평가가 쏟아졌다. 어떤 이들은 그를 해외로 빠져나갔던 일자리를 되돌려 놓은 슈퍼히어로이자 세계화와 기득권층에 대항한 궁극의 전사로 치하했다. 또 어떤 이들은 틈만 나면 선을 넘으며 미국의 역사를 수십 년 전으로 퇴보시킨 무능한 깡패로 치부했다. 이런 묘사는 완전히 상반되지만 동일한 시점에 서로 다른 사람들에 의해 공존했다. 또한 양측에 의해 사실인 양 옹호되었고, 밥상머리에서 다툼을 유발하고, 국가를 분열시켰다.

당신도 모든 면에서 완벽해 보이는 공적인 영역의 인물을 한 명 떠올려 보자.[1] 그런 다음 인터넷 검색창에 그 인물의 이름을 쳐보자. 당신과 정반대의 생각을 가지고 있는 사람들이 무수히 많다는 사실을 알게 될 것이다. 수많은 웹페이지에 달린 부정적인 댓글은 사람들이 불만을 표출하기 위해서 기꺼이 시간이라는 비용을 지불하고 있음을 말해준다. 앞서 강조한 바 있듯이 시간은 우리의 가장 소중한 자원이다. 그들은 당신이 좋아하는 인물을 자신들이 얼마나 싫어하는지 세상에 알리기 위해 가장 소중한 자원을 쓴 것이다.

그러면 당신과는 다른 의견을 신경 써야 할까? 경솔한 대답으로는 "아니, 그럴 필요 없다"고 말할 수도 있다. 빌어먹을! 당신이 큰 뜻으로 목표를 추구하는데 왜 남의 감정을 신경 써야 한다는 말인가? 당신은 자기 자신을 잘 알고 있고, 남들이야 어떻게 생각하든 알 바 아니지 않은가!

하지만 편향과 맹점을 지니고 있는 당사자가 당신의 앞날에 영향을 미칠 수 있는 사람이라면 어떨까? 당신의 계획을 송두리째 무산시킬 수 있는 인물이라면? 일례로 당신의 업무를 심사하는 사람들이 당신의 기술과 능력, 재능을 정확하게 간파하지 못한다면 이런 일이 일어날 수 있다. 또 당신에게 투자를 하거나 일거리를 주고 현재의 능력치를 뛰어넘는 프로젝트를 맡길 결정권자들이 당신의 역량과 잠재력, 당신이 더할 수 있는 가치를 정확히 평가하지 못할 때도 이런 일이 일어날 수 있다.

이번 장은 타인의 행동 편향과 맹점에 방해를 받을 수 있는 결정적인 순간들을 파악하는 데 도움을 줄 것이다. 당신이 조직의 매니저나 대표 또는 소유주라면 이런 편향들 때문에 재능의 발달이 저해되지 않도록 일터의 구조와 절차를 바꾸는 법을 배울 수 있을 것이다. 투자자라면 자신이 한 선택에서 최고의 수익을 얻을 수 있도록, 사람들이 공통적으로 지닌 편향과 맹점을 처리할 구조와 절차를 배울 수 있을 것이다. 단, 이 경우엔 타인의 행동을 있는 그대로 받아들이고 이를 헤쳐나갈 수 있는 조언을 얻게 될 것이다. 물론 사회적으로 보다 책임 있고 공정한 세상에서 살기를 바라는 사람들에게는 이것이 썩 만족스러운 해결책이 못 될 것이다. 그리고 어차피 진정한 발전을 이루고 나면 보다 나은 위치에 올라 마음에 안 들거나 부당한 구조를 바꿈으로써 다음 사람들의 걱정을 덜어줄 수 있을 것이다. 하지만 그런 날이 오기 전까지 당분간은 이번 장에서 소개할 행동과학적 통찰들을 활용해 타인의 편향과 맹점을 피해 빠른 시일 내에 목표를 실현하기 위한 노력을 기울일 수 있다.

다만 그 통찰들을 알아보기에 앞서 애초에 그러한 타인의 행동 편향들이 왜 나타나는지를 이해할 필요가 있다. 부정적인 현상들이 으레 그렇듯, 이런 일이 발생하는 원인은 한 가지가 아니며 그 원인들이 서로 배타적이지도 않다. 그럼 잠시 시간을 내어 타인의 행동 편향이 나타나는 세 가지 주된 원인을 살펴보도록 하자.

무의식을 경계하라
: 무의식적 편향

자기는 편향과 맹점에 흐려진 눈으로 세상을 바라보지 않는다며 손사래를 치는 사람들이 많다. 적당한 규모의 그룹과 이야기할 기회가 생기면 나는 자주 그 반대의 사실을 증명하는 실험을 하곤 하는데, 1년 전에도 IT 분야의 종사자 약 40명과 이런 실험을 꽤 성공적으로 수행한 적이 있다.

전체 참가자는 2인용 테이블에 나눠 앉았고, 좌석은 무작위로 배정되었다. 나는 이들에게 협상 기술을 증명해 보라는 과업을 주고 거래 금액을 100파운드 내에서 제시할 수 있도록 했다.[2]

각 쌍마다 역할을 배분해 둘 중 한 사람을 제안자로 지정했다. 제안자는 100파운드 한도 내에서 상대방에게 얼마만큼의 액수를 지불할 의향이 있는지를 종이에 쓰면 되었다. 동시에 상대방(응답자)도 자신이 수락 가능한 최소한의 금액을 쓰도록 했다. 이 상황에서 제안자는 상대방이 수락 가능한 최소 금액과 가장 근사치의 액수를 써서 자신이 협상의 달인

임을 증명해야 했다. 너무 낮게 쓰면 거래가 불발되고, 제안자와 응답자 모두 아무런 이득도 얻을 수 없었다. 너무 높게 쓰면 제안자가 불필요한 돈을 낭비하게 되는 셈이었다.

그러나 여기에는 숨은 계략이 있었다. 사실 누가 협상의 달인인지는 내 관심사가 아니었다. 실제로는 성별이나 연령, 정장 착용 여부와 같은 관찰 가능한 특성들이 사람들이 받는 대우에 영향을 미치는지, 즉 제안자들이 특정 그룹의 사람들에게 일관되게 더 높은 금액을 제시하는지 알아보는 것이 목적이었다.

피실험자들은 무의식적 편향unconscious bias을 뚜렷하게 드러냈다. 남성 응답자들이 평균적으로 더 많은 액수를 제시받았다. (남성과 여성 제안자 모두 남성 응답자에게 더 많은 액수를 제시했다.) 고령의 응답자 역시 더 후한 액수를 제시받았다. 제안자의 연령은 이와는 무관했다. 그리고 옷을 잘 차려입은 사람들도 더 후한 액수를 제시받았다.

왜 그럴까?

당신은 외모로 사람을 평가하지 않는다고 생각할지 모르지만 실제로는 그러고 있다. 그 사실을 인지하지 못하는 이유는 이러한 편향이 무의식적으로 발현되기 때문이다.

통계적 분석을 신뢰할 만한 크기의 표본 규모로 진행되고 발표된 여러 학술 연구에서 이와 동일한 결론에 도달했다. 그중 한 연구는 성별에 초점을 두고 두 가지 시나리오를 사용했다.[3] 첫 번째 시나리오에서는 제안자와 응답자가 서로를 보거나 상대방이 하는 말을 들을 수 없었다. 따라서 성별을 인지할 수 없었다. 두 번째 시나리오에서는 내가 IT 분야 종사자들과 실험했던 것처럼 응답자와 제안자가 서로를 마주보고 앉았다. 그래서 그들은 서로의 성별을 알았고 의례적인 인사도 나누었다.

여기서 세 가지 주목할 만한 결과가 나왔다. 첫째, 시나리오에 관계없이 평균적인 제안 금액은 응답자의 성별에 따라 달라지지 않았다. 고무적이다! 둘째, 못마땅하지만 내 실험 결과와 마찬가지로 응답자가 남성일 때 보통 더 많은 액수를 제시받았다. 셋째, 남성 응답자가 여성 제안자로부터 최고 금액을 제시받는 경우가 많았다.

이 실험은 실제로 중요한 기술이나 능력, 재능과 상관없는 시각적인 측면들(성별이나 인종, 연령, 프레젠테이션 등) 때문에 사람들이 다르게 대우받을 가능성이 있음을 여실히 보여준다.

"그래서 뭐? 어차피 위험 부담이 큰 일도 아니잖아? 누가 고용되거나 해고되는 일도 아니고 일생일대의 기회가 사라진 것도 아닌데 뭐"라고 말하는 사람이 있을지도 모르겠다.

그렇지 않다. 이런 속성이 우리의 중장기적 여정에 중대한 지장을 초래할 수 있음을 알려주는 고위험 부담의 현장 실험 증거들도 많다. 타인의 무의식적 편향은 진지하게 취급해야 할 대상이다.

한 예로, 이력서 실험에서 밝혀진 사실들을 살펴보자. 이 실험의 기본은 이력서 상단의 이름을 임의로 바꾸어 실제 구인처에 보내는 것이다. 이를테면 성별이 구분되는 이름을 썼을 때 여성보다 남성이 선발될 가능성이 높은지를 알아보거나, 특정 인종색을 띠는 이름으로 특정 인종의 지원자를 무의식적으로 선호하는지를 검증하는 식이다.

그중 마리안 베르트랑Marianne Bertrand과 샌드힐 멀레이너선Sandhil Mullainathan이 수행한 이력서 연구가 가장 공신력을 인정받고 있다. 2004년에 그들은 보스턴과 시카고 지역의 구인 광고 1,300건에 5,000명 분의 이력서를 보냈다. 회신률에 인종이 영향을 미치는지를 알아보기 위해 이들 허구의 지원자들에게는 흑인 같아 보이는 이름이나 백인 같아 보이는 이름을 임의로 부여했다. 어떤 결과가 나왔을까? 백인으로 보이는 지원자가 면접 심사에 나오라는 연락을 50퍼센트 더 많이 받았다. 게다가 이런 식의 노골적인 편애는 직업과 산업, 회사의 규모를 막론하고 광범위하게 나타났다.

또한 나이가 많거나 여성이거나 가임기 여성이라는 이유로 사람들이 차별을 받고 있다는 납득할 만한 증거도 확인되었다.[4]

하지만 실험이 실시된 지 17년이나 지났으니 지금은 달라지지 않았겠느냐고? 나는 그 의견에 전적으로 동의할 수 없다. 최근의 연구에서도 여전히 유의미한 격차가 발견되고 있기 때문이다. 옥스퍼드 대학 너필드 칼리지의 사회조사 센터Centre for Social Investigation가 2019년 영국에서 발표한 연구에서 이런 암울한 사실이 극명하게 드러났다. 이 연구에서는 33개 소수민족 집단의 지원자들에게 무작위로 서로 다른 취업 자리를 배정했는데, 그 결과 백인 지원자는 4번 지원할 때마다 1번의 면접 요청 전화를 받았지만 다른 민족들은 그 횟수가 7번당 1번으로 더 낮게 나타났다.

아직도 못 믿겠는가? 사람들이 능력과 기술, 재능과는 상관없는 이유로 다른 대우를 받을 수 있다는 또 다른 증거들이 있다. 링컨 퀼런Lincoln Quillan과 그 동료들은 24개 노동 시장에서 이루어진 실험적 연구들을 통합한 2017년 메타분석에서, 1989년 이래로 미국 내 흑인에 대한 차별이 전혀 감소하지 않았음을 확인했다. 클라우디아 골딘Claudia Goldin과 세실리아 루즈Cecilia Rouse는 매우 유명한 연구에서, 1970년대와 80년대에 미국 교향악단들이 '블라인드' 오디션 방식을 채택하고부터 여성 연주자들의 선발전 진출 확률이 50퍼센트 증가했음을 발견했다. 나는 데이비드 존스턴David Johnston과 2016년에 함께 수행한 연구에서 인종에 대한 편견을 지닌 고용주와 관리자들로 인해 불황기에 유색인 근로자들이 백인 근로자에 비해 실직을 더 많이 했음을 강하게 시사하는 증거를 확인했다.

일자리가 부족한 시기에 근로자들은 직장을 잃지 않으려고 너 나 할 것 없이 내집단in group(정보와 기회, 동지애를 공유하는 배타적인 동료 집단)을 결성하려 들 가능성이 높다. 그러나 내집단은 흔히 기술과 능력, 재능과는 상관없는 특성들을 중심으로 형성되기 때문에 조직 입장에서는 내집단이 생긴다는 것이 썩 반가운 소식은 아니다. 게다가 내집단은 무의식적으로 만들어지는 경우가 많다.

몇 가지가 모든 것을 말할 수 없다 : 대표성 추단법

이번 장의 서두에서 나는 피드백 듣기를 거부하는 스타트업 창업 희망자 알렉스를 소개한 바 있다. 자신의 제품 아이디어가 얼마나 대단한지 늘어놓으며 내 혼을 쏙 빼놓고, 스무 번에 이르는 투자 유치 기회를 물거품으로 만들어버렸다는 그 사람 말이다.

그 이야기를 읽었을 때 당신 마음속에 떠오른 알렉스의 이미지가 있는가? 그럼 잠시 알렉스에 대해 당신이 떠올린 성별이나 나이 등의 여러 특성들에 주목해 보라.

이제 당신이 한 선택들을 살펴보자. 당신이 그린 알렉스의 이미지는 남자인가? 만약 떠올린 이미지가 긴 머리에 하이힐을 신은 모습이라면…

그렇다. 알렉스는 여자다!

우리는 어떤 사람을 판단할 때, 단순히 특정 직종에 종사하는 다수의 사람들과 어느 정도나 비슷한가를 보고 그 직종에 종사할 가능성이 높다고 판단하는 경향이 있는데, 이는 대표성 추단법representativeness heuristic을 사용한 것이다. 이 경우에 '비슷하다' 함은 성별이나 나이, 민족성 혹은 그 밖에 외향성 수준이나 깔끔한 정도 등 어떤 사람을 처음 만났을 때 추론할 수 있는 공통된 속성들을 의미할 수 있다.

이번에는 제스Jess의 사례를 살펴보자. 제스는 국제 영화제들을 찾아다니는 영화광이다. 어린 시절부터 그는 일인극을 펼치며 가족과 친구들을 즐겁게 해주곤 했다. 그러면 "제스는 주요 신문사의 영화 평론가다"와 "제스는 금융사에서 일하고 있다" 중 어느 진술이 맞을까?

많은 독자들이 알렉스를 남자라고 가정했던 것처럼 아마 상당수의 독자들이 자연스럽게 제스를 영화 평론가라고 추정할 것이다.

왜 그럴까? 제스에 대한 설명이 우리가 금융업계 종사자에 대해 가지고 있는 고정관념보다는 영화 평론가에 대한 고정관념과 훨씬 더 일치하기 때문이다. 그러나 실제로 제스는 금융사에서 일하고 있을 가능성이 높다. 세계 어느 나라에든 금융업계 종사자가 영화 평론가의 수보다 훨씬 더 많으며, 금융계 종사자 중에는 남몰래 영화를 즐기는 영화광이 꽤 많기 때문이다.

많은 사람들이 알렉스를 남자라고 추정하는 이유는 뭘까? 이름도 이름이지만 기업가의 대다수가 남자이기 때문이다.[5] 내가 성별을 말하지 않았기 때문에 당신은 아마 대표성 추단법에 의지해 알렉스에 대한 추정을 했을 것이다. 누구나 어림짐작으로 판단과 추론을 한다. 이 경우에 당신은 기업가가 어떤 모습인지에 대해 마음속에 품고 있던 정형화된 이미지에 의존해 짐작했을 것이다. 과거에 기업가들과 만났던 경험이나 TV에서 본 모습에서 얻은 이미지 말이다. 여기서는 이렇게 추정한다고 하여 크게 문제될 것은 없다. 다행히 알렉스가 이 사실을 모르고 있으며, 또 이러한 추정이 그녀의 앞날에 해가 될 리도 없기 때문이다. 그러나 막중한 결정을 내릴 때 대표성 추단법을 쓰면 문제가 될 소지가 있다. 개인의 업무 적합성—특별한 능력과 재능, 기술의 보유 여부—을 업무와 관계없는 특성들에 의거하여 판단하게 됨으로써 상대방의 인생 경로에 영향을 미칠 우려가 있다.

'일반적'이라는 말의 덫
: 통계적 차별

나는 한 오찬 자리에서 줄리Julie를 만났다. 회복력을 키워주는 행동과학의 교훈들에 대해 논의하는 자리였다. 줄리는 미리 나에게 이메일을 보내

식사 후에 커피를 마시자는 부탁을 했다. 줄리와의 일화가 기억에 남는 건 그녀가 이동하면서 커피를 마시자고 제안했기 때문이다. 바람도 쐴 겸 내가 다음 행선지로 이동하며 시간을 절약할 수 있도록 하려는 배려였다(다시 말해, 줄리가 내 편의를 봐준 것이다). 결과적으로 줄리는 3킬로미터 가량 나를 바래다 준 셈이 되었다. 런던의 풍경을 구경하며 가는 길에 줄리는 자신이 2개월의 출산 휴가를 마치고 7주 전부터 다시 출근을 했다는 이야기를 꺼냈다. 그렇다. 오타가 아니라 정말 2개월이다! 출산 당일 진통이 왔을 때도 줄리는 일을 하고 있었다. 다행히 아들 잭은 3.2킬로그램의 건강한 몸무게로 세상에 태어났다. 줄리는 애초에 딱 4주만 쉴 계획이었으나 그것 역시 전형적인 계획 오류였던지라 출근을 4주 더 미루고 몸조리와 규칙적인 모유 수유에 신경썼다. 이후 잭은 줄리의 친정 엄마가 돌봐주셨고, 줄리는 다시금 고객 서비스와 회사를 위한 수익 창출에 매진할 준비를 갖추고 직장으로 돌아갔다.

그러나 줄리가 자리를 비운 사이 그녀의 고객들은 다른 직원들에게 배분되어 있었고, 동료들은 이관받은 고객들을 되돌려주지 않으려 했다. 전혀 예상 못한 바는 아니었다. 전에도 그런 사례를 본 적이 있었기 때문이다. 그러는 이유도 짐작이 갔다. 동료들은 자신들이 올리는 수익에 따라 보상을 받았고, 수익성 좋은 고객들을 보유하고 있으면 보수가 올라갔기 때문이다.

줄리는 자기 고객을 되돌려 받기 위해 지점장 헬렌Helen과 대찬 설전을 벌일 마음의 준비를 했다. 그런데 뜻밖에도 헬렌은 부드러운 어조로 줄리를 설득해 왔다. 헬렌은 회사의 여성 직원 대부분이 출산 휴가를 6개월 정도 쓴다는 점을 상기시키며, 줄리가 돌아온 건 너무나 잘된 일이지만 집에서 할 일이 늘어난 점을 고려할 때 줄리가 과거와 똑같이 일할 수 있으리라고는 기대되지 않는다고 했다. 그러면서 줄리에게 일을 줄여서 동료들을 보조하는 역할을 하는 게 어떠냐고 권했다.

통계적 차별statistical discrimination의 마수가 줄리에게 뻗친 것이다. 헬렌은 집단(같은 회사의 다른 초보 엄마들)의 선호가 줄리에게도 적용되리라고 추측했다. 그러나 줄리는 회사의 다른 워킹맘들과는 달랐다.

내가 만약 당신에게 방금 당신이 만난 사람을 묘사하는 다섯 가지 특징을 말해달라고 하면, 당신은 그 사람의 나이와 성별, 출신과 더불어 외모상의 두어 가지 특성을 설명할 가능성이 높다. 통계적 차별이란 어떤 사람에 대해 머리카락 색깔과 옷차림을 파악함과 동시에 보이는 면에 근거하여 그 사람의 특징을 무의식적으로 추정하는 행위를 의미한다.

일례로 여성이 남성보다 노동 현장을 더 오랜 시간 떠나 있는다는 것은 기정사실이다. 여성들이 아기를 낳을 때 출산 휴가를 쓰고 가정에서 집안일도 더 많이 하기 때문이다. 그러므로 사람들은 또 다른 여성인 제인Jane도 마찬가지일 거라고 추정할 수 있다. 또 영국에서는 평균적으로 흑인의 교육 수준이 백인에 비해 낮기 때문에 사람들은 프랭크Frank라는 흑인 남성의 교육 수준도 그리 높지 않을 거라는 잘못된 추정을 할 수 있다.

왜 이 점이 중요할까? 만약 면접관들이 이렇게 가정한다면 이는 제인에게 중대한 문제다. 휴가를 덜 쓸 것으로 여겨지는 남성 구직자에게 일자리가 돌아갈 수도 있기 때문이다. 네트워킹 행사장에 온 사람들이 이런 가정을 한다면 이는 프랭크에게 중대한 문제다. 그들이 프랭크와는 이야기를 하려 들지 않을 수 있기 때문이다.

런던정경대학에서 강의를 할 때 나는 통계적 차별과 고정관념 차별stereotype discrimination의 사례를 구분해서 가르친다. 제인과 프랭크는 알리 혹실드Arlie Hochschild가 1989년 저서 『돈 잘 버는 여자 밥 잘하는 남자The Second Shift』에서 '두 번째 근무second shift'(여성들이 직장 근무를 마치고 집으로 돌아와 육아와 가사라는 두번째 근무에 들어가는 것을 의미한다—옮긴이)라고 칭한 것과 영국 교육 제도의 불평등으로 인해 각기 부당하게 발목이 잡히고 있다. 이런 평균들은 재고의 여지없이 그들에게 적용되고 있다.

이런 불평등의 증거는 데이터로 확인이 된다. 그러나 잘못된 고정관념 역시 집단들에 영향을 미칠 수 있다. 잘못된 고정관념이란 그것을 뒷받침하는 데이터도 없이 특정 집단에 적용되는 것이다. 한 예로, 남녀 간 수학 실력 차이에 대한 근거 없는 믿음은 의심의 여지없이 진로 선택에 영향을 미친다. 흔히 남자아이들이 여자아이들보다 수학을 잘하는 것으로 간주되는데, 이런 차이의 증거를 데이터에서 찾아볼 수 있을까? 절대 그렇지 않다!

편향은 고정관념과 통계를 바탕으로 형성되며, 이런 편향들이 대표성 추단법에 반영된다. 직관적으로 말이 안 되는데도 특정 역할에 적합한 인물의 이미지가 그려진다. 우리는 평생토록 이런 편향들에 직면하며, 여러분의 상당수도 목표를 향해 나아가는 동안 이런 편향들을 경험하게 될 것이다.

그럼 거기에 대해 할 수 있는 일이 있을까?

물론이다!!!!!

타인의 편향을 차단하는 행동과학적 통찰

통찰 1: 타인의 편향을 이용하라

앞서 우리는 무의식적 편향과 대표성 추단법, 통계적 차별에 대해 살펴보았다. 이론적으로는 이 세 가지 개념의 구분이 가능하다. 그러나 현실에서 맞닥뜨리면 이 중에서 정확히 무엇이 지금 일어나고 있는 일의 원인인지 꼭 집어 말하기가 쉽지 않다. 단지 능력이나 기술, 재능과는 상관없는 속성에 의해 자신이 평가를 받고 있다는 생각만 어렴풋이 들 뿐이다. 이 개념들은 서로 배타적이지 않다. 심지어 통계적 차별과 대표성 추단법이 무의식적 편향의 두 가지 근본적인 원인이라고 말할 수도 있다.

다행스러운 점은 이 개념들 간의 구분은 쉽지 않아도 이 세 가지를 피해 갈 방법은 거의 흡사하다는 점이다.

무엇보다 고정관념과 경험 법칙에서 만들어진 이미지 때문에 지레 겁을 먹고 큰 뜻을 펼치지 못하는 일이 없도록 하라. 어쩌면 당신은 사회 경제적 지위나 민족성, 성별 및 기타 특성들 때문에 특정 역할을 수행할 전형적인 사람으로 '보이지' 않을 수 있으며, 그로 인해 남들보다 더 험난한 길을 가게 될지도 모른다. 그러나 만약 당신이 성공할 경우엔 더 큰 가치를 더할 수 있음을 명심할 필요가 있다. 왜 그럴까? 우리가 하는 일들은 흔히 사회의 다른 구성원들에게 직 · 간접적인 도움을 준다. 사람들의 욕구는 자신과 비슷한 이들에 의해 더 잘 충족되게 마련이다. 높은 사회 경제적 지위에 있는 사람들이 공공 서비스를 전 소득 계층에 골고루 도움이 되도록 배분할 방법을 제대로 알 수가 있을까? 남성들만으로 구성된 집단이 남녀 모두가 똑같이 열광할 예능 프로그램을 쓰고, 감독하고, 제작할 방법을 제대로 알 수가 있을까? 소매업과 서비스업 회사의 간부들이 죄다 같은 지역 출신이면 글로벌 취향과 선호를 진정으로 이해할 수가 있을까?

특정한 역할을 수행하는 사람이 어떤 모습이어야 한다는 정형화된 사회적 이미지가 있다면, 그 틀에 딱 들어맞지 않는 것이 오히려 유리하다. 규격화된 틀에서 벗어나 있을 때 그 역할을 하고 있는 다른 사람들에게는 없는 이점을 가지게 된다. 경쟁 우위에 서게 되는 것이다. 다양성은 사업에 활력을 불어넣는다. 그냥 듣기 좋으라고 하는 말이 아니다. 당신이 기존에 같은 목표를 추구해 온 사람들과 다르다면 그 점을 오히려 다행스럽게 여겨라!

당신보다 판도를 바꾸기에 더 적합한 사람이 누구이겠는가? 이를 신조로 삼고 3장의 교훈을 되새기며—자기 신뢰를 변화시킬 수 있음을 잊지 말고—계속 정진해 나가라.

하지만 면접관이나 투자자 혹은 규격화된 틀에 딱 들어맞는 이미지를 가진 사람들을 대할 때는 어떻게 해야 할까? 그리고 더 나아가 그들에게 영향을 미치려면 어떻게 해야 할까? 이 질문에 대한 간편한 (그렇지만 암울하기 짝이 없는) 답은 그들보다 더 뛰어나야 한다는 것이다.

행동과학적 연구 결과는 틀에 맞지 않는 사람도 성공할 수는 있지만 그러기 위해서는 틀에 맞는 사람들보다 훨씬 더 뛰어난 능력을 보일 필요가 있다는 걸 보여준다. 동일한 기회를 얻기 위해서 두 배 이상 더 잘해야 한다는 충고를 듣는 건 정말 끔찍한 일이다. 사실 말도 안 되게 불공평하다. 틀림없이 더 쉬운 길이 있을 것이다! 그러나 세상이 바뀌기를 기다리는 동안 당신에게 승산이 있도록 만들 방법은 없을까?

물론 있다. 여러 가지 방법이 있지만 그중 으뜸은 조사다. ME+가 미래에 할 일이나 습득하려는 기술과 관련된 표지signal들을 조사해야 한다. 이 말이 무슨 뜻일까? 당신 스스로는 그 일을 잘할 수 있으리라는 것을 안다. 그러나 당신을 고용하고, 당신에게 투자하고, 당신과 계약을 맺을 사람들은 당신과 동일한 정보를 가지고 있지 않다. 하고자 하는 일과 관련된 표지들을 확보함으로써 당신은 그들에게 이런 정보를 전달할 수 있다.

고정관념과 대표성 추단법 때문에 사람들이 특정 유형의 인물을 특수한 역할과 결부시키듯이, 당신을 그 역할에 잘 맞는 사람으로 보이게 해 줄 표지들도 있다. 특정 콘퍼런스에 참석하거나 특정 계층과 인맥을 쌓는 것 등이 그런 표지가 될 수 있다. 모두 단기간에 할 수 있는 일들이다. 당신의 목표와 그와 관련된 주요 관문들에 도달하게 해줄 표지들을 조사해 보자. 정보 탐색이 쉽지 않으면 새로 얻은 관계망에 문의해 보자. 그런 뒤에는 이런 표지를 최대한 많이 확보하자.

더불어 당신의 기술과 능력, 재능을 세상에 확실히 알려야 한다. 앞서 언급했듯이 당신이 어떤 기여를 할 수 있는지 피력할 짧고 굵은 엘리베이터 피치를 해도 좋고, 이력서 상단이나 링크트인 프로필, 지원서나 입찰서의 잘 보이는 곳에 간단한 약력을 기입해도 좋다.

고정관념에 대한 반응은 대부분 무의식적으로 이루어진다. 그러므로 표지에 투자하는 것이 특정 분야의 전문가로 인식될 수 있는 지름길임을 명심하라.

통찰 2: 경계선을 그어라

아미타Amita를 만난 건 한 금융 서비스 회사의 행사장에서였다. 그곳에서 나는 피드백에 담긴 행동 편향에 대한 강연을 했다. 이 회사에서 인사 평가가 있은 지 얼마 지나지 않은 시점이었다. 전 세계 기업들이 다양한 형태의 인사 평가를 실시한다. 많은 사람들이 살면서 그중 한 가지는 경험할 것이다.

인사 평가에는 기본적으로 긍정적인 의도가 깔려 있다. 이를 통해 직원들은 정기적으로(대개는 1년 간격으로) 어떤 일이 잘되었고 어떤 일이 썩 잘되지 않았는지 돌아볼 기회를 갖게 된다. 불행히도 인사 평가의 질은 평가자에 따라 달라지는데, 아미타는 나에게 인사 평가에서 무척 부정적인 경험을 했다는 이야기를 털어놓았다.

아미타는 발표 기술에 도움이 될 거라는 미명 하에 억양을 좀 고쳐보라는 충고를 들었다. 당연히 아미타는 기분이 언짢았다. 아미타의 억양은 떼려야 뗄 수 없는 그녀의 일부분이기 때문이다. 게다가 아미타는 이미 상당히 또박또박 잘 말하고 있어서 나는 어째서 누군가가 '억양을 고치는 것'이 아미타의 메시지 전달에 도움이 될 거라고 생각했는지 이해가 안 갔다. 억양을 고치라는 말은 사람들이 메시지를 소화할 시간을 가질 수 있도록 좀 더 천천히 말하라거나 사람들이 말소리를 잘 알아들을 수 있도록 분명하게 말하라는 충고와는 결이 다르다.

나 역시 몇 년 전에 한 교수님으로부터 이와 비슷한 '충고'를 들은 적이 있어서 아미타의 심정에 십분 공감이 되었다. (아일랜드 출신이니만큼 내게는 아일랜드식 억양이 있다.) 흥미로운 점은 그 교수님이 나쁜 의도로 그런 말씀을 하신 게 아니라는 것이다. 나는 그런 사람들의 동기에서 어떤 악의나 적개심도 감지하지 못했고, 어떤 앙심의 흔적도 찾아볼 수 없었다. 그들은 내가 공개 토론회에서 바른 억양으로 내 연구에 대해 이야기하면 내용 전달이 더 잘되리라고 진심으로 생각했다. 이 경우에 그들이 보는 '내용 전달이 잘된다'는 관점은 우리가 흔히 TV와 라디오에서 보는 사람들의 말투에 기준을 두고 있는 듯했다.[6] 아미타처럼 당연히 나도 그 말에 신경이 거슬렸다. 내 억양은 아미타와 마찬가지로 나라는 사람의 일부분이다. 내가 기꺼이 내가 사는 곳에 의해 규정되기를 원하는 한, 나는 절대로 사회 규범에 맞추기 위해 다른 페르소나를 창조하지는 않을 것이다. 그리고 아니타 역시 결코 그럴 일이 없을 것이다.

내가 지금껏 한 귀로 듣고 한 귀로 흘렸던 또 다른 조언으로는 "너 자신을 함부로 대하지 말라"는 것과 "너무 직설적으로 말하지 말라"는 것이 있었다. 메시지를 가감 없이 전달하는 성향과 스스로를 조소하는 능력은 내 고유의 특성들이다. 만약 내가 성공을 한다면 그것은 아마 나의 이런 특성들 때문일 것이다. 물론 어떻게든 바꾸고 싶은 특성들도 많다. 앞에서도 말한 바 있듯이 나는 조급한 성격과 즉각적인 만족을 필요로 하는 성향 때문에 지금도 끝없이 싸우고 있다. 그동안 나는 회복력을 키우기 위해 열심히 노력해 왔고, 지금도 매일같이 어려운 행동과학적 내용을 쉽게 이해되도록 설명할 능력을 키우려고 고군분투 중이다. 다시 말해 "억양을 바꾸라"는 충고는 나에게 도움이 안 된다. 불가능한 일이기 때문이다. 아니, 가능하다고 해도 그럴 생각이 없다.

그렇기 때문에 피드백을 받을 때 자문할 첫 번째 질문은, 어떤 면에 대한 피드백을 받아들일 것이냐다. 절대로 타협하지 않을 특성들이 무엇인지 정확히 간파하고 있으면 당신의 진정성을 침해할 활동들을 추구하는 함정에 빠지지 않을 수 있다. 간혹 어쭙잖은 조언을 듣게 될 때가 있다. 편향과 맹점을 지닌 사람들이 사회 규범을 들먹이며 해주는 조언이 주로 그렇다. 이럴 때 자신이 사수할 경계가 어디까지인지 파악하고 있으면 나다움을 지킬 수 있다.

지금껏 나는 직원들에게 자신감을 심어줄 강좌를 진행해 줄 수 있느냐는 문의는 수없이 받았지만 내성적인 사람들이 회의에 편안한 마음으로 참석할 수 있게 해줄 강의 요청은 한 번도 받은 적 없다. 또 외향적인 사람들이 중요한 대화에서 발언 시간을 온통 독차지하지 않도록 해줄 강의를 해달라는 부탁도 들은 적이 없다. 왜 그럴까?

사회는 외향적인 성격의 경쟁력 있는 사람들이 회의에서 마음껏 자기 의견을 펼치도록 용인한다. 그들은 타의 모범이 된다. 그러나 만약 당신이 타고나기를 내성적인 성격으로 타고났다면 어떨까? 남들과 맞추기 위해 당신의 본성을 바꾸기를 진정 원하는가? 생각만 해도 서글픈 일일 것 같다.

피드백에 문을 열기에 앞서 먼저 당신을 당신답게 만들어 주는 면모들을 돌아보자. 이렇게 하면 비난을 걸러내고 당신이 가고자 하는 방향으로 나아가게 해줄 조언들만 추구할 수 있다. 절대 타인에게 인정받기 위해 본인의 진정성을 포기하지 말자.

당신에게 곧 피드백이 주어진다고 가정해 보자. 이때 당신은 어떤 마음가짐을 지녀야 할까?

나는 피드백을 받을 때 한 가지 중요한 원칙을 지킨다. 누군가 피드백을 주면 이를 위해 그 사람이 쓴 무엇보다 소중한 시간을 생각해 그 피드백을 귀 기울여 듣는다.

그러나 여기에는 전제 조건이 붙는다. 부정적인 피드백을 받았는데 거기에 당신에 대한 진지한 고려가 엿보이지 않으면(누구에게나 자아가 있으므로 이런 일이 생길 수 있다) 다른 사람의 의견을 더 구하자. 이상적으로는 3명의 의견을 받는 것이 좋다. 왜 3명일까? 스스로의 편향 때문에 당신이 정당한 피드백을 듣지 않으려는 것인지 아니면 상대방이 행동 편향과 맹점에 물들어 그런 피드백을 준 것인지 확인할 필요가 있기 때문이다. 단, 이 3명은 되도록 서로 관련이 없는 사람들이어야 한다. 다시 말해, 서로 모르는 사이거나 아니면 적어도 자주 대화를 나눌 일이 없는 사람들이어야 한다.

그런 다음엔 어떻게 할까? 3명 모두가 같은 의견을 보인다면 그 의견을 하나의 동향으로 바라보고 진지하게 받아들이자. 앞서 말했듯이 다들 당신이 죽었다고 말하면 바닥에 드러눕는 시늉이라도 해야 한다. 이제는 사람들이 제기한 문제를 처리하는 데 힘을 쏟을 때다.

하지만 한 사람의 피드백에 나머지 두 사람이 공감하지 않는다면 어떨까? 그 피드백은 무시해 버리자. 그것은 행동 편향과 맹점에 오염된 피드백이다. 혹시 당신에게 많은 가르침을 줄 수 있는 사람이 그런 피드백을 주었다면 다시금 곱씹어 보는 것도 좋다. 하지만 잘 걸러서 듣자. 재차 그들에게 피드백을 요구할 필요는 없다. 만일 비관론자가 주옥같은 말을 늘어놓으며 다시 당신의 방문을 두드린다면, 그들에게 그 말을 뒷받침할 증거를 요구하라. 증거도 없이 또 성가시게 군다면? 아예 대꾸도 하지 마라.

그렇다면 당신이 정말로 신경써야 할 사람들은 누구일까? 기꺼이 시간을 내어 당신의 계획에 중요한 부분—제품 출시나 기술 개발 혹은 관계망 구축 등—을 개선시킬 수 있는 피드백을 주는 사람들이다. 시간이 흐르면서 당신은 그런 사람들이 누구인지 알게 될 것이다. 당신이 정기적으로 의견을 구하는 대상은 진정으로 당신이 잘되기를 바라는 마음을 가진 사람들이어야 한다.

피드백은 민주주의적으로 처리되지 않는다. 모든 표가 동일한 한 표로 산정되지 않는다는 뜻이다. 누구의 피드백이 더 중요한지는 시간이 가면서 밝혀질 것이다.

한편, 우리는 피드백을 구할 때 삐죽이 고개를 내밀어 이곳저곳 살피게 된다. 그러면 이를 본 사람들이 득달같이 달려들어 어디 감히 고개를 내미냐며 성화를 한다. 이때 경험하게 되는 것이 키 큰 양귀비 증후군tall poppy syndrome(대단한 성취를 하는 이들이 공격의 대상이 되는 사회 현상)이다. 물론 '대단하다'는 것은 주관적인 생각이며, 단지 원래 있던 자리에서 벗어나는 것만으로도 누군가에게는 키 큰 양귀비로 보이기에 충분하다.

스타트업 창업자나 성장일로의 기업주, 뛰어난 실적을 보이는 여성이나 매니저 등 다양한 집단들이 키 큰 양귀비 증후군의 영향을 받아왔다.[7]

따라서 피드백을 받을 때는 항상 잘 걸러서 듣고, 최소한 3명에게서 피드백을 받는 원칙(3인 법칙)을 지키는 것이 좋다.

통찰 3: 낙인찍는 사람들

짐Jim은 2년 전에 승진 심사에서 탈락한 뒤 침울하게 지내고 있었다. 나와 커피를 마셨을 때는 그가 의지하던 사람에게서 피드백을 받고 다시 막 기운을 차리기 시작하던 참이었다. 짐이 승진 심사에서 탈락한 이유는 그가 회사의 핵심 고위 간부 한 명에게 미덥지 않은 사람으로 찍혔기 때문이다. 알고 보니 짐이 이 고위 간부와 잠깐 함께 일하던 때 하필이면 그가 타는 통근 열차가 파업을 했다. 짐은 자신을 런던 교외에서 도심으로 실어다 줄 열차가 언제쯤 도착할지 알 길이 없었다.

불행히도 열차 파업으로 몇 차례 회의에 늦으면서 짐은 시간 약속을 잘 안 지키는 불성실한 사람으로 오해를 받게 되었다. 짐이 어둑한 겨울날 아침에 추위에 떨며 오지 않는 열차를 기다리는 모습을 본 사람은 아무도 없었으니 말이다. 그들이 아는 사실이라곤 짐이 아침에 몇 번 지각을 했다는 것뿐이었고, 사람들은 그가 이야기한 지각 사유를 귓전으로 흘려들었다.

당신도 당신을 설명하는 타인의 말이 실제 당신의 모습과 일치하지 않는다고 느꼈던 때가 있는가? '사람들이 왜 그런 생각을 하게 되었는지 모르겠어'라는 생각이 들었던 적이 있는가? 그렇다면 근본 귀인 오류fundamental attribution error의 피해를 입었을 가능성이 있다. 이런 오해는 초장에 싹을 잘라버려야 한다.

근본 귀인 오류는 어떤 사람이 특정한 행동을 하게 된 원인을 상황이 아닌 그의 됨됨이에만 돌리는 오류를 가리킨다. 짐의 경우에도 그가 지각을 하게 된 원인이 그가 겪은 불운(상황)이 아니라 시간을 안 지키는 불성실한 그의 태도(짐이 통제할 수 있는 행동)에 있는 것으로 여겨졌다.

혹시 몸이 아파서 마감일을 어긴 적이 있는가? 일을 맡긴 사람들은 당신에게 다른 사정이 있었을 거라고 생각하기보다 당신을 부주의한 사람으로 단정했을 가능성이 높다. 마찬가지로 누군가와 일하게 되었을 때 첫 단추가 잘못 끼워지면 대단한 시너지가 날 수도 있었을 업무 관계가 어그러질 수 있다. 첫 단추가 잘못 끼워지는 일은 누군가가 회의에서 우리의 발언을 방해할 때나 이메일에 답장을 하지 않을 때 등 일상다반사로 일어난다. 근본 귀인 오류는 어떤 사람이 그날 운이 나빠서 일시적으로 일을 그르쳤을 가능성을 진지하게 고려하는 사려 깊은 반응보다는 그 사람을 죄인으로 낙인찍는 즉각적인 반응을 유발한다.

이 오류는 우리가 어떤 사람을 잘 모를 때 혹은 과거의 악연으로 누군가에 대해 자세히 알고 싶은 마음이 없을 때 자주 일어난다. 이런 경우에 우리로 하여금 특정한 믿음을 강화하는 방향으로 추가적인 정보를 찾고 기억을 떠올리도록 만든다. 짐의 경우, 짐을 못마땅해하던 그 고위 간부는 아마 짐에 대해서 안 좋은 이야기가 떠돌 때는 귀를 쫑긋 세우고 반대로 미담이 전해질 때는 귀를 닫아버렸을 것이다.

근본 귀인 오류가 중대한 의사결정에 좋지 않은 영향을 미친다는 것은 엄밀한 조사를 통해서 밝혀진 사실이다. 예컨대 당신이 창업을 하려고 하는데 보유 자금 이상의 규모로 시작할 생각을 하고 있다고 해보자. 이럴 때 당신은 벤처캐피털에 접촉할 것이다. 벤처 캐피털리스트들은 돈뿐만 아니라 자신들이 후원하는 스타트업이 경쟁 우위를 발휘할 수 있는 전문성과 역량도 지원하곤 한다. 또한 그곳이 주시할 만한 성장성 높은 기업이라는 신호를 다른 투자자들에게 주기도 한다. 이를 통해 자금 지원을 받는 스타트업이 유례 없는 성공의 기회를 맞도록 해줄 선순환를 일으킬 수 있다.[8] 그러면 벤처 캐피털리스트들은 어떤 스타트업을 후원할지 선정하는 이런 위험 부담이 큰 결정을 얼마나 잘할까?

2004년 보고서에서 조엘 바움Joel Baum과 브라이언 실버맨Brian Silverman은 벤처 캐피털리스트들이 기업의 성공 가능성을 점치는 데 뛰어나기는 하지만 근본 귀인 오류에서 완전히 자유롭지는 못하다고 강조했다. 보다 구체적으로 말해, 근본 귀인 오류에 빠진 벤처 캐피털리스트들은 자신들이 지원하는 스타트업의 인적 자본을 과대평가하는 경향이 있다. 그들이 조사하는 회사에 행운이 따랐을 경우 기본적으로 그들은 이 회사가 운때를 잘 만났다기보다는 회사 관계자들이 운영을 잘해서 그런 성과가 난 것으로 본다.

당신의 여정에서는 근본 귀인 오류가 어떤 영향을 미칠까? 운이 좋으면 긍정적인 결과의 공이 당신에게 돌려지고, 여정이 단축되는 즉각적인 효과가 나타날 것이다. 반대로 운이 나쁘면 부정적인 결과의 원인이 당신에게 있는 것으로 치부될 수 있다. 가령 당신이 어떤 제품을 만들고 있는데 공급망에 속한 한 회사가 직원들에게 최저 임금에 못 미치는 급여를 지불했다는 사실이 발각되었다고 해보자. 당신은 기업 실사를 분명히 실시했고 이를 입증할 수도 있다. 그러나 고객과 투자자들은 그 관행을 당신 회사와 연관 지을 것이다. 이런 불운은 당신의 평판을 떨어뜨리고 투자가 중단될 경우 돈을 잃게 만든다.

근본 귀인 오류는 전혀 상반된 두 가지 결과를 가져올 수 있다. 누가 알겠는가? 뜻밖의 행운으로 긍정적인 이미지가 생겨 성공의 급물살을 타게 될지.

꿀팁 근본 귀인 오류 피하기

근본 귀인 오류를 피하기란 쉽지 않으며, 그 성공 여부는 당신의 소통 능력에 달렸다. 불운을 겪게 되면 그 특정한 사건으로 인한 결과가 당신의 기술이나 능력 때문이 아니라 우연히 발생된 것임을 피력하자. 스토리텔링에 능하다면 재미난 일화로 포장할 수도 있다. 그렇지 않다면 다른 사람의 시간을 낭비하지 않도록 진실을 전달하는 데 충실하자. 번개는 대개 같은 곳에 두 번 치지 않는다. 그러므로 다음번에는 더 좋은 결과가 있으리라는 낙관적인 기대로 이해관계자들을 안심시키자.

통찰 4: 정보의 폭포를 피하라

최근에 나는 앞으로 금융계에 다양한 인재가 유입되도록 할 방법에 대해 업계 고위급 인사들이 하는 이야기를 듣고자 한 행사에 참석했다. 다양한 업종의 리더들이 패널로 참여했고, 다들 이런 행사들에서 꽤 자주 강연을 하는 이들이었다.

나는 오로지 기술과 능력에 근거한 기회 보장과 포용성의 문제에 특별히 관심이 있었다. 그곳에서 새로운 사람들을 만날 생각을 하니 흥분이 되었다. 그중 상당수가 마음만 먹으면 자기 조직의 판도를 바꿀 수 있는 이들이었다.

대담은 자기들 회사가 얼마나 포용적인지를 강조하는 두 사람의 발언으로 시작되었다(이미 잘하고 있다고 생각하면 세상을 바꾸려고 들지는 않겠지만 말이다). 세 번째 발언자는 금융업계에 들어오기 위해서 무엇보다 필요한 자질로 자신감과 네트워킹 능력을 꼽았다. "이런 행사들에 자주 참여하고 자신의 책임을 다하세요. 우리와 함께합시다. 우리가 여기서 여러분을 기다리고 있습니다." 책임을 다하고 자신의 미래를 스스로 정한다는 생각에는 나도 전적으로 동의한다. 그러나 책임은 한쪽에만 부과되는 것이 아니다. 모래 속에 머리를 처박고 운동장이 평평하다고 주장할 수는 없는 노릇이다. 운동장을 평평하게 만들 수 있는 위치에 있는 사람들은 그 일에 발 벗고 나설 의무가 있다.

여러분 중에 '그냥 한 가지 의견일 뿐이잖아. 그다음 사람은 뭐라고 말했지?'라고 생각하는 사람이 있을지 모르겠다. 그러나 사실상 다른 이야기는 거의 나오지 않았다. 세 번째 발언자가 유발한 정보의 폭포 informational cascade 현상 때문이다. 정보의 폭포란 사람들이 각자 진정한 가치를 더할 수 있는 고유의 생각을 드러내지 않고 앞사람이 말한 내용을 답습하는 현상을 말한다. 왜들 이러는 걸까? 그 이유는 자신이 속한 집단에 적합하게 여겨지는 친숙한 정보를 이야기할 때 동질감으로 인해 주변 사람들의 호감을 살 수 있기 때문이다.

세 번째 발언자는 나머지 패널들이 우러러보는 사람이었고, 그래서 이후 순서의 패널들은 평판의 폭포 효과를 일으키기 시작했다. 그날 밤 신선한 통찰을 얻을 수 있기를 기대했던 나는 실망감만 잔뜩 안고 집으로 돌아왔다. 전반적인 논의의 수준이 그곳에 모인 사람들의 지식 수준에 미치지 못했다.

정보의 폭포는 주로 두 가지 상황에서 당신의 발목을 잡을 수 있다. 첫 번째는 당신이 바라던 성과를 냈는지, 실적은 얼마나 좋은지를 프레젠테이션 대상자들에게서 평가받게 될 경우다. 고객에게 프로젝트 아이디어를 제안할 때, 잠재적 투자자에게 사업 아이디어를 소개할 때, 상급 관리자에게 업무 효율을 높일 새로운 방법을 제안할 때, 평가받고 있는 작품을 옹호할 때 이런 경험을 할 수 있다. 이때 한 사람이 부정적인 말을 하면 다른 사람들도 줄줄이 부정적인 의견을 낼 우려가 있다.

두 번째는 중대한 논의에서 발언권을 가지게 될 경우다. 리더십 잠재력이나 창의성 및 혁신성을 보여줄 필요가 있다면, 회의에서 당신이 보이는 활약상이 목표를 향한 여정에 영향을 미칠 수 있다. 당신이 2명 이상의 동업자와 함께 창업을 했다고 가정해 보자. 이 경우엔 흔히 그룹 회의에서 제품에 대한 제반 사항을 결정한다. 중요한 사안은 언제나 그룹이 심사숙고하여 정한다. 이때 모두의 의견이 동일한 비중으로 들릴까 아니면 한 사람의 견해가 대화를 지배할까?

두 가지를 유념하자. 첫째, 당신의 발전에 영향을 미칠 중요한 결정들이 당신이 참여하는 회의들에서 이루어진다. 둘째, 이런 회의들의 의사결정 과정에는 갖가지 편향이 개입된다.

좀 뜻밖인가? 집단의 의사결정이 개인들의 결정보다 더 나은 결과를 가져오리라 생각했는가? 두 사람이 머리를 맞대면 혼자 궁리하는 것보다 나을까? 한 사람에게 맹점이 있으면 그렇지 않은 다른 사람이 이를 상쇄시킬 가능성이 있지 않겠느냐고? 그러면 당신은 집단이 이룬 성과가 부분의 합보다 더 크리라고 기대하는 것이다.

그러나 이 명제가 사실이려면 모두가 자유롭게 참여하며 의견을 낼 수 있어야 한다. 모두가 개인적 목표가 아닌 집단의 목표를 우선시해야 한다. 그러나 실험실과 현장에서 수집된 경험적 증거로 미루어 볼 때 항상 그렇게 되지는 않는다.[9] 사실 대개의 경우 회의는 집단사고groupthink에 영향을 받는다.

집단사고의 중대한 문제 중 첫 번째는—내가 패널 행사에서 경험했듯이—모인 사람들 사이에 좋은 분위기가 유지되도록 공통적으로 알고 있는 정보에 초점을 맞추게 만든다는 점이다. 다음에 회의에 참석할 기회가 생기면 한번 가만히 앉아서 정보의 폭포가 쏟아지기를 기다려보라. 그룹 환경에서는 참석자 모두가 아는 친숙한 이야기를 할 때 분위기가 좋아진다. 그러면 불편한 느낌이 들 일도, 말이 끊어지는 거북한 순간도 없다. 모두가 이야기의 내용을 이해하고 있기 때문이다.

이럴 때 의사결정은 어떻게 이루어질까? 아무리 다양하고 지적인 사람들이 모인 팀이라도 개개인이 각자의 정보를 전달하지 않으면 집단 토론의 질이 떨어진다. 이미 알고 있는 사실을 되풀이하는 집단 토론에 많은 시간을 투입하는 것은 명백한 시간 낭비다. 익히 아는 정보에 집중하면 분위기는 좋아질지 모르나 거기에서 얻을 혜택은 없으니까.

집단사고의 중대한 문제 중 두 번째는 우리 일상의 결정에 영향을 미치는 많은 인지 편향들이 집단에서는 한층 더 과장된다는 점이다. 우리는 이미 계획 오류, 대표성 추단법, 매몰비용 오류, 틀짜기 등 무수한 편향들을 접했다. 집단사고는 이런 개인적인 편향들을 증폭시킴과 더불어 집단 구성원들이 공유하고 있는 정보에 과도하게 집중하도록 만든다.

당신이 회의의 주도자가 아니라면 이런 집단사고의 문제를 어떻게 해결할 수 있을까? 만약 (무기력하게 패널들의 피드백만 듣고 있는 대신) 발언에 참여할 경우, 폭포수가 쏟아지고 있는 와중에 집단의 의견과 매우 상이한 의견을 불쑥 말했다가는 큰 지지를 얻을 수가 없을 것이다. 그러면 어떻게 해야 할까? 일단은 공통된 정보를 반복하는 말로 시작하자. 이런 식으로 동일한 요지를 수없이 되풀이하는 집단의 무의식적 에티켓을 따르는 것이 도움이 될 수 있다. 파티를 완전히 망칠 필요는 없다. 기존에 형성되어 있는 요지 중 마음에 드는 것이 있으면 그것을 재차 강조하자.

다음으로 그 말에 덧붙여 가급적 간략하게 당신 고유의 의견을 피력하자. 발언 내용이 개인적인 사색보다 사실과 증거에 기초할 때 그 의견에 더욱 힘이 실릴 것이다. 당신의 아이디어가 옳음을 입증하는 확실한 증거가 있으면, 집단이 그 말에 귀를 기울일 필요성이 생긴다. 회의에서 발언할 때 개인적 일화와 육감에 의존해서 이야기하는 사람들이 많은데, 이런 사람들의 말은 진지하게 받아들이기가 힘들다. 어떤 사안에 진정으로 관심이 있다면, 사전 조사를 통해 확고한 사실과 데이터로 무장하여 사람들의 생각을 변화시키자.

회의 참석자가 누구인지 미리 알고 있을 때는 이에 더해 개개인의 취향과 선호를 고려한 맞춤식 발표로 다가가는 노력을 기울이자. 공동의 정보나 관점과 거리가 먼 매우 급진적인 의견을 개진할 때는 이렇게 하면 집단사고를 돌파할 가능성이 획기적으로 높아진다.

발언을 마친 뒤에는 의장의 의지대로 폭포수가 흘러가도록 내버려두지 말고, 다음에 발언할 사람을 은근슬쩍 지명하자. "제가 제시한 두 번째 요지에 대해서 이 자리에 계신 ○○○ 씨와 같은 동료분들께서 의견을 주시면 도움이 될 듯합니다. 왜냐하면…"과 같은 식으로 말하면 된다. 회의 주도자의 독주를 막을 기가 막힌 방법은 (손을 든 사람에게 발언 기회를 주는 대신) 순서 없이 무작위로 다음 발언자를 지명하는 것이다. 당신이 회의 주도자가 아니고 발언 순서를 정할 위치에 있지 않다 해도 여전히 당신은 다음으로 누가 발언할지를 유도할 수 있다. 당신 고유의 통찰에 대해서 계속해서 대화를 이어가고자 한다는 뜻을 전달하면 제기된 요지를 더욱 부각시킬 수 있다. 또한 이어지는 이야기의 흐름을 논의된 주제와 관련된 정보에 집중시킬 수 있는 가능성도 높아진다.

여기에서 한 걸음 더 나아갈 수도 있다. 다음 회의 때까지의 시간을 활용할 수 있도록 회의가 끝난 뒤 참석자 전원에게 피드백을 요청하자. 여기엔 두 가지 목적이 있다. 첫째, 내성적인 사람들이나 회의 때 의견을 잘 내지 않는 사람들까지 당신의 논의에 참여하게 하여 한층 다양한 피드백을 받을 수 있다. 둘째, 의장이 동의할 경우 다음번 회의 때까지 결정을 유보시킬 수 있다. 폭포수를 거스르는 새로운 아이디어의 제시와 그 옵션을 '받아들일지' 선택하기까지의 사이에 시간적 간격을 두게 되면 감정이 배제된 결정을 할 수 있어 아이디어를 채택받을 가능성이 극대화된다.

'실시간'으로 평가를 받는 회의에서 의견을 제기할 기회가 생길 때는 폭포수의 흐름을 바꿀 힘이 제한되기는 하지만 사용할 전략은 동일하다.

그 폭포수가 원하는 방향으로 흐른다면 그대로 내버려두면 된다. 어차피 좋은 결과를 얻는 것이 목표니까. 당신의 의견을 관철시킬 수만 있다면 도중에 패널이 공동의 정보를 몇 번이고 되풀이하더라도 말리지 마라. 모두가 저마다의 만족을 얻게 될 테니까.

폭포수가 원치 않는 방향으로 흐르면 이에 대응해 새로운 관점을 제기하고, 다음으로 발언할 특정 패널을 지목하여 당신의 의견에 대한 반응을 구하자. 가급적 사실과 신빙성 있는 데이터를 강조하자.

그런데 특정 패널에게서 평가를 받게 되고 궁극적인 의사결정 과정에 관여할 수 없는 경우에는 어떻게 할까?

통찰 5: 순서를 고려하라

헨리Henry를 만난 건 금융 서비스를 지원하는 변호사들을 대상으로 기획된 대규모 콘퍼런스장에서였다. 나는 행동과학적 통찰이 어떻게 팀의 능률을 높이는 데 도움이 될 수 있는지를 설명했다. 질의응답 시간이 되자 헨리가 나에게 프레젠테이션에 관한 까다로운 질문을 던졌다. 그는 경쟁 PT를 할 때 몇 번째로 하는 게 가장 좋을지 구체적으로 알고 싶어 했다. 내 강연 내용과 관련된 질문은 아니었지만 나는 순서를 선택할 수 있다면 맨 마지막에 할 것을 추천했다. 그 마지막 순서가 점심 식사 직전만 아니라면 말이다.

헨리는 그로부터 8주쯤 뒤에 나에게 이메일을 보내왔다. 내 말대로 해서 효과를 보아 신규 사업을 따냈다는 내용이었다. 나는 얼른 답장으로, 한 번 성공했다고 해서 계속 성공한다는 보장은 없으므로 앞으로도 세심하게 결과를 살피면서 일을 진행하라고 당부했다. 헨리 덕분에 나는 홍보를 하거나 면접을 볼 때나 연주 뒤에 곧바로 심사위원들의 평가를 받을 때 무엇이 성공 여부를 결정짓는지에 관심을 갖게 되었다. 알고 보니 이 분야는 행동과학에서도 참으로 흥미로운 연구 분야였다.

우리는 평생토록 수많은 분야에서 끊임없이 평가를 받는다. 취업 면접을 볼 때, 작성한 글을 제출할 때, 대중 강연을 할 때, 아이디어를 제안할 때, 논쟁을 벌일 때, 오디션을 볼 때, 회의에서 발언을 할 때, 심지어 동료와 만나서 커피를 마실 때조차… 이 모든 상황에서 우리는 관찰 대상이 되며 다른 사람으로부터 일을 잘 해내고 있는지, 진지하게 고려해 볼 만한 사람인지를 평가받는다. 아무리 완벽한 준비를 갖추었다 해도 평가의 과정은 행동 편향과 맹점으로 얼룩진다. 이때 우리는 유리한 고지를 점할 수 있을까?

혹시 투자 유치를 위한 경쟁 PT를 계획하고 있는가? 투자자들 앞에서 발표하는 시간과 순서가 결과에 커다란 차이를 가져온다는 것은 이미 입증된 사실이다. 각 발표자에게 점수가 매겨지는 경우라면 가장 마지막에 발표하는 편이 유리하다.[10]

면접 상황과 같이 점수가 공식적으로 산정되지 않는 경우라면 순서를 선택할 수 있을 때 두 가지 효과를 염두에 두어야 한다. 첫 번째는 최근 효과recency effect다. 일부 연구에 의하면 순서가 늦을수록 심사위원의 기억에 생생하게 남아 있어서 더 유리하다고 한다. 그러나 이와는 정반대인 초두 효과primary effect는 가장 첫 순서의 사람이 가장 정확하게 평가된다고 본다.

당신의 아이디어가 획기적으로 뛰어난 것 같으면 반드시 맨 먼저 발표를 해야 한다. 그러나 아이디어에 100퍼센트 확신이 없거나 심사위원들이 마지막에 서로의 점수를 비교 평가하는 경우라면 마지막 순서를 택해야 한다. 유명한 피크 엔드 법칙peak-end rule를 활용하기 위함이다. 피크 엔드 법칙이란 가장 강렬하게 느낀 감정과 맨 마지막에 느낀 감정이 가장 기억에 많이 남는다는 법칙이다. 당신이 말한 내용을 심사위원들이 기억하고 있을 때 성공 확률이 높아지고, 따라서 마지막 순서에 발표를 할 때

꿀팁 피크 엔드 법칙과 프레젠테이션

3장에서 우리는 감정(감정 추단법)이 의사결정 시에 어떤 역할을 하는지 살펴보았다. 결론적으로 말해, 감정은 의사결정에 커다란 영향을 미친다. 이는 곧 패널이나 청중, 심사위원이 당신을 지각하는 방식에도 감정이 영향을 미친다는 뜻이다. 그러면 이를 고려해 어떻게 프레젠테이션을 준비하면 좋을까?

1. 점심 식사 직전이나 장시간 심사가 이어진 때처럼 심사위원들의 심기가 불편해질 가능성이 있는 때에 발표 순서를 잡지 않도록 유의하자.
2. 감정의 영향을 유념하며 프레젠테이션을 준비하자. 피크 엔드 법칙은 심사위원들과 감정적으로 연결된 발표자가 기억에 더 많이 남을 수 있음을 암시한다. 간단한 이야기로 발표 내용에 의미를 부여하면 심사위원들을 당신과 당신의 아이디어에 감정적으로 끈끈하게 연결시킬 수 있다. 투자 유치나 컨설팅 계약 수주를 위한 프레젠테이션을 할 때는 당신의 제품이나 서비스가 세상에 가져다줄 가치를 일깨워줄 이야기를 하라. 구직을 위한 프레젠테이션 시에는 면접관들이 당신의 업무 관련 경험을 충분히 파악할 수 있는 이야기를 들려주자. 직장에서 도전적인 프로젝트를 따내기 위한 프레젠테이션을 할 때는 그 프로젝트를 맡는 것이 당신에게 직업적으로 어떤 의미가 있을지 설명하는 이야기를 하라.

성공에 한 걸음 더 다가갈 수 있다!

그렇다면 절대적으로 피해야 할 순서는 몇 번째일까? 당신의 프레젠테이션이 최고일 거라는 확신이 들지 않으면 중간 순서는 되도록 피하라.[11]

통찰 6: 당신은 어디에 속해 있는가?

내가 롭Rob을 만난 건 행동과학과 문화에 관한 원탁회의 기간 중이었다. 롭은 아내와 육아를 공평하게 분담하며 유연 근무제로 최선을 다해 일하고 있었다. 어찌나 열심이었던지 사무실에 나가는 날에는 동료들과 점심 식사를 하거나 커피를 마시러 밖에 나가지 않고 집에서 싸온 샌드위치로 끼니를 때우며 쉬는 시간도 없이 일을 했다. 그가 내 원탁회의에 세 번째로 참석한 날, 나는 이 사실을 그에게서 직접 들었다. 상황이 이런 만큼 그가 점심 때 그런 회의 자리에 나온다는 건 정말로 특별한 노력의 결과였다. 자기가 점심 식사를 하러 나온다는 게 얼마나 이례적인 행사인지 그리고 그런 만큼 내가 얼마나 뿌듯하게 생각해야 하는지 롭은 수선을 떨면서 강조했다. 또 롭은 자신이 타고난 행동과학자라면서 내 연구에 지대한 관심을 표하며 많은 질문을 했고 또 내 대답에 열심히 귀를 기울였다. 심지어 그는 한 달에 한 번씩 자신이 준비하는 이른 저녁 식사에 나를 초대하기까지 했다.

그 유쾌했던 저녁 식사 자리에서 나는 롭이 동료들로부터 굉장히 큰 사랑을 받고 있다는 사실을 알게 되었다. 그가 동료들과 일상적인 활동을 상당 부분 함께하지 못하고 있음에도 그 사실엔 변함이 없었다. 그 식사는 단순한 사교 행사가 아니었다. 몇몇 동료들이 입을 모아 말하기를, 롭은 도움을 청하면 언제든지 달려와서 도와주는 사람이라고 했다. 동료들도 이에 화답하여 롭이 필요로 할 때 도움을 주었다. 롭은 내집단은 물론이고 직장에서 더불어 일해야 할 나머지 사람들 모두와 약한 연결 고리를 지니고 있었지만, 그럼에도 그는 통상 훨씬 더 끈끈한 관계에서 기대할 수 있는 존중과 협력을 아낌없이 받고 있었다.

매일같이 함께 일하는 사람들 사이에서도 더 친하게 지내는 동료들이 있다. 대학생의 경우에도 다른 친구들보다 더 자주 같이 밥을 먹거나 커피를 마시러 다니는 무리가 있다. 임시로 사무 공간을 대여해 쓰거나 공유 사무실에서 책상을 공동으로 이용하는 사람들의 경우에도 더 죽이 잘 맞는 사람들이 있다. 네트워킹 행사장에서도 일부 그룹이 다른 사람들에 비해 훨씬 더 빈번히 어울려 다니는 경향을 보인다. 스타트업 창업자 역시 자신과 같은 길을 가는 일부 사람들과 더 친밀하게 지낸다. 인간은 큰 집단 내에서 사교 행사와 산발적인 모임 및 대화를 더 자주 갖는 사람들과 내집단을 형성하는 경향이 있다.

이런 게 중요할까?

표면적으로는 그렇지 않다. 자기만 소외될까 봐 두려워하는 사람이 있는가 하면, 나 같은 사람은 개인적으로 너무 자주 모임에 나오라고 할까 봐 오히려 겁을 낸다. 아마 나만 그런 건 아닐 것이다. 친한 사람끼리만 어울리길 좋아하고 낯선 사람과 만날 약속이 몇 주간 이어지는 것을 부담스러워하는 사람들이 많다. 업무와 관련된 만남일 때는 더더욱 그렇다. 나는 사람들이 자기들끼리 다양한 활동을 계획하고 나를 부르지 않는대도 상관이 없다. 더 자주 그랬으면 좋겠다. 하지만 온갖 인지 편향들이 넘쳐나는 만큼, 계속 이런 식으로 하다가는 친밀한 내집단의 역학 때문에 목표 달성을 위한 중요한 기회들로부터 배제될 수도 있지 않을까?

간단히 답하자면 그렇다.

내집단 구성원들끼리 서로를 챙기도록 만드는 여러 편향들이 있다. 기회가 생길 때 정보를 주는 것 역시 그러한 예다. 내집단에 속하는 사람들은 친숙 효과familiarity effect로 인해 서로에게 호의를 베푼다. 또 어떤 사람이 친구이거나 절친이라는 긍정적인 속성을 지니고 있으면 기술과 능력, 재능 같은 다른 긍정적 속성들까지 함께 지니고 있을 거라고 보는 후광효과halo effect도 이들 사이에서 작용한다. 집단 간 편향intergroup bias 역시 같은 집단 사람들끼리 더 우호적으로 평가하도록 만든다. 불확실성의 시대에 살기가 팍팍해지면 내집단 사람들은 남들이야 엄동설한에 바깥에서 떨든 말든 자기들끼리 더 똘똘 뭉칠 가능성이 높다.

나는 함께 참여해야 할 회의와 대화에서 사람들을 배제하는 불량한 내집단들까지 속속들이 들여다볼 생각은 없다. 이런 것은 파벌이다. 어떤 파벌이 당신을 배제하고 있는 듯한 느낌이 들면 묵과하지 말고 따져야 한다. 상대가 방어적인 태도로 나올 수도 있지만 아무리 좋게 포장해도 배제는 배제다.

불량한 내집단의 반대는 선량한 내집단이다. 인간은 서로 관계를 맺을 필요가 있다. 선량한 내집단은 가까이에 있는 개인들로 이루어진 집단이 함께 시간을 보내고 공익에 기여하는 관계를 키워갈 때 형성된다. 대학에서, 공유 사무실에서, 네트워킹 행사장에서, 늘 일하는 직장에서 당신은 이런 내집단에 소속되려는 노력을 기울여야 한다.

왜 그래야 할까? 첫째, 당신 자신을 타인과 그들의 아이디어에 노출시키기가 좋기 때문이다. 내집단은 당신의 성장에 도움을 준다. 둘째, 좋은 사회 관계망 속에서 당신의 안녕을 증진할 수 있기 때문이다.

여기서도 모 아니면 도 식으로 매달릴 필요는 없다. 약한 유대—즉 친한 친구(강한 유대)가 아닌 지인—만으로도 진로상의 목표를 추구하고 기회에 접근하는 데 도움이 된다는 충분한 증거가 있다.[12] 목표를 향한 여정 동안 약한 유대로든 강한 유대로든 선량한 내집단들과 연결될 수 있도록 노력하라. 남들과 원만하게 지낼 때 개인적 발전도 뒤따른다. 그러니 사람들과 사귀기를 게을리 마라.

통찰 7: 작은 승낙이 물꼬를 튼다

케이틀린Kaitlin은 직장에서 고전을 면치 못하고 있었다. 전년도에는 실적이 낮아 상여금도 못 받고 승진도 하지 못했다. 설상가상으로, 더 많은 경험을 쌓고자 혹은 더 도전적인 임무를 맡고자 함께 일하는 상사나 동료들에게 도움을 청하면 거절당하기 일쑤였다.

케이틀린은 불길한 조짐에 새로운 돌파구를 모색했다. 나와 만난 자리에서 그녀는 런던정경대학에서 최고경영자 과정을 이수하면 어떨지 문의했다. 이제 한계점에 다다른 케이틀린은 사람들이 그녀를 달리 보도록 만들 모종의 방법을 찾고 싶어 했다. 이런 면에서 학위는 실제로 그 사람이 상승 궤도를 타고 있다는 신호를 줄 수 있다. 하지만 가치를 인정받지 못하고 있는 직장에서는 어차피 학위를 딴다고 해도 큰 영화를 볼 수 있을 것 같지 않았다.

이런 질문을 받으면 나는 보통 전반적인 학위 프로그램의 구조와 공부할 과정을 대략적으로 설명한다. 그러나 케이틀린에게는 그 길이 옳은 길로 보이지 않았다. 그래서 대신에 우리는 케이틀린이 현재 다니는 직장에서 다른 동료들과 접촉할 수 있는 업무 연수와 파견 근무 기회를 알아보았다. 덕분에 6개월이 채 안 되어 케이틀린은 더 높은 직급의 다른 자리로 옮겨가게 되었다.

내가 이런 제안을 한 데는 케이틀린이 직장에서의 정체 상태를 벗어나기 위해서 소소하게나마 승낙을 받는 경험을 축적할 필요가 있다는 인식이 깔려 있었다. 현 상태에서는 그녀가 어떤 부탁을 하더라도 거절만 당했기 때문이다. 그뿐 아니라 파견 근무를 나가게 되면 나중에 현직 효과incumbent effect의 이점도 누릴 수 있었다. 일단 더 높은 직급의 업무를 맡게 되면 그와 동일한 직급의 다른 역할도 너끈히 수행할 만한 사람으로 보이게 마련이니까.

이 일화의 끝은 해피 엔딩이다. 나와 만난 지 2년 뒤에 케이틀린은 승진을 했다. 거기다 보너스도 두둑이 받았다!

케이틀린은 줄곧 거절만 당하던 추세를 깨고 줄줄이 승낙을 받는 새로운 추세를 열었다. 첫 승낙으로 정체기를 타파하는 물꼬가 트이자 그런 작은 승낙들이 쌓여갔다. 첫 번째, 두 번째, 세 번째 요청에 연이어 승낙을 받는다는 것은 재능과 능력을 인정받는다는 증거에 다름아니다. 특히 그 기회들이 서로 다른 3명에게서 주어진 것이라면 더더욱.

그렇다면 주변에서 "좋아요"라고 말해줄 새로운 사람들을 구하는 데 도움이 될 행동과학의 교훈이 있을까? 물론이다. 아침에 대해서 살펴보자!

경제 전문가들, 더 정확히 말해서 경제학자들은 좀 잔인한 구석이 있다. 여성들이 꺼릴 만큼 혹독한 분야로 알려져 있듯이(이는 이 분야에 남아 있는 여성이 어째서 그토록 적은지를 말해주는 이유이기도 하다)[13], 우수한 경제학과가 자리하고 있는 대학의 복도에서 아첨하는 말을 듣게 되는 일은 좀처럼 없다. 그런 만큼 내가 산업계에서 목소리를 내기 시작하면서 받게 된 엄청난 찬사는 뜻밖의 기쁨이 아닐 수 없었다. 그중 일부는(내심으론 대부분이) 진심으로 한 말이길 바라지만, 워낙에 자주 칭찬을 듣다 보니 대략 절반은 의례적으로 하는 말이지 싶다. 이런 변화는 내게 바넘효과Barnum effect가 작용하고 있는 것은 아닌지 생각해 보게 만든다. 바넘효과란 보편적인 성격 특성에 대한 묘사들이 자신에게만 적용된다고 믿는 현상을 말한다. 다시 말해, 그런 칭찬은 의미 없는 아첨에 불과하다는 뜻이다. 그런데 그 의미 없는 아첨이 효과가 있다는 사실을 보여주는 행동과학적 증거가 있다!

바넘효과를 활용하면 타인과 라포르rapport(상호 신뢰 관계-옮긴이)를 형성하는 데 도움이 된다.

그 이유는 간단하다. 바넘효과가 자아에 호소하기 때문이다. 인간은 스스로에게 좋은 느낌을 갖기를 원하며, 자아는 이를 가능하게 해주는 사람들과 더 많은 시간을 함께 보내도록 부추긴다. 이는 2006년에 크레이그 랜드리Craig Landry와 그 동료들이 실시한 연구에서 밝혀진 사실이다. 실험 결과, 매력적인 여자들이 방문 모금을 나왔을 때 남자들이 자선 단체에 더 많은 돈을 기부하는 것으로 나타났다. 연구의 저자들은 그런 기부액수의 증가가 자아를 지탱하고 긍정적인 자아상을 유지할 필요성 때문인 것으로 설명했다.

이러한 현상이 당신에게 의미하는 바는 무엇일까? 당신도 사람들이 스스로에게 좋은 느낌을 가지도록 만드는 기분 좋은 요청을 해야 한다는 뜻이다. 그들의 자아상을 향상시키고 논의를 더욱 순탄하게 진전시켜 줄 진심이 담긴 말을 상대방에게 건네면 좋다. 진심 어린 칭찬은 고래도 춤추게 만든다! 그러나 딱히 할 말이 떠오르지 않는다면 일반적인 칭찬의 말로도 충분하다. 칭찬거리 몇 가지를 늘 뒷주머니에 넣어가지고 다니자! 바넘효과가 작동하면 상대방의 환대를 받을 것이다. 그러나 동전에 양면이 있듯이 이 효과를 익히 알고 있는 사람에게는 그런 말이 감언이설로 들리거나 비전문적으로 비쳐질 수 있으니 유의해야 한다. 언제나 진정한 찬사와 교감만이 최선의 답이다!

어떤 아이디어에 대해 찬성표를 받으려 한다면 그 아이디어를 주기적으로 자주 언급하라. 왜 그래야 할까? 무언가에 자주 노출된 사람들이 그것을 지지할 가능성이 높아지는 노출 효과exposure effect 때문이다. 여기에서

꿀팁 기회 요청하기

1. 도움 요청에 관한 2장의 교훈을 되새기자(71쪽 참고). 같은 원리가 기회에도 적용된다! 사실을 바탕으로 비용과 이득을 제시하며 서로에게 원원win-win이라는 논리로 요청을 하자.
2. 이번 장의 '평가' 부분에서 소개한 교훈들을 숙지하자(241쪽 참고). 이야기를 활용해 사람들로 하여금 당신이 원하는 감정을 갖게 만들자.

우리는 남들에게 아이디어를 전하는 방법론이 존재한다는 것도 알 수 있다. 또 노출 효과에는 아이디어를 다듬는 데 도움이 되는 피드백을 받을 수 있는 부수 효과도 따른다.

지지 편향commitment bias을 이용할 수도 있다. 회의장에서 승인을 얻어야 할 사람이 있는데 분위기가 괜찮아 보이면 그 자리에서 대답을 받아내라. 지지 편향으로 인해 누군가가 공개적으로 어떤 의견을 지지한 뒤에는 나중에 그 의견을 철회하기가 힘들어진다. 지지 편향은 사람들이 자신의 지지를 긍정적으로 여기게 될 가능성 또한 높인다. 서로에게 윈윈이 되는 것이다!

그러면 지지 편향은 어떤 식으로 작동할까? 사람이 일단 한 번 마음을 먹게 되면 그 생각을 바꾸고 싶지 않아지며 확증편향이 자리잡게 된다. 새로운 정보가 들어오면 자신의 생각이 틀렸음을 입증하는 정보는 무시하고 자신의 지지를 재확인해 주는 정보에 과도하게 몰입하는 것이다.

약간 마키아벨리식으로 들려서 거북하다면 걱정할 것 없다. 나도 마찬가지니까. 나는 **상호성 편향**reciprocity bias이 더 취향에 맞는 사람이다. 때로는 나에게 손해가 좀 나더라도 승낙이 필요할 때는 자주 이 방법을 쓴다. 본질적으로 나는 내가 대접받기를 바라는 만큼 남을 대접하자는 주의다. 그동안 이런 성향 덕분에 나의 다양한 계획을 기쁘게 지원해 주는 지인과 절친들이 생겼고, 또 그들이 필요로 할 경우 나도 그들에게 보답하는 새로운 경향이 만들어졌다. 이것은 바넘효과를 이용하는 것과는 다른 접근법으로, 사내 정치와 입에 발린 소리를 참지 못하는 우리 같은 사람들에게 훨씬 더 쉬운 방법이다!

통찰 8: 거절을 당하면 어떻게 할까?

내가 피터Peter를 만난 건 그의 신생 콘퍼런스 회사에 성공의 조짐이 보이면서 이제 막 돈이 벌리기 시작할 시점이었다. 그가 새로 기획하는 행사에서 내가 강연을 해줄 수 있을지 문의하는 자리였다. 그날 피터는 에너지로 똘똘 뭉쳐 있었다. 그는 자신이 어떻게 성공에 이르게 되었는지 그리고 그 사실이 얼마나 꿈만 같은지를 속사포처럼 한참 동안이나 설명했다. 또 여기에 그치지 않고 그의 어린 두 자녀에게 기업가 정신을 심어주려고 열심히 가르치고 있다는 이야기도 했다. 나는 그가 아이들에게 주로 무엇을 가르치고 있는지 물었다. 그는 두 가지에 역점을 두고 있다고 했다. 첫째는 세상에 가치를 더할 수 있는 아이디어를 내라는 것이고, 둘째는 거절을 당하더라도 계속 도전하라는 것이었다. 그보다 더 지당할 수 없는 얘기였다.

피터는 자신의 성공을 보장해 줄 사람들—기본적으로 후원자와 강연자—과 만날 약속을 잡느라 수개월을 보냈다. 그러나 많은 만남을 성사시키지는 못했다. 가까스로 약속을 잡아 만남을 가지더라도 제안을 거절당하기 일쑤였다. 하지만 그는 도전을 멈추지 않았다. 자신이 세상에 가치를 더하는 사업을 하고 있다고 확신했기 때문이다. 결국 한 번 승낙이 떨어지자, 그때부터는 봇물 터진 듯 승낙의 물결이 이어졌다.

거시적 목표를 향한 여정을 헤쳐나가는 동안 이따금 당신은 불신임 투표에 좌절을 맛보게 될 것이다. 거절이나 거부, 실패를 경험하고 있지 않다면 당신은 제대로 된 도전을 하고 있지 않은 것이다. 좀 더 힘을 내라!

거절을 당할 때 당신은 노골적으로 홀대하는 이들을 만나고, 당신의 앞길을 가로막는 사람들이 행동 편향과 맹점에 물들어 있다는 사실을 깨닫게 될 수 있다. 이럴 때는 어떻게 해야 할까?

선택 가능한 두 가지 옵션이 있다. 첫째, 당신의 요청을 거절한 당사자와 진지하게 대화를 나눠보자. 그런 결정에 대한 실망감을 표시하고 당신의 아이디어가 세상에 더할 수 있는 가치를 한 번 더 눈여겨봐 달라고 부탁하자. 2장에서 말했듯이 인간의 습성이란 참으로 묘해서 같은 사람에게 재차 거절당할 가능성은 낮다. 두 번째 시도를 못하게 되는 것은 대개 체면 차리기 효과 때문이다. 그러니 자존심일랑 잠시 내려놓고 결정을 번복해 달라는 부탁을 다시 해보자.

둘째, 받은 피드백을 고려하여 아이디어를 수정한 뒤 다시 요청해 보자. 그래도 안 되면 다른 사람들이 있는 방을 찾아 문을 두드리자. 행동 편향과 맹점에 휩싸인 사람들을 마주치면, 세상에는 문전박대를 당하지 않고도 만날 수 있는 사람들이 아직 많음을 기억하자. 앞으로 나아가기 위해 한 사람이나 한 집단에만 의지할 필요는 없다.

다음번에 누구에게 연락할지 파악하는 데 시간이 좀 걸리더라도 매번 퇴짜를 놓는 사람에게 자꾸 찾아가지는 말자. 똑같은 행동을 되풀이하면서 다른 결과가 나오길 기대하는 것은 어리석은 짓이다.

당신의 여정을 뱀사다리 게임처럼 생각하기 바란다. 거절은 뱀을 타고 미끄러져 내려오는 것과 같다. 왔던 길을 되돌아가는 꼴이다. 그래도 끈기 있게 도전하다 보면 다시 올라갈 사다리가 나올 것이다. 앞으로도 뱀은 계속 튀어나오겠지만 그 숫자는 줄어들 것이다. 반면에 전보다 사다리는 더 많아질 것이며, 도움을 받았을 때 잊지 않고 보답한다면 점점 더 많은 사다리를 만나게 될 것이다. 당신은 꼬박꼬박 걸음을 재촉해 사다리를 찾는 작은 실천만 하면 된다. 뱀을 만나 미끄러지더라도 발길을 멈추지 말자.

통찰 9: 연대가 가진 힘

지금껏 나는 기업 대상의 강연을 많이 해왔다. 처음엔 성별에 따른 행동 차이를 주제로 한 강연에 주로 초빙되었다. 흥미로웠던 점이 뭔지 아는가? 청중의 대다수가 여성이었다는 점이다. 초창기에는 사실상 청중의 95퍼센트 이상이 여성이었다.

이것이 중요한 문제일까? 그렇다.

우리는 남들이 경험하는 편향들을 피해가기 위해 주의를 기울여야 한다. 이런 편향들은 우리가 능력이나 기술, 재능과는 상관없는 특성들을 바탕으로 사람들을 칭찬할 때 생겨난다. 남들의 편향과 맹점의 대상이 되는 것은 달갑지 않은 일이다. 그러므로 남들의 편향에 영향을 받지 않도록 유의하면서 자신의 여정을 나아가되, 다른 곳에서 비슷한 싸움을 벌이고 있을 동료와 지인들을 위해 운동장을 평평하게 만드는 데도 신경을 쓸 필요가 있다.

어떻게 하면 이를 도울 수 있을까?

전 세계적으로 기업과 대학, 공공단체에서는 성별과 인종, 민족성, 성소수자 등을 중심으로 동호인 단체들이 결성되어 왔다. 이 단체들은—운영이 잘되는 경우—든든한 심리적 안전감psychological safety 속에서 공통의 경험을 공유하고 고민을 털어놓을 수 있는 훌륭한 토론의 장이 되어준다. 심리적 안전감이란 사람들이 처벌이나 창피를 당할지 모른다는 염려 없이 소신껏 의견을 말할 수 있는 편안한 느낌을 가리킨다.

그러나 공개적인 행사가 열릴 때는 그 단체에 속해 있지 않은 사람들도 참여할 필요가 있다. 왜 그래야 할까? 자신이 속한 단체에만 참여하면 언제나 승자와 패자가 존속할 것이며 능력과 기술, 재능이 아닌 특성들에 보상을 하는 불평등한 제도가 사라지지 않을 것이기 때문이다. 당장의 이득이 생기지 않는 곳에서도 우리는 변화를 위해 힘써야 한다. 다른 집단들이 어떤 괴로움을 겪고 있을지 관심을 가지는 사람들이 많아질 때 진정한 변화가 가능하다.

임계량의 사람들이 같은 노력을 지속하여 티핑 포인트tipping point에 도달할 때 변화는 일어난다. 티핑 포인트란 작은 변화들이 쌓여 거대한 변화를 일으키게 되는 순간을 이르는 행동과학 용어다. 가끔 서로의 말에 귀를 기울이고 진정으로 상대방의 입장에 서보려고 노력하는 것이 중요하다. 당신이 중기적인 여정 동안 사람들에게 도움과 조언, 기회를 달라고 부탁하고 또 그들에게 승낙받기를 기대하는 만큼 당신도 도중에 당신의 도움을 요청하는 사람이 있으면 그들의 부탁을 들어주어야 한다. 그 경험에서 분명히 배울 점이 있을 것이다!

통찰 10: 저자인 나에게 연락하라

목표를 향해 나아가는 동안 수많은 외부의 편향들과 싸울 생각을 하면 지레 기운이 빠질지도 모른다. 이미 당신은 그동안 타인의 편향에 줄곧 방해를 받아왔음을 알고 있었을 수도, 전혀 그러한 사실을 모르고 있었을 수도 있다. 어느 쪽이든 타인의 편향이 당신을 가로막는 정도와 당신이 스스로를 방해하는 정도가 얼마나 되는지 잠깐 생각해 보라. 내 경우는 나의 편향과 타인의 편향이 차지하는 비율이 각기 80:20이다. 당신의 비율은 얼마나 되는 것 같은가? 이 비율을 따져보는 연습을 하면 당신이 나아갈 여정의 상당 부분이 당신의 통제권 내에 있음을 알게 될 것이다.

이번 장에서는 긴 여정 동안 타인의 편향과 맹점을 마주칠 수 있는 주요 사례들을 다루었다. 이 사례들에 딱 맞아떨어지는 경우가 아니더라도 여기에 소개된 통찰들이 도움이 되기를 바란다. 하지만 이 통찰들만으로는 역부족이고 기존의 관계망에서도 도움을 구할 수 없다면 내가 여러분의 손을 잡아주고 싶다. 이 책 뒷부분에 내 이메일 주소를 수록해 놓았으니 연락해서 도움을 받을 수 있기 바란다. ME+를 향한 여정에서는 너무 오랫동안 걸음을 지체하지 않는 것이 무엇보다 중요하다.

요 약

타인의 시선에 유의하라

타인의 편향과 맹점을 피해갈 방법을 배우면 나아가는 길을 더 순탄하게 만들 수 있다. 피드백을 받아들이기 거부하던 기업가 알렉스를 기억하는가? 2018년에 만났을 때 그녀는 자신의 허술함에 눈을 감아버렸고, 그 때문에 진전을 보지 못했다. 그러나 알렉스는 분명 타인의 편향에도 직면하게 될 것이다. 남성에 비해 여성 기업가가 훨씬 적다는 점을 고려할 때, 알렉스는 표면적으로 기업가의 평균적인 모습을 하고 있지 않다. 그녀가 이 역할에 적합하지 않다고 보는 사람들의 잘못된 인식 또한 걸림돌이 되지 않도록 알렉스는 주의를 기울일 필요가 있다.

이번 장에서 소개된 열 가지 행동과학적 통찰이 알렉스에게 도움이 될 수 있다. 당신 역시 타인의 편향에 맞닥뜨리게 될 경우에 도움을 받을 수 있다. 이번 장을 처음부터 끝까지 빠짐없이 읽기를 권한다. 각각의 통찰은 타인의 편향과 맹점에 직면하게 되는 주요 사례들과 관련이 있다. 부디 그럴 일이 없기를 바라지만 필요할 때는 이 통찰들을 꺼내 쓰면 된다.

이제 열 가지 통찰을 다시 정리해 보자.

통찰 1: 타인의 편향을 이용하라

당신이 특정한 역할을 수행하기에 적합한 사람임을 알리는 표지를 내보일 수 있다. 그런 표지들로 어떤 것들이 있는지 조사하고, 그런 표지를 최대한 많이 확보하자.

통찰 2: 경계선을 그어라

받은 피드백에 공감이 가지 않으면, 3인 법칙을 채택하여 3명이 모두 같은 이야기를 하는지 들어보자.

통찰 3: 낙인찍는 사람들

근본 귀인 오류는 사람들이 당신에게 닥친 불운을 당신 페르소나의 일부로 여기도록 만든다. 의사소통 기술을 키워 일에 차질이 생겼을 때 항상 핵심 이해관계자들에게 정확한 사유를 밝히자.

통찰 4: 정보의 폭포를 피하라

정보의 폭포는 어떤 집단이 모여 자신들이 이미 알고 있는 사실만을 파고들 때 발생한다. 이때는 당신도 먼저 모두가 아는 정보를 읊은 뒤에 다른 의견을 개진하자. 그렇게 해야 사람들로 하여금 당신의 말에 귀를 기울이게 할 수 있다. 아이디어를 뒷받침하는 데이터를 특별히 강조하라.

통찰 5: 순서를 고려하라

타인에게 평가를 받게 될 때는 발표 순서를 맨 뒤로 잡는 게 좋다. 아이디어의 장점을 현실 세계와 결부 지을 수 있는 이야기를 활용하고, 인상적인 마무리로 피크 엔드 효과를 누릴 수 있도록 하자.

통찰 6: 당신은 어디에 속해 있는가?

전 여정에 걸쳐 사람들과의 관계를 구축할 필요가 있다. 꼭 모 아니면 도 식으로 접근할 필요는 없다. 배움을 얻을 수 있는 약한 유대를 쌓는 데 시간을 투자하고 서로 도움을 주고받자.

통찰 7: 작은 승낙이 물꼬를 튼다

승낙을 더 자주 받으려면 진심 어린 찬사로 타인의 자아에 호소하자.

통찰 8: 거절을 당하면 어떻게 할까?

거절을 당하게 되면 그 실패에서 배울 점을 찾자. 결정을 번복해 달라고 요청하거나, 받은 피드백대로 행동을 수정하거나, 새로운 문을 찾아서 두드리자. 중요한 것은 절대로 포기하지 않는 것이다.

통찰 9: 연대가 가진 힘

동료와 지인을 위해 운동장을 평평하게 만드는 데 힘쓰자. 임계량의 사람들이 같은 노력을 지속하여 티핑 포인트에 도달할 때 변화는 일어난다. 이런 정신을 받드는 사람들이야말로 우리의 현실을 보다 긍정적으로 바꾸어 주는 이들이다.

통찰 10: 저자인 나에게 연락하라

이번 장에서 다룬 내용에 들어맞지 않는 행동 편향과 맹점에 직면하게 되면 나에게 이메일을 보내 함께 해결책을 강구할 수 있도록 하자.

큰 목표를 향한 여정에서 타인의 편향과 맹점에 부딪히게 될 때나 타인과의 상호작용이 필요한 주요 관문을 거치게 될 때는 이 열 가지 통찰을 기억하자. 이 전략을 잘 활용하면 당신의 앞길에 탄탄대로가 펼쳐질 것이다.

편향에 방해받지 않는 즐거운 여정이 되기를!

다음으로 넘어가기 전에 아래의 내용을 확실히 해두자.

- 이번 장에서 소개된 열 가지 행동과학적 통찰을 꼼꼼히 읽는다.
- 이러한 통찰들이 필요할 것 같은 경우들을 예상해 보는 시간을 가진다. 그러한 사건들이 닥칠 때 관련된 통찰을 떠올릴 수 있도록 메모를 해둔다.

이번 장에서 언급된 다섯 가지 행동과학 개념

1. **무의식적 편향**: 몸에 밴 학습된 고정관념으로, 시스템1을 통해 의사결정에 영향을 미친다.
2. **키 큰 양귀비 증후군**: 대단한 성취를 이루고 있는 사람들을 공격하는 경향
3. **근본 귀인 오류**: 인간의 행동을 설명할 때 상황의 영향보다는 타고난 기질적 요인들에 더 치중하는 경향
4. **정보의 폭포**: 한 모임의 구성원들이 줄줄이 같은 이야기만을 답습하는 현상
5. **피크 엔드 법칙**: 감정이 절정에 이르렀을 때(가장 강렬한 감정을 느낀 시점)와 마지막 시점의 감정에 기초하여 어떤 경험에 대한 평가를 내리는 것

6장

맥락이 중요하다

환경

"우리는 방해가 범람하는 환경 속을
무의식중에 헤매다니고 있다."

"일진 한 번 사납네." 나는 현관에 열쇠를 내려놓으며 중얼거렸다. 아침에 문밖을 나서는 순간부터 집으로 돌아오기까지 내내 끔찍했던 2020년 1월의 어느 날이었다. 하루 종일 애써 똥을 퍼놨더니 그걸 이 사람 저 사람이 집어다가 서로 던져대는 바람에 난장판이 된 꼴이었다. 온몸이 녹초가 되었다. 집에 돌아온 게 얼마나 다행스러운지 몰랐다.

그래도 나는 운이 좋은 사람이다. 나를 행복하고 건강하게 만들어주는 안전한 환경에서 긴장을 풀 수 있으니까. 우리 집 불독 케이시랑 소파에서 함께 비비대든, 뜨거운 물에 몸을 담그든, 안락의자에 앉아 소설책을 읽든, 아무리 운수 나쁜 날에도 나는 나만의 안식처에서 홀로 시간을 보내며 스트레스를 풀 수 있다. 매일 아침 잠에서 깨었을 때 하루 일과를 마친 뒤에 긴장을 풀 수 있다는 생각을 하면 그날 어떤 펀치(또는 똥!)가 날아오더라도 유연하게 대처할 수 있다.

휴식과 이완을 할 수 있는 장소를—그리고 약간의 시간을—반드시 마련해야 한다. 혼자 산다면 집 전체가, 다른 사람과 함께 살면 자기 침실이, 올망졸망 시끌벅적한 아이들을 키우고 있다면 집 안 한쪽 구석이 이런 휴식처가 될 수 있다. 우리 주변의 환경은 의식적으로든 무의식적으로든 갖가지 방식으로 우리의 행동은 물론이고 성과와 스트레스, 행복 지수 따위에 영향을 미친다.

당신의 공간은 어떠한가?

행동과학에서는 맥락이 중요하다context matters는 격언을 마르고 닳도록 되풀이한다.[1] 우리의 행동은 우리가 처한 환경에서 순간순간 주어지는 암시cue에 영향을 받는다. 우리는 이런 암시들을 무의식적으로 처리한다. 한 예로, 와인 매장에서 프랑스 음악이 흘러나오면 프랑스 와인이 많이 팔리고, 독일 음악이 흘러나오면 독일 와인이 많이 팔린다.[2] 왜 그럴까? 음악이 잠재의식적 암시로 작용하여 사람들로 하여금 특정한 선택을 하도록 부추기기nudge 때문이다. 그러나 우리는 이런 암시를 전혀 눈치채지 못한다.

외부의 자극은 부지불식간에 우리의 기분과 결정을 변화시키며, 이러한 자극은 우리 주변에 전략적으로(위 사례에서 든 매장의 음악처럼) 혹은 아주 우연히 배치된다. 런던정경대학에서 학생들에게 주는 상에도 '맥락 파악'상이 있다. 연구 결과를 해석할 때 어떤 맥락에서 그 연구를 수행했는지 고찰하도록 하기 위함이다.

앞 장들을 읽을 때 당신은 아마 주의를 바짝 기울여야만 했을 것이다. 거기에 담긴 메시지를 구현하려면 끊임없이 작은 실천들을 행할 필요가 있었기 때문이다. 그동안 당신은 어떤 행동과학적 통찰이 행동 변화에 도움이 될지 실험하고, 타인의 편향과 맹점이 미치는 악영향을 피하고자 애써왔다.

그러나 이번 장에서는 지금까지와는 달리, 당신이 일하는 환경을 어떻게 바꿀지에 대해 알아볼 것이다. 환경을 바꾸는 장점은 한 번의 구조적인 변화로 수년간 이익을 거둘 수 있다는 점이다. 환경에 대해서는 매일같이 어디를 바꿀지 의식적으로 선택할 필요가 없다.

이번 장의 주요 목표는 더욱 효율적이고 신속한 업무 처리를 위해 환경을 어떻게 바꾸면 좋을지 알아보는 데 있다. 작은 실천들은 매일 반복적으로 수행해야 하는 반면, 이런 환경적 변경은 한 번이면 족하다. 이런 변경은 그리 어렵지 않으며, 효과가 거의 즉각적으로 나타나기 때문에 그로 인해 어떤 이득이 생겼는지 파악하기도 쉽다.

그러나 한 가지 예외가 있다.

방해받지 않는 환경을 만드는 데는 대단한 노력이 필요하다. 처음에는 그 과정이 지루할 수 있으며, 그중에서도 가장 큰 난관은 온라인의 간섭으로부터 벗어나는 일이다. 당신은 그 과정에서 의도-행위 간극intent-action gap을 수없이 겪게 될 것이다. 의도-행위 간극이란 사람들이 의도하는 행위와 실제 이루어지는 행위 사이에 매우 빈번하게 발생하는 격차를 이르는 말이다. 이를 반영하여 이번 장에서는 열 가지 행동과학적 통찰을 두 섹션으로 나누어 소개하고자 한다.

첫 번째 섹션에는 디지털 기기로 인한 방해를 피하기 위해 취할 수 있는 작은 조치들을 수록했다. 이런 변화를 습관화하기까지는 상당한 시일과 반복적인 연습이 필요하다. 우리는 자기계발 분야의 선도적인 사상가 브라이언 트레이시Brian Tracy의 조언에 따라 이 부분을 먼저 공략할 것이다. "개구리를 먹어라"라고 한 그의 말처럼, 중요하지만 하기 싫은 일부터 먼저 시작하는 것이 최선이다. (브라이언 트레이시는 『개구리를 먹어라Eat That Frog』라는 동명의 저서에서 지금 당장 처리하지 않으면 뒤로 미룰 것이 확실한 일을 '개구리'로 정하고, 이 개구리를 해치우는 방법을 배우도록 도와준다―옮긴이)

두 번째 섹션에는 일의 효율성과 속도를 높여줄 일반적인 환경 개선 방법을 담았다. 이 방법들은 '즉효 통찰rapid fire insight'로 명명하여 소개하였고, 비교적 시험해 보기가 쉬울 것이다. 이 아홉 가지 통찰 중 최소한 한 가지는 당장 생활에서 실천해 보아야 한다. 아마 시간이 지날수록 더 많은 방법들을 적용해 보고 싶어질 것이다.

두 섹션을 읽을 때는 이 행동과학적 교훈들이 특정 모집단의 평균적인 사람을 기준으로 한 것임을 유념하자. 이는 곧 이곳의 모든 제안들이 반드시 당신에게 효과가 있으리란 법은 없다는 뜻이다.

채택한 전술이 당신의 업무 환경에서 디지털 기기로 인한 방해의 수준을 변화시키는지 주의 깊게 살피자. 만약 별다른 변화가 없다면 다른 전술을 시도해 보고 그 효과를 다시 평가해 보자. 즉효 통찰들에 소개된 각각의 환경적 변화는 시행착오법으로 생활에 도입해 본 뒤 효과가 나는지 일주일간 지켜보자.

자, 이제 행동과학이라는 설계사를 맞아들일 준비가 되었는가?

온라인 간섭을 막아줄
행동과학적 통찰

통찰 1: 온라인상의 시간 좀벌레를 퇴치하라

나는 방해 요소들을 무시하는 데 여간 애를 먹지 않는다. 스마트폰에서 울리는 SNS 새 게시물이나 문자 메시지 알림음에 화들짝 놀라 몰입에서 깨어나고, 주의를 기울이지 않으면 나도 모르게 인터넷 서핑을 하고 있기 일쑤다. 사무실에 누가 찾아오기라도 하면 그날의 할 일 목록은 그대로 들고 집에 돌아가기 십상이다. 심지어 이메일이 들어오면 조건반사적으로 확인을 하느라 두서없이 밀려드는 생각과 동료나 친구들의 부탁으로 머릿속이 어지러워진다.

2018년의 어느 날, 유난히도 산만했던 하루를 보낸 뒤 나는 일을 하는 동안 내가 얼마나 방해를 받고 있는지 조사해 보기로 마음먹었다. 하루 중 핵심적인 업무 시간인 오전 10시부터 오후 5시까지의 7시간을 1시간 단위로 구분해 각기 몇 번이나 방해를 받았는지 횟수를 기록했다. 최종 집계 결과, 하루의 업무 시간 동안 5, 9, 4, 7, 5, 3, 11회를 합산한 총 44회나 방해를 받았던 것으로 나타났다! 그날 나는 이런 방해로부터 영원히 벗어날 조치를 취하기로 결심했다.

방해는 누구나가 겪는 문제다. 그런 방해에 얼마나 영향을 받고 있는지 알아보기 위해 당신도 방해받는 횟수를 검토해 보기 바란다. 방해는 당신의 가장 소중한 자원인 시간을 앗아가는 궁극의 시간 좀벌레다. 인편으로, 전화로, 이메일로, 또 왓츠앱WhatsApp, 스카이프Skype, 메신저Messenger,

링크트인, 트위터Twitter, 슬랙Slack, 팀즈Teams, 줌Zoom, 미츠Meets뿐 아니라 다행히도 내가 아직 모르는 다른 신생 매체들로 연락을 받는 것이 가능한 덕분에 우리는 자기 시간의 통제권을 다른 사람의 기분에 내맡기고 있다. 우리는 방해가 범람하는 환경 속을 무의식중에 헤매다니고 있다.

그 비용은 얼마나 될까? 주의력이 오락가락하면 혁신적인 일을 해내기가 힘들다. 아니, 사실상 어떤 일이든 제대로 완수하기가 힘들다.

우리는 2장에서 몰입 상태에서의 학습에 대한 이야기를 했다. 몰입은 집중력을 요하는 일을 가능하게 한다. 몰입에 이르면 시간이 쏜살같이 지나가고, 어떤 일에든 푹 빠져들어 최상의 수행 능력을 보이게 된다. 대부분의 사람들이 이런 식의 몰입 상태에서 상당한 인지 능력이 필요한 활동을 한다. 나의 경우, 몰입에 이르면 굉장히 창의적이고 혁신적인 아이디어가 떠오른다. 그리고 생산성이 높아진다. 이메일에 답장을 몰아서 쓸 때도 몰입 상태에 빠질 수 있다. 이메일 업무를 처리할 때 나는 오프라인으로 전환을 하고 회신이 필요한 모든 이메일에 한꺼번에 답장을 쓴 뒤 다시 와이파이를 켜고 전송한 뒤 방을 나선다. 다음번에 같은 일을 하러 자리에 앉을 때까지는 새로 수신된 이메일을 절대 열어보지 않는다. 회신 작업을 할 때 나는 그 업무에만 집중하고 나머지 세상과는 단절한다. 다른 방해가 있기 전까지는.

방해를 허용하느냐 아니냐가 그렇게나 중요한 문제일까? 물론이다! 신제품을 기획하든, 문제에 대한 창의적 해결책을 모색하든, 새로운 기술을 배우든, 우리에겐 방해받지 않고 몰입할 수 있는 시간이 필요하다. (휴대 전화 문자 메시지에 답장하는 것과 같은) 아주 잠깐의 방해조차 몰입을 깨뜨리고 도전적인 일에 집중하려 할 때 실수를 유발할 수 있다.[3] 방해는 그 순간만 앗아가는 게 아니다. 방해를 받기 이전에 빠져 있던 수준의 몰입 상태로 되돌아가려면 전보다 더 많은 노력(그리고 시간)이 필요하다. 또 방해는 심신의 안녕에도 부정적인 영향을 끼친다. 방해는 다양한 근로 유형과 환경에 걸쳐 과민성과 우울감, 낮은 직업 만족도의 원인이 되어 왔다.[4] 누구든 하루 중 일정 시간은 방해받지 않는 환경에서 보낼 필요가 있다.

그런 시간은 어떻게 확보할 수 있을까? 당신에게 도움이 될 환경을 과감하게 설계하고 찾아내야 한다.

가장 큰 방해꾼 중 하나인 디지털 기기의 사용은 우리 스스로 줄일 수 있다. 알림을 끄고 시간을 끊임없이 잡아먹는 요청들을 차단하면 된다. 시간은 다시 채울 수 없는 유일한 자원임을 명심하자. 그런 만큼 몰입이 필요한 시간 동안 당신을 지켜줄 환경적 장치를 설정해야 한다.

나는 3장에서 여정을 단축시켜 줄 활동 시간을 확보할 방법으로 시간 좀벌레 제거의 중요성을 역설한 바 있다. 대부분의 사람들에게 최대의 시간 좀벌레는 온라인상에서 하는 온갖 무익한 활동들이다.

작업 공간을 어떻게 설정하느냐에 따라 조용하게 집중할 시간을 확보할 수 있느냐가 결정된다. 업무 형태의 한편에는 노트북으로 일하는 사람들이 있다. 이런 사람들의 작업 공간은 매일 어디가 될지 모른다. 동네 카페나 공원, 식탁이 될 수도 있고, 심지어 장거리 여행을 하는 기차 안이 될 수도 있다. 그들의 반대편에는 전용 재택근무 공간이나 사무실 내의 지정된 작업 공간을 가진 사람들이 있다. 어느 쪽이든 첫 출발점은 무조건 온라인 방해 요소를 최소화하는 것이다.

부정적인 행동을 줄이고 싶을 때는 그 행동에 따르는 비용을 증가시키고 이득을 감소시키려는 노력을 기울여야 한다.

집중해서 일하고자 할 때 당신은 온라인 접속을 번거롭게 만들어야 한다. 『메이크 타임Make Time』에서 제이크 냅Jake Knapp과 존 제라츠키John Zeratsky는 집중해서 일하려면 스마트폰 알림을 전부 끄고, 데스크탑 컴퓨터에서 이메일 아이콘을 제거하고, 와이파이를 차단하라고 권한다.

이러한 조치가 행동의 변화를 유발하는 원리는 무엇일까? 그것이 온라인 방해물에 접근하는 비용을 증가시키며, 흥미로운 메시지나 새로 뜬 트위터 피드에 끊임없이 쏠리는 관심과 씨름해야 하는 고통도 줄여주기(즉 이득이 늘어나기) 때문이다.

두 저자의 제안을 따라 나는 내 아이폰에서 이메일과 소셜미디어 앱들을 싹 지우고 알림도 전부 껐다. 전화 벨소리나 문자 메시지 수신음까지도 모두 무음으로 설정해 내 전화기는 아예 울리지 않게 되었다(정말로 일절!) 데스크톱 컴퓨터에서는 이메일 아이콘을 없애고, 와이파이 비밀번호는 기억할 수 없도록 프로그램하여 쉽사리 연결을 할 수 없게 만들었다. 덕분에 온라인에 접속하고 싶으면 비밀번호를 적어놓은 아래층에 내려가야만 하게 되었다(우리 집 인터넷 서비스 제공 업체는 마침 복잡하고 난해하여 외우기 어려운 비밀번호를 제공하고 있다). 이런 식으로 나는 내게 가장 영향을 많이 주는 방해물에 접근하는 비용을 증가시켰다. 주변의 환경을 저방해 구역으로 만든 것이다.

그래서 효과가 있었을까?

처음에는 금단 증상 때문에 더 집중을 하지 못하고 괜히 이것저것 다른 일을 했다. 차를 우리고, 잡동사니를 치우고, 자려는 애완견을 간지럽히고, 전과 다를 바 없이 나를 한심한 존재로 지루한 환경에서 지내게 만든 제이크 냅과 존 제라츠키를 저주했다.

하지만 포기하지 않고 버텼다.

솔직히 고백하자면 내가 끝끝내 버틴 것은 버티지 못할 때 저지르게 될 위선이라는 중압감이 (계획 중단에 대한 심리적 비용을 늘리며) 나를 무겁게 짓눌렀기 때문이었다. 약속을 이행할 장치로 이미 나는 여러 사람에게 내가 이런 식의 변화를 도모할 거라고 말해둔 터였다. 이는 체면 차리기의 효과를 긍정적인 방향으로 활용한 한 가지 사례다.

일주일 뒤 변화가 일어났다. 생산성이 급격히 늘기 시작한 것이다. 행복감은 커지고 스트레스는 훨씬 줄었다. 내가 촌각을 다투는 외과의사나 중책을 맡은 대통령이 아니라는 자각은, 내가 일정 시간 동안 오프라인 상태에 있다 해도 큰 문제가 생기지 않는다는 사실을 일깨워 주었다.

그러면 일과 관련된 이메일은 어떤 식으로 처리했을까? 전혀 신경을 안 썼던 것은 아니다. 구형 아이패드에는 이메일 앱을 남겨두고 하루에 한 번씩 거기서 성실하게 답장을 했다. 매일 저녁 6시에 이 작업을 했는데, 이 시간대에는 바로바로 오가는 답장으로 인해 정신이 산만해질 확률이 낮다는 생각에 전략적으로 선택한 시간이었다. 답장을 하기 전에 선행 작업이 필요한 경우에는 내가 생각하는 중요도에 따라 다음 주의 특정 시간에 차례로 작업 일정을 잡았다. 물론 금방 답장을 할 수 있으면 그 자리에서 바로 했다.

그때그때 이메일을 확인하지 않기 위해서는 굉장한 자기 수양이 필요했다. 내가 들어오는 이메일을 열어보지 않고는 못 배기는 자칭 이메일 중독자였기 때문이다. 이메일 확인은 내가 무의식중에 하는 일이었다. 어쩌면 당신도 이와 비슷한 온라인 중독 증세를 갖고 있을지 모른다. 이메일이 아니라면 게임이나 쇼핑, 뉴스 기사에 중독되어 있을 수도 있다.

그러면 당신이 할 수 있는 일은 무엇일까?

하나의 기기에서만 당신의 시간 좀벌레에 접근할 수 있도록 하라. 그리고 방해 없이 일해야 할 때 그 기기를 주변에서 치워라. 짠! 이제 당신은 방해받지 않을 환경을 물리적으로 설계한 것이다. 그럼 이후에 무슨 일이 일어날까? 시스템1(빠른 뇌)이 그 기기를 사용하는 일을 시간을 좀먹는 활동으로 연상하기 시작하면서, 이런 식의 이용 패턴을 새로운 습관으로 여기고 모종의 다른 메커니즘을 통해서 당신이 무의식중에 시간 좀벌레에 접근할 가능성을 줄일 것이다. 내가 아이패드로만 이메일을 확인하는 것이 바로 이런 이유에서다. 나는 소셜미디어 접속과 메시지 송수신도 아이패드로만 했다. 기본적으로 하루에 한 번, 이 기기로만 온라인 소통을 하는 사람이 되기로 작정한 것이다.

처음에는 매우 의식적이고 의도적으로 이런 노력을 기울여야 했다. 수년간 일상적으로 해왔던 일이기 때문에 스마트폰이나 노트북으로 이메일을 확인하지 않기가 힘들었다. 간혹 규칙을 어기는 날도 있었지만 그럴 때도 그나마 아이패드를 가지고 와서 거기서 이메일을 확인했다. 대체로 내가 계획했던 것보다는 더 자주 이메일을 확인했지만, 그래도 덕분에 이메일 작업은 아이패드와 연관된 활동이라는 사실을 공고히 할 수 있었다. 그러다 어느 시점에 내 새로운 습관이 보이지 않는 모종의 행동과학적 경계선을 넘어서면서, 이메일을 하루에 한 번만 확인하는 습성이 내 정체성의 일부로 자리 잡았다.

작은 한 가지 변화가 예기치 못한 결과, 즉 외부 효과externality를 일으키는 것은 언제나 감탄스러운 일이다. 내 메일함을 두드리는 대다수의 사람들은 답장을 좀 더 늦게 받더라도 개의치 않았다. 심지어 뭔가 낌새를 채고 이메일을 예전보다 덜 보내기도 했다. 그러나 그렇지 않은 사람들도 일부 있었다. 이들은 비둘기 전령만 안 썼다뿐이지 갖은 방식으로 내게 연락을 취해왔다. 심지어 한 동료는 내게 중요 인물들의 이메일만 따로 받을 수 있는 계정을 별도로 개설하라는 권유까지 했다. 내가 그 제안에 어떻게 대응했을까? 변함없이 오후 6시에 답장을 써서 그런 사람들에게 알렸다. 나를 간절히 찾아줘서 정말 고맙지만 추가 계정을 만들면 가뜩이나 이메일을 안 열어보고는 못 배기는 내 성미에 역효과가 날 가능성이 높은데, 아직 나는 그런 위험을 감수할 준비가 안 되었다고 말이다. 그러고는 언제나처럼 나를 이해해 줌에 감사 인사를 전하고, 다음 날 오후 6시에 아이패드로 다시 연락을 하리라고 약속했다. 그들에게 '고맙다' '이해심이 많다'고 치켜세운 것은 자아에 호소하는 바넘효과를 노린 것이었고, 다행히도 이 방법은 효과가 있었다. 드디어 해방이었다!

물론 24시간 단위로 한꺼번에 회신을 해도 괜찮지가 않은 사람들도 있을 것이다. 이들은 하루에 서너 번씩 답장을 해야 할 수도 있다. 이런 경우에는 우선적으로 확인할 이메일 계정을 따로 만들어 두면 정말로 도움이 될 것이다. 아니면 생산적인 일이나 필수적인 업무와 관련된 사람들이 긴급하게 연락할 수 있는 또 다른 특수한 방법이 필요할 수도 있다. 하지만 혹시라도 하루 종일 이메일이나 다른 형태의 온라인 소통을 위해 대기 상태에 있어야 한다고 진심으로 믿고 있다면 당신이 생각하는 근거에 의문을 제기해 보기 바란다. 비상 스위치를 조작하는 사람이나 콜센터에서 일하는 사람 외에는 항상 대기 상태에 있는 것이 시간을 효율적으로 쓰는 방법이라고 보기는 어렵다.

내 말을 못 믿겠는가? 매일 1시간만 온라인 접속을 끊고 다음의 두 가지를 점검해 보라. 첫째, 세상이 멈추었는가? 둘째, 그 1시간 동안 뭔가 가치 있는 일을 했는가?

작업 환경이 탁 트인 사무실이든, 동네 카페든, 재택 사무 공간이든 작은 실천을 위한 시간을 우선적으로 확보할 필요가 있다. 의도적으로 이런 시간을 마련하자.

지금 당장 온라인 소통 방식을 바꾸는 노력을 기울여라. 그런 노력으로 당신은 시간을 잡아먹는 시시한 온라인상의 소식에 반응하는 대신 방해 없이 이익을 가져다주는 보다 의도적인 교류를 하게 될 것이다.

온라인 방해 요소와 싸우기에 앞서,

1) 당신에게 가장 큰 온라인 방해꾼은 무엇인가? ____________
2) 한 기기로만 이 방해꾼을 이용하도록 디지털 환경을 설정하자. 어떤 기기를 사용할 것인가? ____________
3) 하루 중 특정한 시간대에만 그 기기를 사용하기로 정하자. 어떤 시간대로 할 것인가? ____________

일의 효율성을 높여줄 즉효 통찰

나는 온라인상의 방해꾼들을 떨쳐버리는 데 성공했다. 덕분에 작은 환경의 변화가 엄청난 생산성 향상을 가져온다는 개념에 지속적으로 관심을 가지게 되었다. 그리고 추가적으로 환경을 바꾸기 위한 탐구에는 저렴하고 재미난 DIY 방식으로 접근했다.

장담컨대, 시간을 좀먹는 산발적 방해를 용인하기보다 온라인상에서 목적의식을 가지고 교류를 하는 편이 큰 목표를 향한 여정에 바칠 시간을 확보하는 측면에서 훨씬 더 이익이다. 또한 이는 앞에 있는 사람에게 온전히 집중할 수 있는 네트워킹이 더 즐겁다는 뜻이기도 하다. 온라인 세상에서 나와 현실 세계로 들어갈 때는 마음속에 이런 질문을 품고 주위를 살펴보면 좋다. '이 물리적 공간이 내가 큰 뜻으로 작은 실천을 통해 원하는 커리어를 쌓는 데 도움이 될까 아니면 방해가 될까?'

우리가 생활하고 숨 쉬는 환경은 우리의 수행력과 동기, 끈기는 물론이고 특정 순간에 우리가 하는 선택에도 직접적으로 영향을 미친다. 우리는 우리 자신과 우리의 야망을 키워줄 환경에서 최대한 많은 시간을 보낼 필요가 있다. 우리가 주변의 물리적인 공간을 손쉽게 변경하고 누구와 함께 일할지를 선택할 수 있는 시대에 산다는 것은 참으로 다행스러운 일이다.

행동과학의 가르침은 환경을 어떤 식으로 바꾸면 작은 실천의 습관을 강화할 수 있을지에 대한 아이디어를 제공해 준다. 모두에게 효과적이라고 말하기는 어렵지만 환경이 사람들의 행동과 기분, 집중력을 변화시키는 것만큼은 분명한 사실이다. 그러므로 다음에서 소개하는 아홉 가지 행동과학적 즉효 통찰을 살펴보고 이 중 어떤 것이 당신에게 효과가 있는지 확인해 보도록 하자.

즉효 통찰 1: 통풍

이상적인 업무 환경은 통풍이 잘되는 곳이다. 공기가 잘 통하는 곳에서 일하는 직원들이 높은 수행 능력을 보이고, 환기가 잘 안 되는 곳에서 일하는 직원들은 결근 횟수가 잦다는 연구 결과가 있다.[5] 사무실에서 일하는 사람들은, 즉 통풍이 잘되는 근무 환경을 선택할 수 없는 사람들은 환기를 자주 시키거나 아니면 근무 시간 중 몇 번씩 나가서 바깥 공기를 쐬어야 한다. 내 친구 하나는 점심시간에 반드시 펜과 노트를 들고 런던의 콘크리트 숲속으로 나가 어디든 자리를 잡고 앉는다. 이 시간에 그는 오전 시간을 어떻게 보냈는지 찬찬히 돌아보고 오후에 다시 활기차게 일할 마음가짐을 다진다. 분주하게 오가는 사람들을 감상하며 이런 시간을 갖는 것이다!

새로 알게 된 또 다른 멋진 친구는 늘 주변 경관이 아름답고 야외 공간이 딸려 있는 카페를 찾아 그곳에서 차를 마시며 휴식을 즐긴다. 그녀는 그런 곳의 음료 가격이 다른 곳보다 두 배나 비쌀지라도 그로 인해 자신이 얻게 되는 위안에 비하면 아무 것도 아니라고 말한다.

바깥에 나가 한숨 돌릴 짬을 내기가 힘든가? 그렇다면 실외 공간에서 업무상 전화 통화를 하거나 바람이 잘 통하는 커피숍에서 회의를 하도록 계획해 보자. 요즘은 쓸데없이 많은 시간을 회의에 소비하는 추세이니 좀 더 근사한 환경에서 회의를 하는 것도 나쁘지 않을 것이다. 내 사무실도 통풍이 잘 되지 않는데, 나는 이 문제를 어떻게 해결하고 있을까? 공공장소를 비롯한 다양한 장소에서 사람들과 만날 약속을 잡는다. 벤치가 있는 곳에 길이 있나니!

즉효 통찰 2: 식물

근무 시간 중에 정 밖에 나갈 수 없다면 동네 꽃집에 가서 식물을 사다가 실내에 들이자. 작업 공간에 식물을 두면 주의력과 생산성을 높일 수 있다. 초록이 친구는 장시간 실내에 머물 때의 스트레스나 피로 같은 악영향을 줄이는 측면에서도 도움이 된다.[6]

이제 당신이 해야 할 일은 식물을 죽이지 않는 것이다! 그것이 능력 밖의 일이라면 선인장 테라리엄(유리 용기를 이용해 식물을 기르는 방법)을 시도해 보자.

즉효 통찰 3: 자연광

통풍이 잘되는 공간에서 시간을 보내면 자연광을 많이 받을 수 있다는 추가적인 이점이 있다. 버젓이 개인 사무실이 있는 사람이 공원 벤치에 앉아서 글을 쓴다는 게 이상해 보일 수도 있지만, 자연광이 비치는 환경에서 일하면 인지력 향상에도 도움이 된다.[7] 밖에서 일하면 확실히 기분도 좋아지고 집중력도 높아진다. 또 하루 종일 실내에서 일할 때 생기는 밀실 공포증이나 그로 인한 피로감도 줄어든다.

즉효 통찰 4: 조명

실외에 나가 앉아 있을 의향이나 선택권이 없는가? 나는 영국에 사는지라 공원 벤치에 앉아 있으면 1년 중 75퍼센트는 서풍을 맞는다. 인공조명을 장기간 피할 수 없는 신세라면 특정 문제나 과업에 집중해야 할 때는 밝은 조명을 사용하고, 창의력을 분출해야 할 때는 어두운 조명을 사용해 보자.[8] 이 방법이 당신에게 효과가 있는지 실험해 보라!

즉효 통찰 5: 온도

그룹 회의장은 다른 사람과 협력하며 경계를 넓히는 자리가 될 수 있다. 기가 막힌 아이디어나 새로운 사고방식의 발상지가 될 수 있는 것이다. 심리적 안전감을 느낄 수 있는 공통의 목표를 가진 사람들과 함께하면 정말로 마법이 일어나기도 한다. 이런 곳에는 맹목적으로 타인을 추종하는 집단 사고가 발붙일 틈이 없다. 그렇다 하더라도 항상 방 안의 온도는 신경써야 한다. 문자 그대로의 온도 말이다.

덥고 짜증이 날 때는 생산성과 협동심이 떨어진다.[9] 혼자서 일할 때도 마찬가지다. 대체로 실내 온도가 섭씨 16~24도일 때 사람들은 쉽게 몰입에 빠져든다. 그렇지만 일하기에 쾌적하다고 느끼는 온도는 사람마다 다르므로 자신에게 적합한 온도 범위가 어디인지 찾아보는 것이 좋다. 저렴하고 예쁜 온도계를 사서 어떤 온도에서 일이 가장 잘되는지 실험해 보자.

즉효 통찰 6: 소음

물론 아름다운 카페나 공공장소에 앉아 있으면 예기치 못한 소음으로 방해를 받게 될 위험이 상존한다. 주변의 소란에 정신을 빼앗기느냐 이를 무시할 수 있느냐는 사람에 따라 다르다. 그러나 더 조용한 환경에서 동기[10]와 생산성[11]이 향상된다는 것만큼은 확실히 입증된 사실이다. 필요할 때 집중해서 일할 수 있는 조용한 환경을 확보하기 위해 노력을 기울여야 한다.

개인 사무실이 있으면 작업 공간의 소음을 통제하기가 용이하다. 소란스러운 환경에서 일한다면 소음 제거 헤드폰이 도움이 될 수 있다. 개방형 사무실에서 일하는 사람들은 주변의 방해를 막기 위해 책상 위에 놓아둘 표지나 신호를 마련하자. "방해하지 마세요"라고 쓰인 안내판이나 원뿔형 경고 표지, 깃발 따위를 말이다.

외부로 돌아다니면서 일하는 사람들이라면 카페들이 붐비는 시간대가 언제인지 온라인상에서 확인할 수 있으므로, 더 조용하고 마음에 드는 테이블을 확보할 수 있는 시간대에 집중해서 할 일을 계획할 수 있다. 동료나 새로운 관계망과의 만남을 계획할 때 노력을 기울이듯이 자신이 생산적으로 일할 수 있는 시간을 계획하는 데에도 관심을 기울이자.

즉효 통찰 7: 자기만의 공간

개방형 사무실에 있는 책상 하나든, 침실 한 구석이든, 사무실 전체든 간에 자기만의 공간을 가지고 있는 사람들이 많다. 이 공간은 지속적 학습이나 집중력을 요하는 일을 하기 위해 찾는 곳이다. 명확한 자기만의 공간이 없다면 방 한쪽 구석의 안락의자 같은 것을 그런 곳으로 지정해 보자. 규칙적인 행위가 습관을 형성한다. 특정한 공간을 반복적으로 찾아 그곳에서 항상 동일한 일을 하게 되면 시스템1이 자동으로 그 공간을 해당 행위와 결부시키게 된다.

왜 이런 공간이 중요할까? 과업에 착수했을 때 더 빨리 몰입에 들게 해주기 때문이다. 이런 지정 공간을 주간 계획을 세우는 장소로 활용해도 좋다.

즉효 통찰 8: 정리

자기만의 공간을 확보했으면 그곳을 깔끔하게 유지하는 것이 좋다. 그러면 정신이 산만해지는 일을 피할 수 있다.

깔끔한 공간 = 맑은 정신

혹시 미리 얘기하지 않고 내 사무실을 불쑥 방문하는 사람이 있다면, 내가 어지르는 습성으로 인해 곤란을 겪고 있다는 사실을 눈치채게 될 것이다. 하지만 나는 말끔하게 정리된 환경을 훨씬 더 좋아하는 사람이다. 그리고 이런 환경에서는 단지 기분만 좋아지는 것이 아니다. 작업 공간이 깔끔할 때 집중이 더 잘되고 일도 더 많이 할 수 있으며 필요한 물건도 더 쉽게 찾을 수 있다. 그러니 어지러운 환경과 산만함 사이의 연관성을 말해주는 증거들이 제시되는 것도 그리 놀라운 일은 아니다.[12]

업무 공간의 너저분한 물건들을 정리하면 집중해서 일해야 할 때 더 쉽게 몰입에 빠져들 수 있다. 나처럼 천성적으로 잘 어지르는 사람들은 재활용품을 정리하고 안 쓰는 물건을 팔아 물건 자체를 줄이려는 노력이 필요하다. 이때 소유효과endowment effect의 함정에 빠지지 않도록 주의하자. 이 효과는 소유물에 대한 정서적 애착 때문에 발생하는 것으로, 어떤 물건을 소유하고 나면 소유하기 전보다 그 물건의 가치를 더 높게 평가하는 경향을 말한다. 집을 팔아본 적이 있다면 아마 당신은 소유효과 때문에 직접 칠한 페인트나 직접 꾸민 장식을 과대평가해 부동산 중개인에게 집의 가치를 설명했을 것이다. 또 더 이상 쓰지 않아 중고로 팔면 좋을 오래된 책이나 의류, 소품을 계속 가지고 있는 것도 소유효과 때문이다. 하지만 일단 어떤 물건을 없애고 나면 그 물건이 언제 없어졌나 싶게 금세 적응이 될 것이다. 이 점을 유념하며 과감하게 물건을 정리해 깔끔한 공간을 마련할 수 있도록 하자.

즉효 통찰 9: 색

잡동사니를 정리하다 보면 벽면을 새롭게 바꿀 기회도 생긴다. 색에 관한 연구에 의하면 개인 작업 공간의 벽면 색상이 수행 능력을 향상시킬 수 있다고 한다. 그러나 절대적인 효과가 입증된 단 한 가지 색상이 존재하는 것은 아니다. 개인적 취향과 더불어 성취하고자 하는 목표가 무엇이냐에 따라 주변 색상을 달리하는 게 좋다. 파란색 벽은 창의성과 체계적인 사고, 인지 수행력을 증진시킨다.[13] 반면에 빨간색 벽은 세심한 작업에 필요한 집중력을 높여주며[14] 용기와 배짱, 경쟁심이 요구되는 경우에도 유익하다. 2005년 연구에서 로우Rowe와 그 동료들은 2004년 올림픽

대회에 출전한 레슬링과 권투 종목 선수들이 빨간색 경기복과 파란색 경기복을 임의로 배정받았다는 사실에서 참신한 방식으로 그 효과를 확인했다. 임의로 경기복을 배정받았기 때문에 빨간색 경기복을 입은 선수들과 파란색 경기복을 입은 선수들 사이에 의도된 차이는 없었다. (더 뛰어난 기술력이나 더 높은 경쟁심을 지닌 선수들이 특정 색상의 경기복을 더 많이 선택할 경우엔 인위적인 차이가 생길 수 있다.) 그 결과 어떤 사실이 드러났을까? 빨간색 경기복을 입은 선수들의 승률이 파란색 경기복을 입은 선수들에 비해 2배 더 높게 나타났다.[15]

색상 자체만 수행력에 영향을 미치는 것이 아니라 색의 선명도 역시 결과에 영향을 미치는 것으로 조사되었다. 개인 학습 공간을 선명한 색상으로 꾸미면 은은한 색상으로 꾸민 경우에 비해 수행력이 더 높아지는 것으로 나타났다.[16]

그렇다고 색에 관한 문헌이 개인적 공간을 어떻게 꾸며야 하는지에 대해 명확한 지침을 주는 것은 아니다. 그리고 빨강과 파랑 이외의 색상에 대해서는 아직 증거 기반이 확립되어 있지 않다. 그러나 일단은 지금까지 입증된 증거를 바탕으로 경쟁심을 고취하고 싶다면 벽을 빨간색으로, 마음을 진정시키거나 불안감을 낮추고 싶다면 벽을 파란색으로 꾸며 보는 것도 괜찮을 듯하다.

요 약

공간을 어떻게 설계할 것인가?

행동과학적 통찰을 참고하여 환경을 바꾸면 승산을 높이고 목표 실현에 한 걸음 더 다가설 수 있다. 이번 장에서는 어떤 식으로 환경을 바꾸면 좋을지 알아보았다. 먼저 온라인의 간섭을 최소화할 방법을 상세히 논했으며, 다음으로는 집중력과 생산성을 높여줄 환경 조성에 도움이 될 아홉 가지 즉효 통찰을 살펴보았다. 그런 환경에서 당신은 규칙적으로 작은 실천을 행하고 중장기 목표 달성에 기여할 활동들에 참여할 수 있다.

이제 그 통찰들을 다시 정리해 보자.

통찰 1: 온라인상의 시간 좀벌레를 퇴치하라

온라인 소통은 한 가지 기기로만 하도록 정하고, 몰입해서 일해야 할 때는 그 기기를 눈과 마음에서 멀어지게 하자.

즉효 통찰 1: 통풍

수행 능력 향상을 위해 온종일 공기가 잘 통하는 공간을 찾자.

즉효 통찰 2: 식물

집중력과 생산성 증진을 위해 작업 공간에 식물을 들이자.

즉효 통찰 3: **자연광**

인지 수행력 향상을 위해 되도록 자연광이 드는 장소에서 시간을 보내자. 실내에서 자연광이 잘 드는 곳을 찾기 힘들면 밖으로 나가자.

즉효 통찰 4: **조명**

인공 조명이 켜진 실내에서 일하는 경우 집중력이 필요할 때는 밝은 조명을, 창의력이 필요할 때는 어두운 조명을 사용하자.

즉효 통찰 5: **온도**

섭씨 16~24도 사이의 온도에서 혼자 하는 작업과 아이디어 구상 회의들이 어떻게 진행되는지 살핀 뒤 결과에 따라 적절히 온도를 조절하자.

즉효 통찰 6: **소음**

집중력을 요하는 작업을 위한 동기를 높이고 생산성을 증진하려면 더 조용한 환경을 찾자.

즉효 통찰 7: **자기만의 공간**

자기만의 공간을 확보하고 시스템1이 자동으로 그 공간과 집중력을 요하는 작업을 연관시키도록 하자.

즉효 통찰 8: **정리**

집중력 향상을 위해 작업 공간을 깔끔하게 유지하자. 쓸모없는 잡동사니를 끼고 살게 만드는 소유효과에 유의하자.

즉효 통찰 9: **색**

창의성과 체계적인 사고, 인지 수행력의 향상을 원한다면 주변(옷이나 벽)의 색상을 파란색으로 꾸미고, 세밀한 작업에 집중해야 할 때나 경쟁심을 고취해야 할 때는 빨간색으로 꾸며보자.

나는 디지털 환경을 바꾸는 데 바짝 신경을 써서 온라인 활동으로 인해 방해를 받던 습관은 (대부분) 떨쳤고, 주변의 물리적인 환경도 보다 생산적인 작업이 가능하도록 바꾸었다. 이런 변화 덕분에 나는 훨씬 더 몰입을 잘하게 되었고, 그 자체만으로 기분이 좋아졌다.

당신도 똑같이 하고 싶은가? 그러면 온라인 접속으로 인한 방해를 억제할 전술을 사용하면서 동시에 즉효 통찰 한 가지를 골라서 시험해 보자. 그리고 그런 변화가 가져다주는 이득을 주의를 기울여 유심히 살피자. 일을 더 잘, 더 빨리, 더 몰입된 상태에서 처리할 수 있게 되는 것이 그런 이득의 하나다. 일주일 뒤에도 별다른 이득이 감지되지 않으면 기존에 사용하던 전술을 수정해 다른 즉효 통찰을 시험해 보자. 이렇게 시행착오를 거치며 학습하다 보면 분명 방해받지 않는 시간을 보장받을 전술을 찾게 될 것이다. 마찬가지로 여러 즉효 통찰들을 섭렵하다 보면 당신의 페르소나에 잘 맞는 환경적 변화에도 안착하게 될 것이다.

이 모든 통찰들을 다 시도해 보고 나면 결국 당신은 자신에게 적합한 환경적 변화들이 일상생활과 통합되는 새로운 균형 상태에 도달할 것이다. 이후 시간이 더 지나면 그러한 변화들은 배경으로 물러나 목표를 지지하는 하나의 구조가 될 것이다.

뭔가 변화를 주어야겠다는 결심을 하게 만들었던 그 일진 사나운 날이 지나고 몇 주 뒤 현관문에 열쇠를 꽂으면서 나는 내 집이야말로 마음이 내킬 때 더 많은 일을 할 수 있도록 의도적으로 설계된 최상의 공간이라는 생각이 들었다. 하지만 그렇다고 그날 바로 일을 하지는 않았다. 대신 모든 스마트 기기를 끄고 멋쟁이 옥타비아 스펜서Octavia Spencer가 출연한 애플 TV의 최신 드라마를 넋을 놓고 보았다.

또 회복력을 키우기 위한 몇 가지 행동과학적 통찰에도 의지했다. 이 통찰들에 대해서는 다음 장에서 소개할 것이다.

즐거운 설계의 시간이 되기를!

다음으로 넘어가기 전에 아래의 내용을 확실히 해두자.

- 매일 마주치는 방해의 양을 줄이기 위해 특별한 노력을 기울인다.
- 아홉 가지 즉효 통찰 중 한 가지를 골라 당장 내일부터 실천한다.

이번 장에서 언급된 다섯 가지 행동과학 개념

1. **맥락의 중요성:** 우리의 행동이 주변 환경에서 순간순간 주어지는 암시들에 영향을 받는다는 사실
2. **부추김:** 바람직한 행동에 따른 보상으로 그 행동의 빈도를 증가시키는 긍정적 강화의 제공
3. **의도-행위 간극:** 의도하는 행위와 실제 이루어지는 행위 사이의 격차
4. **외부 효과:** 누군가의 행동 또는 행위의 변화로 인해 제3자에게 부과되는 비용이나 이득(여기서 '제3자'란 그런 비용이나 이득을 발생시키는 데 관여하지 않은 사람을 뜻한다.)
5. **소유효과:** 자신의 소유물에 대해 정서적 애착을 갖게 되는 경향

7장

실패와 불운에 대응하는 인생 기술

회복력

"일상의 타격으로부터

당신은 얼마나 회복을 잘하는가?"

"괜찮아?" 다정한 내 친구 케빈Kevin이 물었다. 2004년 10월, 코크시에 있는 우리 집 진입로에서 함께 차를 타고 나오던 참이었다.

나는 이미 시야에서 사라진 아버지에게 연신 손을 흔들어 대고 있었다. 누가 봐도 정상으로 보이지 않는 모습이었고, 지난 몇 주 내내 나는 그렇게 정신을 놓고 있었다. 박사학위 이수를 위해 더블린으로 이사를 나가려니 달콤씁쓸한 기분이 들었다. 씁쓸함은 집을 떠나면서 느껴지는 외로움 때문이었고, 달콤함은 인생의 새로운 장이 열리리라는 기대감 때문이었다. 직업적으로나 개인적으로나 내 앞에는 변화와 성장의 기회가 놓여 있었다.

그런 변화가 도움이 되리라는 부푼 기대가 있었다. 지난 2년은 내게 힘겨운 시간이었다. 2003년 1월에 조카이자 좋은 친구였던 에밋Emmett이 스물한 살의 나이에 부정맥으로 우리 곁을 떠났다. 에밋은 스포츠를 즐겼고 눈에 띄게 건강해 보였기에 단순히 충격이라는 말만으로는 그 심정을 이루 다 표현할 수 없었다. 이후 엄마의 예순 살 생일을 맞아 바르셀로나로 여행을 다녀온 직후인 그해 9월, 엄마가 난소암 진단을 받았다. 진단

시점에 이미 병이 많이 진행되었던 터라, 엄마는 6개월간 심하게 앓다가 돌아가셨다. 그로부터 얼마 뒤, 에밋의 아버지이자 마음씨 좋았던 삼촌마저 폐암으로 돌아가셨다. 역시나 너무 늦은 진단에 손을 써볼 겨를도 없었다. 그 짧은 기간에 나는 엄청난 정서적 타격을 입었다. 이 세 차례의 타격은 미처 다 채우지 못할 만큼의 회복력을 필요로 했다.

그러나 10월의 그날, 케빈이 운전하는 차를 타고 더블린으로 가는 동안에는 훨씬 더 일상적인 일을 위해 회복력을 소환할 필요가 있었다. 분명 머리가 빙빙 돌 것까지는 없었을, 집을 떠나는 데서 오는 타격을 위해서 말이다. 20대의 나이에 집을 떠나는 건 자연스러운 일이었다. 게다가 나흘만 지나면 주말이라 다시 아버지를 볼 수 있었다. 이후 1년 동안 나는 거의 매주 주말 이런 생활을 반복했다. 그럼에도 불구하고 내 정서적 타격은 무뎌지지 않았고, 이제는 뭔가 조치가 필요했다.

회복력이 성패를 좌우한다

회복력은 인생의 중대한 스트레스 요인과 비극에만 대처하는 것이 아니다. 자잘한 일상의 타격들에 대처하는 것도 회복력이 하는 일이다.

인생의 타격은 갖가지 크기로 다가온다. 이번 장에서 우리는 인생의 중대한 스트레스 요인과 비극보다는 일상적인 타격을 다루는 데 행동과학적 통찰들이 어떻게 도움이 될 수 있는지를 살펴볼 것이다. 커다란 타격에 대처하는 것이야말로 실로 핵심적인 인생의 기술이겠지만, 그 부분은 이 책이 다룰 수 있는 범위를 한참 벗어난다. 부디 당신의 여정에는 그런 사건들이 일어나지 않기를 빈다. 그러나 새로운 목표를 추구하는 동안 갖가지 자잘한 타격들에 직면하게 되는 것만큼은 누구든 피할 수 없는 현실이다.

그러면 우리가 처리해야 할 문제들에는 어떤 것들이 있을까?

'타격'은 개인이 지닌 회복력의 수준에 따라 다르게 정의된다. 회복력 보유고가 낮은 사람들은 복도에서 마주친 동료가 평소처럼 반갑게 인사를 건네지 않고 쌩하니 지나쳐 가버리면 그 무례함에 기분이 상하고, 혹시 의도적으로 자신을 무시한 건 아닌지 걱정에 휩싸인다. 반면에 회복력 보유고가 높은 사람들은 그저 그 동료가 바빠서 그랬겠거니 생각하고 넘긴다. 그런 패턴이 반복적으로 나타나기 전까지는 상대방의 우정을 의심하지 않는다. 그들은 자잘한 일에 신경쓰지 않기 때문에 그 정도의 일로는 타격을 입지 않는다.

회복력이 높은 사람들은 일자리나 프리랜서 업무에서 거절을 당하거나 아이디어가 퇴짜를 맞아도 '일이 잘 풀릴 때도 있고 안 풀릴 때도 있는 법이지'라면서 그 사건을 잘한 일과 잘못한 일을 돌아볼 계기로 삼는다. 반면에 회복력이 낮은 사람들은 같은 상황에서 자신감에 타격을 입고 다시는 세상에 나서지 않게 될 수도 있다. 더 나아가, 그 거절을 부당한 처사로 여기고 세상이 그들 편이 아니라고 느낄 수도 있다.

인생에서 당신이 원하는 것이 무엇이든, 한 가지는 확실하다. 올라갈 일이 있으면 내려갈 일도 있게 마련이라는 것이다. 이런 기복을 어떻게 다루느냐가 발전 여부를 좌우한다.

일상의 타격으로부터 당신은 얼마나 회복을 잘하는가? 아래 상자에서 사람들이 일상에서 자주 겪는 사건들을 살펴보자. 이런 사건들이 당신에게 일어났던 경우를 돌아보고, 각각을 다음의 세 범주 중 하나로 분류하여 알맞은 기호를 사건 설명 옆에 표시해 보자.

1. 별로 개의치 않는다 — 느낌표로 표시한다.
2. 마음을 가다듬고 하루 만에 극복한다 — 동그라미로 표시한다.
3. 큰 충격을 받고 정체기에 빠진다 — 별 모양으로 표시한다.

시험을 치를 때

- 시험장에 앉았는데 답을 모르는 문제가 많다.
- 시험에 통과하지 못했다.
- 반에서 하위 20퍼센트의 성적을 받았다.
- 차가 막혀서 시험에 응시하지 못해 재응시까지 1년을 기다려야 한다.
- 예상보다 낮은 점수를 받았다.

대중 강연을 할 때

- 강연 시작 전에 긴장이 되어 땀이 난다.
- 논지가 틀렸다는 지적을 받는다.
- 강연 내내 사람들이 하품을 하고 휴대 전화를 만지작거린다.
- 강연 도중에 실신을 한다.
- 질의응답 시간에 받은 질문에 답변하지 못한다.
- 강연에 대한 평가서에 왜 당신에게 강연을 맡기면 안 되는지 상세하게 기술한

답변이 있다.
- 강연에 대한 평가가 대체로 부정적이다.

신규 고객층을 키우려 할 때

- 잠재고객 20명에게 이메일을 보냈는데 아무도 회신을 하지 않는다.
- 잠재고객 20명에게 이메일을 보냈더니 3명이 회신을 통해 어째서 당신의 상품·서비스가 자신들의 니즈에 부합하지 않는지 상세하게 설명한다.
- 잠재고객 20명에게 이메일을 보냈더니 5명이 회신을 통해 제품 가격이 너무 비싸다면서 "고맙지만 사양한다"고 말한다.
- 잠재고객과의 첫 만남을 순조롭게 시작하지 못한다.
- 최대 고객이 계약을 취소한다.

일상적인 업무를 볼 때

- 중요한 마감이 있는데 조언을 구해야 할 직장 선배가 이메일을 보내거나 전화를 해도 답이 없다.
- 중요한 회의에서 동료의 잡담 때문에 주장하고자 하는 중요한 요지가 묻힌다.
- 직장에서 알짜배기 프로젝트에 끼워달라고 요청했는데 선발되지 않았다.
- 일상적인 대화에서 한 말을 동료가 오해해 사과하고 오해를 바로잡았음에도 그가 계속 없는 말을 지어내며 상사에게 불만을 제기한다.
- 무능한 동료와 짝이 되어 특정 프로젝트를 맡았다가 프로젝트를 망쳤다.
- 경력 개발 면담에서 면박을 듣고 나와 승진을 하려면 어떻게 해야 할지 여전히 깜깜하다.
- 전철이 고장나는 바람에 중요한 날 직장에 지각을 한다.
- 상사가 실수를 하고 당신에게 화풀이를 한다.

새 직장을 구할 때

- 스무 곳에 맞춤 지원서를 냈는데 한 군데서도 연락이 오지 않았다.
- 가고 싶은 회사에서 첫 면접을 훌륭하게 치렀는데도 연락이 오지 않는다.
- 들어가려는 회사에서 직무 중심의 평가를 하는데, 분명 떨어진 것 같다.
- 취업 면접을 잘 보지 못한다.
- 몸이 아파서 면접을 놓친다.
- 지원한 일자리에 합격했지만 현재 연봉보다 급여가 현저히 낮다.

이럴 때 당신은 어떻게 했는가? 대다수의 사건들이 '별로 개의치 않는다' 또는 '마음을 가다듬고 하루 만에 극복한다'의 범주에 속하면 좋을 것이다. 현재 당신의 페르소나가 이런 상태라면 더 바랄 나위가 없다. 그러나 이런 사람은 소수에 불과하다. 몇 가지 사례가 '큰 충격을 받고 정체기에 빠진다'에 해당된다 해도 걱정할 것 없다. 본래 일시적인 실패에 과민반응하고 예상대로 일이 안 풀리면 언짢아하는 게 사람들의 습성이니까.

이렇게 표시를 해보면 특정 문제들에서는 다른 문제들에 비해 회복이 더 잘된다는 사실을 깨닫게 된다. 일반적으로 자기 기술과 관계된 것에서 실패를 하면 회복이 잘 안 되는 경향이 있다. 일례로 당신이 한 말을 동료가 오해하면 엄청 화가 나고 밤에 잠도 못 이룰 수 있다. 반면에 전철이 늦게 와서 회의에 참석하지 못한 일은 얼마 지나지 않아 금세 잊어버릴 수 있다. 이런 경우 당신은 사려 깊은 동료라는 자기 기술은 유지하겠지만 시간 엄수와는 거리가 먼 사람으로 보일 것이다.

불운이 닥치거나 실패를 겪을 때 회복력에 의지하는 우리에게, 다행히도 회복력을 비축하는 데 도움이 되는 행동과학적 통찰들이 있다. 이 통찰들을 잘 따르면 실패하거나 불운이 닥치더라도 쉽게 회복할 수 있으며, 어쩌면 일상의 타격을 전혀 눈치채지 못하는 경지에까지 오를지도 모른다.

이번 장에서 제시하는 행동과학적 통찰들은 저항력을 키우는 데 도움이 되며, 정신없이 바쁜 일상에서도 비교적 수월하게 실천할 수 있다. 개인적으로 채택한 각각의 항목에 대해서는 일주일 뒤에 효과가 있었는지 평가한 뒤 효과가 있는 것은 계속 활용하고 나머지는 버리자.

회복이 쉬워지는 행동과학적 통찰

통찰 1: 누구에게나 사정은 있다

이런 상상을 해보자. 어느 비 오는 날 아침, 당신이 집에서 나와 거리를 걸어가고 있다. 중요한 회의가 있어서 가는 중이다. 그때 차 한 대가 제한 속도보다 시속 30킬로미터나 더 빠른 속도로 지나가며 당신에게 물벼락을 뒤집어 씌웠다. 어떻게 할 것인가?

많은 사람들이 이럴 때 속으로 구시렁거릴 것이다. 일부는 줄행랑을 치는 차 운전자에게 대놓고 욕을 할 수도 있다. 이 사건으로 당신의 기분이 달라질까? 그 기분은 얼마나 오래갈까? 몇 분? 몇 시간? 며칠? 아마 목적지에 도착해서도 여전히 분을 삭이지 못하며 무슨 일이 있었는지 주변 사람들에게 떠들어 대는 사람이 많을 것이다.

또 다른 상상도 해볼 수 있다. 한 동료가 약속 시간에 늦는다. 잠재 고객이 볼멘소리를 내뱉는다. 그 생각이 내내 머릿속을 떠나지 않는다.

부정적인 사건은—크든 작든—동일한 크기의 긍정적인 사건에 비해 훨씬 더 오래도록 기억에 남는다. 이런 사건들에서 비롯된 감정들 중 혹시 5장에서 살펴본 근본 귀인 오류에 의해 유발된 것이 있지 않을까?

앞서 물을 튀기고 지나간 운전자에 대한 이야기로 다시 돌아가 보자. 물벼락을 맞았을 때 사람들은 무엇 때문에 그토록 짜증스러워 할까? 만약 당신이 그런 상황에 처한다면 그 짜증의 지수를 1~10점—10이 가장 짜증스러운 정도—중 몇 점으로 매기겠는가?

그 운전자를 당신은 어떤 시각으로 바라볼까? 아마 무례하고 거만한 사람이거나 더 나아가 무뢰한이라고 생각할 것이다. 머릿속에 떠오르는 또 다른 형용사가 있는가? 혹시 운전자가 부모님의 임종을 지키기 위해서 급히 병원에 달려가는 길이었다면 어떨까? 몇 달 동안 실업자로 지내다가 취업 면접을 보러가는 길에 늦어서 허둥지둥하고 있었다면 그를 묘사하는 형용사가 달라질까? 혹은 냉혈한이 아닌 이상 공감할 수밖에 없는 또 다른 이유가 있었다면 어떨까?

행동 이면의 맥락을 알게 되면 기분에 미치는 영향이 줄어들거나 그로 인한 반응이 달라질까? 많은 경우, 물을 튀기고 지나간 운전자의 상황에 공감이 되면 그리 기분이 상하지 않을 것이다.

물벼락을 맞았을 때 어째서 우리는 상대방이 무뢰한이라는 결론에 그토록 빨리 도달하는 것일까? 그 답은 근본 귀인 오류에 있다. 운전자가 물을 튀기고 지나간 행위를 운전자가 처한 상황보다는 운전자의 성품이 반영된 결과로 바라보는 것이다. 다음번에 또 그런 일이 생긴다면, 치밀어 오르는 분노와 그것이 운전자의 의도된 행위라는 근본적인 가정에 의문을 가져보자. 아닌 게 아니라 운전자들 중에는 정말로 무뢰한이라 남의 양말을 적시는 데서 희열을 느끼는 사람들도 있다. 그러나 이럴 때 길길이 날뛰고 분통을 터뜨려 봐야 피해를 입는 건 그 운전자가 아닌 자기 자신일 뿐이다. 안 그랬으면 순조로웠을 하루에 온통 어두운 그림자가 드리워지기 때문이다.

이런 일을 겪었을 때 우리가 물을 튀긴 운전자를 다시 만날 가능성은 희박하다. 즉 우리가 보이는 반응이 향후 그들과의 관계에 영향을 미칠 수 없다는 뜻이다. 그러나 고객이나 동료를 상대할 때 우리가 근본 귀인 오류에 빠져서 반응하게 되면 무슨 일이 일어날까? 새 고객이 보름간 불면증으로 고생했다는 사실을 모른 채 그와의 첫 만남을 마지막 만남으로 만들게 될지도 모른다. 아니면 동료가 이메일에 답장을 하지 않을 때 그가 긴급한 개인사를 처리하고 있는지도 모르는 상황에서 상종 못할 사람이라고 단정하게 될지도 모른다.

이런 게 중요한 문제일까? 물론이다. 당신이 아파서 회의에 불참한 것 때문에 영원히 '무책임한 사람'이라는 낙인이 찍히지 않기를 바라듯이 혹은 전철이 지연되어 늦었을 때 사정을 이해받고 시험장에 들어갈 수 있기를 바라듯이, 다른 사람들도 그날그날의 생활에 영향을 미치는 불운을 겪고 힘겨운 경험들을 하며 이에 대해 이해를 받을 수 있어야 한다. 다음번에 또 그런 일이 일어났을 때 근본 귀인 오류를 상기하면 첫 반응에서 불쾌감을 덜 느낄 수 있다. 그러면 이런 유형의 사건들이 '별로 개의치 않는다'나 '마음을 가다듬고 하루 만에 극복한다'의 범주에 대거 들어가게 되어 일상의 타격에 대한 회복력이 더욱 강해질 것이다.

통찰 2: 첫인상에 얽매이지 마라

언젠가 나는 한 중견기업의 고위 간부 회의에 참석한 적이 있다. 다양성과 포용성에 관한 고가의 자문회사의 프레젠테이션이 있었다. 원그래프와 기둥, 마인드맵이 등장했고 1시간의 예정 시간에서 15분쯤 지났는데도 회의는 끝날 기미가 보이지 않았다. 그때 불쑥 누군가가 소리쳤다. "'심리적 안전감'이니 뭐니 하는 소리를 한 번만 더 들으면 귀에 딱지가 앉겠소. 뭔 개소리야!" 나는 방 안을 둘러보다가 고개 숙인 얼굴들 중 두어 군데서 "이크!" 하는 표정을 발견하고는 그 무법자가 회의실을 박차고 나가는 모습을 바라보았다. 의장은 당황한 기색이 역력해서는 발표자에게 사과를 하고 다시는 이런 일이 없을 거라며 안심시켰다. 나머지 사람들은 끝까지 자리를 지켰다. 하품을 해대면서.

회의가 끝난 뒤 점심 식사 자리가 이어졌지만 누구도 회의 중에 있었던 일을 입밖에 꺼내지 않았다. 그럴수록 나는 그 무법자가 누구인지 더 더욱 궁금해졌다. 의장과 가까이 대면할 기회가 생겼을 때 나는 그 남자가 누구인지 물었다.

"오, 그렉Greg이에요. 신경 안 쓰셔도 돼요. 그 사람은 이 계획을 이끌 중심 인물이 아니니까요. 그의 승인은 필요 없어요. 우리는 모두 포용적인 업무 환경을 위해 최선을 다하고 있답니다. 교수님의 고견을 들을 수 있어서 얼마나 다행인지요…."

그런 아부를 하느니 차라리 내 머리를 쓰다듬어 주는 편이 나았겠지만, 어쨌거나 낯간지러운 아부를 참은 덕분에 나는 그 무법자의 이름을 알게 되었다. 비록 그 이름에서 받는 인상은 서로 다른 것 같았지만.

나는 그 무법자에 대한 생각을 떨칠 수가 없었다. 어쩌면 다양성과 포용성에 관한 회의에서 "심리적 안전감이란 건 개소리요"라고 외친 아이러니에 매료되었는지도 모른다. 아니면 그냥 내 오지랖일 수도. 다행히 당시에 그 무법자가 다니는 회사에서 내가 자문을 맡고 있었던 터라 서로 마주칠 기회는 많았다. 그날 회의 이후로 처음 마주쳤을 때 그가 미소를 지으며 내게 인사를 건네는 모습은 꽤나 상냥해 보였다. 두 번째도 비슷했다. 세 번째 마주쳤을 때 그가 직원 사무실에 남은 마지막 티백을 권했을 때는 무법자의 이미지를 상쇄하고도 남을 만큼의 다정함이 엿보였다. 나는 용기를 내어 그에게 커피 한 잔 할 시간이 있느냐고 물었다(내가 마지막 티백을 가져가는 바람에 그에겐 커피 외에 달리 선택권이 없었다).

잡담을 즐기지 않는 나는 즉석에서 만든 대화 자리에서 채 1분도 지나지 않아 불쑥 질문을 던졌다. "심리적 안전감을 왜 싫어하세요?" 내 질문에 그는 뜻밖에도 웃음을 터뜨리더니 그칠 줄을 모르고 한없이 웃어댔다. 나는 그대로 서서 최소 3분 동안 영문도 모른 채 뻘쭘하게 기다렸다.

겨우 웃음을 그친 그는 내게 자기 팀을 만나러 가자고 했다.

20명 남짓한 그의 팀에는 남녀의 비율이 같고, 다른 층에 비해서 흑인과 아시아인, 소수 민족이 눈에 띄게 많았다. 모두가 그에게 반갑게 고갯

짓을 했고 몇 명은 쾌활하게 인사를 건넸다. 같은 건물의 다른 층에서 느꼈던 맥빠진 분위기가 아니었다. 참으로 알 수 없는 노릇이었다.

그다음 주에 나는 그 무법자 팀의 실적이 회사에서 가장 좋은 축에 든다는 사실을 알게 되었다. 또한, 이 팀은 수시 설문조사의 직무 만족도와 행복감 면에서도 꾸준히 높은 점수를 기록했다.

내가 그 무법자를 잘못 평가했던 것이다. 어떻게 된 일일까? 내 편향과 맹점이 그런 유형의 사람에 대해 그릇된 기술을 구성한 탓이다. 첫째, 나는 **상관 착각**illusory correlation에 빠져 있었다. 나는 괴팍한 성미와 직장 내에서 보이는 차별적 태도 사이에 관계가 있으리라는 잘못된 추정을 했다. 그러나 그런 연관성은 존재하지 않았다. 이런 무의식적 오류 때문에 나는 그 무법자에 대해 부정확한 기술을 구성했던 것이다. 나름 실력은 있는지라 회사에서 그의 폭군적 기질을 눈감아 주는 줄 알았다. 그러나 사실 그 무법자는 다양성과 포용성에 지대한 관심을 가진 사람이었다. 그는 회사가 간단한 문제 진단용 양식만으로 직원들에게 관심을 보이는 시늉만 하며, 다른 팀에서 실제로 일어나고 있는 문제는 진지하게 다루지 않으려는 모습에 짜증이 났던 것이다. 그가 회의장에서 막말을 한 것은 회의의 목적이 실제 행동의 촉구에 있는 것이 아니라 그저 보여주기에 있다고 느꼈기 때문이다. 다양성과 포용성에 대한 그의 마음은 그의 행동에서 분명하게 드러났다.

그러나 그날 나에게 영향을 주었던 편향이나 맹점은 상관 착각만이 아니었다. **뿔 효과**horn effect도 한몫을 했다. 뿔 효과란 한 가지 불쾌한 경험으로 증거도 없이 어떤 사람의 전부를 나쁘게 평가하는 경향을 말한다.

첫인상은 편향과 맹점에 지배된다. 내가 겪은 사례처럼 부정적인 첫 만남은 다시는 그 사람과 엮이지 않겠노라는 다짐으로 쉽게 내면화될 수 있다. 부정적인 첫 경험을 '별로 개의치 않는다'에 해당하는 하나의 사건으로 바라보고 그에 대해 노심초사하지 않음으로써 회복력 보유고를 보존하는 게 어떨까?

사람들에게 오해를 불식할 두 번째 기회를 주는 것은 인간으로서 할 수 있는 가장 너그러운 행위 중 하나다. 지금까지 살아오면서 내가 가장 잘한 일 중 하나는, 그 무법자에게 나쁘게 보인 자신의 행동에 대해 해명할 기회를 준 것이다. 당시에 나는 그와 협업하며 많은 것을 배웠다. 지금도 우리는 서로 대화를 나누며 서로에게서 배움을 얻는다.

여기서 내가 하는 말에 오해가 없기를 바란다. 굳이 누군가의 나쁜 행동에 끊임없이 스스로를 노출시키라는 얘기가 아니다. 그랬다가는 당신의 여정이 비참해지고, 회복력 보유고가 순식간에 바닥날 것이다. 내 당부는 사람들에게 두 번째 기회를 주라는 것이다. 다른 사람의 입장이 되어 보자. 실수했을 때 두 번째 기회가 주어질 수 있다는 사실을 알면 당신도 회복력을 기르기가 한결 수월해질 것이다!

통찰 3: 작은 승리를 기뻐하라

지나가는 차가 물을 튀기고 가는 상상을 다시 해보자. 비 오는 날 당신은 집에서 두 블록 떨어진 곳을 걸어가고 있다. 물웅덩이가 보이는데 다가오는 차는 물웅덩이를 피해갈 수 없다. 그런데 운전자가 당신을 보았다. 그는 차의 속도를 급하게 줄여 당신에게 물을 튀기지 않았다. 이럴 때 당신은 어떻게 하는가?

많은 이들이 이 시점부터 더 이상 이 사건에 대해 관심을 두지 않는다. 목적지에 도착하는 순간 그들은 이 일을 잊어버릴 확률이 높다. 물벼락을 맞았을 때 사람들이 열을 내며 주먹을 휘둘러 댈 가능성에 비해 물벼락을 피했을 때 고마운 마음에 손을 흔들어 줄 가능성이 얼마나 될까? 운전자에게 미소를 보내며 그가 좋은 하루를 보내기를 빌어줄 사람이 몇이나 될까?

물론 물을 튀기는 일은 악행을 넘어 상대방을 물에 흠뻑 젖게 만드는 비용을 발생시킨다. 물벼락을 뒤집어쓰고 좋아라 할 사람은 아무도 없다. 하지만 고객에게 모욕을 들은 경우와 칭찬을 들은 경우를 비교해 보자. 일주일에 100파운드씩 더 벌게 된 경우와 일주일에 100파운드씩 덜 벌게 된 경우를 비교해 보자. 자부심의 상실이든 금전적 손실이든, 손실 회피는 하루 동안 일어난 비슷한 정도의 긍정적인 사건들에 비해 부정적인 사건들을 더 침소봉대하게 만든다.

가만히 내버려 둘 경우, 손실 회피는 어떤 손실을 경험하든 그것을 같은 정도의 이득보다 감정적으로 몇 배는 더 힘들게 느끼도록 만든다. 손실 회피에 대해서는 4장에서 승진이나 프레젠테이션에 도전할 때 우리가 왜 머뭇거리게 되는지에 대해 설명하며 살펴본 바 있다. 이런 경우 사람들은 실패에서 비롯될 손실을 예상하며 앞으로 나아가지 못했다. 그때부터 그 손실은 상상에 그치지 않고 현실이 된다. 본질적으로 인간은 무언가를 얻을 때의 즐거움보다 잃을 때의 고통을 두 배는 더 크게 느낀다.[1] 이러한 경향은 회복력에 어떤 영향을 미칠까?

여러분 중에는 위험을 무릅쓰고 창업을 하려는 사람이 있을 것이다. 그런데 한동안은 일이 잘 풀려나가다가 어느 한순간에 사업이 기울 수도 있다. 또 개중에는 조직 내에서 적성에 맞을 것 같은 부서로 자리를 옮기느라 뼈아픈 급여 삭감을 감수해야 할 사람도 있을 것이다. 우리가 내려갈 때 고통을 느끼는 만큼 올라갈 때 기쁨을 만끽하지 못한다는 사실을 인정하는 것만으로도, 진정 성공이 다가올 때 잠시 걸음을 멈추고 그 성취를 만끽할 마음가짐을 가질 수 있다.

손실 회피를 항상 염두에 두면 회복력 구축에 도움이 된다. 그 힘이 미치는 영향을 알고, 그로 인한 손해를 제한할 수 있기 때문이다. 그러나 손실 회피도 다른 반사 작용들처럼 우리 몸에 배어있는 것이라서 이런 전략에는 한계가 있다. 그보다는 이득을 더 자주 기뻐하는 방향으로 초점을 옮기는 의식적인 노력을 통해 손실과 이득의 균형을 맞출 수 있도록 하는 편이 더 낫다. 어떻게 하면 될까? 날마다 잘 풀렸던 일을 돌아보자. 현재를 감사하는 연습을 해도 좋다. 그러면 지금 벌어지고 있는 일을 직접적으로 생각하게 되니까.

이런 간단한 연습만으로 정말 회복력을 구축할 수 있을까? 그 사실을 뒷받침해 주는 증거가 있다. 로자나 라우Rosanna Lau와 셩탁 쳉Sheung-Tak Cheng은 2011년 수행한 혁신적인 연구에서 회복력과 감사 사이의 연관성을 분명히 확인했다. 그들은 참가자들—55세 이상의 중국인 성인—을 무작위로 세 그룹으로 나누었다. 그리고 첫 번째 그룹에게는 감사하는 일상의 사건들에 대해, 두 번째 그룹에게는 걱정스러운 일상의 사건들에 대해 기록하도록 요구했다. 세 번째 그룹에게는 개인의 감정이 개입되지 않는 중립적인 과업을 부여했다. 이후 두 연구자는 죽음—참가자들이 마음속에 품고 있으리라 예상되는 주제—에 대한 참가자들의 불안도를 조사하여, 감사를 연습했던 그룹이 다른 두 그룹에 비해 죽음에 관한 생각에서 훨씬 더 큰 회복력을 보였음을 발견했다.

고령층이 아니어도 동일한 결과가 나올까? 유사한 설정으로 입증된 증거가 있다. 로버트 에먼스Robert Emmons와 마이클 맥컬로Michael McCullough는 대학생들의 회복력에 중점을 두고 이들에게 감사하는 연습을 시켰다. 그런데 감사 연습을 중단한 지 10주 뒤까지도 학생들은 예전보다 삶을 더 만족스럽게 느끼고 더 즐거운 기분으로 지냈으며 두통이 일어나는 횟수도 줄어들었다. 작은 행동에서 비롯된 이득 치고는 꽤 크다 하겠다. 간단한 감사의 표현은 회복력 보유고를 키우는 데 커다란 도움이 되며, 행복감과 자부심을 높이고 우울 수준을 낮추는 데도 기여한다.[2]

작은 '승리'를 기뻐하려는 의식적인 마음가짐은 감사하는 연습을 시작하고 회복력을 키울 훌륭한 방법이다.

감사 연습에 굳이 법석을 떨 필요는 없다. 글로 쓸 필요도 없다. 많은 사람들이 글로 매일의 감사를 표현하기를 좋아하기는 하지만 말이다. 그저 매일 5분씩만 시간을 내어(규칙적인 시간을 설정하면 습관화에 도움이 된다) 지난 24시간 동안 경험했던 기분 좋은 모든 순간들에 의식적으로 주의를 기울이기만 하면 된다.

커다란 승리의 경험에서부터 그럭저럭 괜찮았던 소소한 순간들에 이르기까지 아무리 평범한 사건이더라도 매일 이런 일에 주의를 기울이면 느린 뇌(시스템2)가 사용된다. 이런 순간들을 기억하고 담아두면 손실이 발생할 때 드는 느낌을 재조정하는 데 도움이 된다. 이로써 우리는 부정적인 사건들을 한 발짝 물러서서 바라볼 수 있게 된다.

누구든 기복을 겪게 마련이며, 지나치게 손실에 집중하고 이득을 간과하는 경향은 줄이는 게 바람직하다.

그럼 당장 오늘부터 하루 동안 당신이 경험한 작은 승리 세 가지를 적어보자.

1. ___

2. ___

3. ___

통찰 4: 이 여정 자체가 특권이다

일곱 살의 나는 피자 한 판과 영화 한 편이면 괴로운 상황에서 한숨을 돌리기에 충분했다. 30대의 성인이 된 지금은 일상의 긴장된 사건들에서 벗어날 필요가 있을 때는 산책을 하거나 마티니를 마시고, 일이 복잡하게 꼬여간다 싶을 때는 사흘간 여행을 떠난다.

나 역시 미처 모르고 지나쳤을 수도 있지만, 이런 식으로 휴식을 취할 수 있다는 것은 하나의 특권이다. 또 큰 뜻을 바탕으로 원하는 커리어를 구축하기 위해 작은 실천을 해나갈 수 있다는 것 역시 특권이다.

큰 뜻으로 꿈을 실현해 갈 수 있다는 게 얼마나 다행인지 상기하고, 도중에 입게 되는 타격 역시 꿈을 실현하기 위한 여정의 한 부분이라고 생각하면 회복력을 기르는 데 도움이 된다. 이 여정을 가고 있다는 사실은 고난이 아니라 특권이다.

이런 특권에 대한 감사와 작은 승리에 대한 감사는 다른 것이다. 후자는 이미 일어난 사건에 대한 반응이다. 이와는 별도로 당신이 인생에서 하는 선택들에, 특히 큰 목표를 달성하기 위해 매일 작은 실천을 행하기로 하는 선택에 의식적으로 감사하는 연습을 하기를 권한다.

전 세계 수백만 명의 사람들이 큰 뜻을 품을 수 있는 호사를 누리지 못한다. 입에 풀칠조차 제대로 못하고 사는 사람도 있고, 전통이라는 명목이나 정부의 억압으로 기회를 제한당하는 사람도 있다. 또 당분간은 자기 자신이나 가족의 건강을 우선적으로 돌보아야 하는 사람도 있고, 일을 할 수 없는 사람도 있다. 먼 앞날을 내다보며 목표에 도달할 계획을 세우는 것은 의무라기보다는 권한이다.

타인에게 전달하는 메시지를 긍정적인 프레임으로 제시할 때의 위력에 대해서는 이미 논한 바 있다. 큰 목표와 관련된 작은 실천들을 '권한'으로 규정하자. 이렇게 하면 자신에게 주어진 기회에 대해 자연스레 감사하는 마음을 고취할 수 있다. 내딛는 보폭이 아무리 작더라도 미래를 위한 활동들에 규칙적으로 참여하고 있는 이상 항상 앞으로 나아가고 있음을 명심하자. 이런 활동들에 참여하고 있다는 것은 그 자체로 감사할 일이다.

이런 식으로 감사하는 연습을 하면 회복력을 키울 수 있을 뿐만 아니라 큰 목표를 향한 여정에서 벅찰 정도로 학습량이 많거나 지루한 프로젝트와 씨름하게 될 때도 국면을 타개하는 데 도움이 된다. 또 뭔가 일이 잘못되어 갈 때 현실 점검용으로도 활용할 수 있으므로 스트레스에 과민반응하거나 스트레스를 내면화하면서 회복력 보유고를 축내지 않게 된다.

통찰 5: 절대적인 비교에 초점을 두라

나는 한 대기업으로부터 행동과학의 교훈과 회복력에 관한 일반론적 강연을 해달라는 요청을 받았다. 강연날 나는 에너지가 넘쳤고 청중들에게서도 활기찬 에너지가 느껴졌다. 강연 중에 나는 쾌락의 쳇바퀴hedonic treadmill에 대해 이야기했다. 쾌락의 쳇바퀴란 소득이나 지위와 관련된 목표를 향해 꾸준히 나아가고 있는데도 더 행복해지지 않는 원인으로 잘 알려져 있다. 그 이유는 항상 나보다 더 많은 성과를 내고 일을 더 잘하는 다른 누군가가 있기 때문이다. 아무리 해도 뱁새가 황새를 따라잡지 못하는 격이다. 언제나 누군가는 나보다 더 뛰어나 보인다. 인스타그램과 페이스북Facebook, 스냅챗Snapchat의 세상에서는 그런 사람들을 찾기가 예전보다 훨씬 더 쉬워졌다.

이 얘기를 하는데 청중석에서 한 사람이 손을 들었다. 그 회사의 전무이사였다. 마침 목이 말랐던 참에 나는 물을 벌컥벌컥 마시면서 그에게 질문을 하라고 손짓했다.

"직원들을 관리하기가 여간 힘들지 않습니다. 아무리 일을 잘하는 사람도 보너스가 나오는 날에는 항상 불만스러워하거든요. 자신의 급여 수준이 같은 직위의 동료들과 비교해 어느 수준인지를 적나라하게 보여주는 그래프 때문이죠. 비참함을 초래하는 투명성을 꼭 보장해야 할까요?" 그가 물었다.

임금 지급 기준에 관한 투명성의 요구로 요즘은 많은 기업들이 직원들의 성과가 한눈에 비교되는 업무 성과표를 공개하게 되었다. 어떤 척도로든 고용주에 의해 자신이 평균 미달로 평가된 것을 보고 속이 편할 사람은 없기 때문에, 이런 관행은 우리가 황새들에 비해 얼마나 많이 뒤처져 있는지를 절감하게 만들 수 있다. 나는 임금 지급 기준을 투명하게 공개하는 데 전적으로 찬성한다. 덕분에 여성들처럼 과거 임금 인상을 요구하는 데 소극적이었던 계층들도 자신들의 권리를 주장하게 되었다. 그러나 성과급 지급일이 남들과의 상대적인 임금을 비교하는 날이 되는 것은 직원들의 정신적 안녕과 업무 만족도에 도움이 되지 않는다. 그보다 이날은 직원들이 각자의 직업적 여정에서 그동안 얼마만큼 걸어왔는지를 그래프로 확인할 수 있는 날이 되어야 한다.

절대적인 진전도에 집중하고 남들과의 비교를 삼가면 자신의 회복력 보유고를 축낼 일이 줄어든다.

그러려면 사고의 전환이 필요하다. 당신은 황새를 따라가려는 성향이 있는가? 당신의 승리를 지인이나 정기적으로 만나는 사람들의 승리와 비교하는가, 아니면 그간의 진전도를 모니터링하며 절대적인 척도로 승리를 가늠하는가? 자신을 다른 사람과 비교한다면 상대적인 비교를 하는 것이고, 시간에 따른 진전도를 모니터링한다면 절대적인 비교를 하는 것이다. 절대적인 비교에만 초점을 두기가 어려울 수는 있지만, 그렇게 하면 회복력이 크게 신장된다.

다이어트를 하는 경우를 상상해 보자. 이때 상대적인 비교를 한다고 함은 자신의 감량 정도를 함께 다이어트를 하는 다른 사람들의 감량 정도와 비교해 판단한다는 뜻이다. 이렇게 되면 내가 1.5킬로그램을 뺀 주에 남들은 그보다 적게 빠져야만 만족감이 들 것이다. 황당한 소리로 들리는가? 그러나 우리는 무의식중에 절대적인 비교가 아니라 상대적인 비교로 자신의 진전도를 측정하는 경우가 너무나 많다.

학창 시절에 시험 결과를 받았을 때 부모님이 혹시 당신에게 반에서 몇 등을 했느냐고 물으셨는가? 당신은 어땠는가? 당신의 성적을 친구들의 성적과 비교했는가? 급여 인상 시에 다른 사람들에 비해 급여가 적게 오른 걸 알게 된다면 화가 날까? 그래서 월급 봉투가 전보다 더 두둑해졌는데도 그 기쁨이 퇴색될까?

상대적인 비교보다 절대적인 비교에 초점을 두면 지속적으로 보다 나은 성과를 올리고, 진전의 속도를 높이며, 회복력 보유고를 유지하는 데 도움이 된다. 내가 소개한 일화들 외에도 이런 견해를 지지하고 상대적인 비교가 성과를 저해함을 강조하는 훌륭한 학술 논문들이 있다.[3] 보다 나은 성과를 위해 자신의 진전도를 우선시하고 상대적인 비교를 피해야 한다는 논리가 납득이 안 된다면, 최소한 당신의 안녕을 위해서라도 그렇게 하라.[4] 굳이 어깨 너머로 남들을 넘겨다 보면서 자신과 비교해야 될 이유가 어디에 있는가? 보다 건강한 마음가짐으로 나아가기 위해 어제에 비해 몇 걸음을 더 걸어왔는지에 집중하자.

통찰 6: 당신을 행복하게 하는 것들

햇살이 눈부신 어느 한여름 날, 나는 정글짐에 거꾸로 매달려 있다가 즐겨 입던 반바지가 터지는 바람에 일곱 살 인생 최대의 망신을 당했다. 얼굴이 새빨개져서는 아무도 못 보았길 바라는 마음으로 살그머니 정글

짐에서 내려오려 했지만, 인근 학교에 다니던 남학생 50여 명이 그런 내 모습을 보고 박장대소를 터뜨렸다.

당신은 어린 시절에 얻은 귀중한 교훈이 있는가? 그날 나는 놀이터에서 당한 망신을 떨쳐버릴 가장 좋은 방법이 다른 데로 주의를 돌리는 것임을 터득했다. 그 여름날 나를 구제해 준 것은 피자와 「그렘린Gremlins(공포로 시작했다가 코미디로 끝나는 영화)」이었다.

고객에게 거절을 당했는가? 진급에서 물을 먹었는가? 기고한 글이 무시를 당했는가? 동료에게서 기분 나쁜 이메일을 받았는가? 동업자와 언쟁을 벌였는가? 안 좋은 일이 일어나면 잠시 그 상황에서 벗어나 다른 데 정신을 쏟는 게 좋다. 그러고 나서 다시 그 상황을 되짚어 볼 때는 당신의 회복력 보유고가 어느 정도 다시 채워져 있을 것이다. 이렇게 하면 현재 드는 감정에 의해 즉흥적인 결정을 내리거나 반응을 보이게 되는 감정 추단법(당신에게 반드시 최선의 이익이 되지 않는)의 영향도 최소화할 수 있다.

주의를 다른 데로 돌릴 필요가 있을 때 나는 어떤 활동들을 할까? 상황에 따라 내가 선택하는 열 가지 선택지는 아주 평범한 것들이다.

1. 리치먼드 공원에서 반려견 케이시 산책시키기
2. 기구 필라테스 수업 받기
3. 소설책 읽기
4. 친구와 마티니 마시기
5. 연극이나 영화를 몰두해서 보기
6. 몰입에 빠져 연구하기

7. 태국 마사지 받기
9. 한적한 곳 방문하기
10. 고향에 있는 친구 만나기

잠시 세상사를 잊으려 할 때 무엇을 하면 좋을까? 명상이 도움이 되는 사람이라면 명상을 하면 되지만,[5] 누구나 나름의 도피 방법이 있다. 긴장을 이완하고 균형감을 찾는 방법은 사람마다 다르므로 자신에게 맞는 방법을 찾아두면 평생 도움이 될 것이다. 맞닥뜨린 실패나 문제의 크기에 따라서도 무엇을 할지가 달라질 수 있다. 대개의 경우 나는 굳이 한적한 곳을 찾아서 오래 틀어박혀 있을 필요까지는 없다. 케이시를 데리고 리치먼드 공원을 1시간 동안 산책하는 것만으로도 족하다. 케이시가 웅덩이에서 물을 튀기거나 흙바닥을 구르며 신나게 노는 모습을 보는 것으로도 더 바랄 게 없다. 그 순간에 한없이 충실한 케이시와 함께 있노라면 나 역시 그 순간에 빠져들게 되고, 그러다 보면 어느새 근심 걱정을 잊게 된다.

이제 잠시 시간을 내어 세상사에서 벗어날 당신만의 방법을 적어보라.

1. _____
2. _____
3. _____
4. _____
5. _____
6. _____

7. ______________________________

8. ______________________________

9. ______________________________

10. ______________________________

『생각에 관한 생각Thinking Fast and Slow』에서 대니얼 카너먼은 "당신이 무언가에 대해 생각하고 있는 동안에는 그것만큼 인생에서 중요한 것이 없다"고 기술했다. 안 좋은 일이 일어났을 때 온통 그 생각에 사로잡혀 있으면 그 일이 태산만큼 커보이게 된다. 난처한 상황에 처할 때는 조명 효과(191쪽 참고)를 떠올리자. 남들은 자기 실수와 잘못에 대해 생각하기도 바빠 당신의 실수를 크게 신경쓸 겨를이 없다. 당신의 실수를 눈치챈 사람이 거의 없다는 사실을 깨닫고 나면 실패한 뒤에도 어렵지 않게 툭툭 털고 일어날 수 있다.

그렇다고 영원히 그 일을 외면하라는 뜻은 아니다. 또 감정을 꼭꼭 묻어두어야 한다거나 집에서도 마음껏 화를 표출할 시간을 갖지 말라는 것도 아니다. 하지만 "마음을 가다듬고 하루 만에 극복해 낼 거야"라든가 "큰 충격을 받아서 앞으로 어찌해야 할지 모르겠어"라고 말할 만한 상황을 경험한 뒤에는 어떤 조치를 취하기에 앞서 잠시 물러나 다른 무언가에 몰두하는 시간을 갖기 바란다.

실패를 하거나 문제가 생겨서 어떤 결단을 내려야 할 때는 경거망동하지 않아야 한다. 자신을 다독여 고조된 감정이 가라앉을 시간을 가진 뒤에 중대한 결정이나 행위에 임하라. 당시에는 재앙과도 같은 상황에 마음이 급해지겠지만 인생에서 중대한 결정을 내릴 때는 대개 이 정도의 여유는 허용된다. 그러므로 약간의 숨 쉴 여유를 가지자. 격앙된 이메일을 보내거나 철없이 성질을 부리지 마라. 당장 뭐라도 하라고 요구하는 사람들에게 잠시 마음을 가다듬을 시간이 필요하다고, 너무 몰아붙이지 말라고 말해도 괜찮다. 그 시간을 이용해 마음을 가다듬고 스트레스를 풀어 회복력을 구축하자.

통찰 7: 시간 좀벌레를 재확인하라

어제 나는 아침, 점심, 저녁 식사를 모두 포장 음식으로 해결했다. 산책도 나가지 않았다. 불필요한 회의에 시간을 소비했고, 그중 네 번은 뚜렷한 의제조차 없었다. 사람들은 설익은 아이디어를 제시했고, 각자의 발언이 따로 놀았다. 나는 삶의 의지를 서서히 잃어갔다. 지난밤에는 4시간도 채 푹 자지 못했다. 오늘은 내게 닥칠 수 있는 스트레스에 대한 방어능력이 거의 제로에 가깝다. 내 회복력 보유고는 완전히 바닥이 났다.

어제 나는 내 가장 소중한 자원인 시간을 허투루 썼다.

눈치챘는지 모르겠지만 방금도 나는 불필요한 회의를 내 시간 좀벌레로 파악했다. 이런 데 쓰는 시간을 협업을 모색하거나, 프로젝트를 추진하거나, 인맥을 쌓기 위해 사람들과 대화하는 시간과 동급으로 취급해서는 안 된다. 위와 같은 교류를 하지 않고는 살 수가 없지만, 불필요한 회의는 하지 않아도 사는 데 하등 지장이 없다.

시간이 흔적도 없이 증발해 버린 것만 같은 날이 있을 것이다. 그럴 때는 생산성이 떨어지고 몰입에도 빠지지 못한다. 하루가 끝나고 나면 아무

것도 한 일이 없는 듯한 느낌이 든다. 이런 느낌이 들 때는 회복력이 떨어지고 상황에 유연하게 대처하기가 힘들다. 이런 날에는(아니면 그다음 날이라도) 하루 동안 시간을 어떻게 보냈는지 돌아보며 어떤 활동들 때문에 일이 지체되었는지 확인하는 것이 좋다. 그 활동들이 혹시 3장에서 이미 시간 좀벌레로 확인했던 것들인가? 아니면 당시에는 맹점에 사로잡혀 확인하지 못했던 새로운 것들인가? 그 활동들에서 벗어날 수 없다는 생각이 드는가? 그런 가정을 부인할 수는 없는가?

기력이 전부 소진되었던 날에 어떤 활동들을 했는지 돌아보고 그런 활동들을 줄이거나 피하면 회복력 보유고를 지키는 데 도움이 된다.

이렇게 하면 큰 목표를 실현하기 위해 필요한 작은 실천들에 쓸 시간도 생긴다. 여기서 작은 실천이란 목표를 달성하기 위해 기술을 개발하고 필요한 활동에 참여하는 것을 뜻한다. 스스로 어떤 활동을 하면서 시간을 보내고 있는지 재검토하고, 자신을 소진시키는 활동들(불필요한 이메일 따위)을 자신을 채워주는 활동들로 대체하기 바란다. 자신을 채우는 활동의 기본은 몸에 좋은 음식을 먹고 더 활발히 움직이는 것이다. 잘 챙겨먹고 열심히 운동하면 활력이 샘솟고 정신이 맑아진다. 그러면 집중력이 높아지고, 목표 성취에 대한 자신감이 생기며, 회복력도 한층 강해지는 선순환이 일어날 수 있다.

앞에서 우리는 휴식이 필요할 때 할 수 있는 활동들을 찾아보았다. 그런 활동을 하면 기분이 좋아진다. 더 잘 먹고 더 많이 움직이려고 마음먹는 동시에 이런 휴식 활동을 주간 계획에 한 가지 이상 포함시키면 어떨까? 자동차는 고장나기 전에 수시로 점검을 하면서, 회복력 보유고는 바닥난 뒤에 채울 이유가 어디에 있는가?

통찰 8: 회복력을 측정하라

학자로서 나는 수도 없이 거절을 당한다. 그게 내 일의 한 부분이다. 내가 쓰는 논문 중 창의성이 번뜩이는 것들도 예외는 아니다.

거절당하는 게 '내 일의 한 부분'이라고 말하는 이유는 그만큼 내가 학자로서의 본분에 충실하여 수준 높은 학술지에 논문을 내고자 애쓰고 있기 때문이다. 수준 낮은 학술지에는 논문을 싣기가 어렵지 않지만 최고의 국제적 학술지에는 이름을 올리기가 만만치 않다. 그동안 숱하게 거절을 당하면서도 좋아하는 직업을 사수해 온 만큼, 지금은 웬만한 거절에는 끄떡도 안 한다. 그런데 자신의 회복력 수준이 얼마나 향상되고 있는지는 어떻게 알 수 있을까? 향상 정도를 알면 회복력을 키우는 데 도움이 될까? 회복력이란 게 과연 측정이 가능할까?

3장에서 평가가 실천을 부른다는 이야기를 한 적이 있다. 진전도를 측정하고 점검하다 보면 자연스레 거기에 관심이 집중된다. 진전도가 현저성 증대increased saliency를 불러오는 것이다. 개선에 대한 인식이 뚜렷하게 각인되면 우리는 얻게 될 이득을 기대하며 스스로를 계속 채찍질하게 된다.

회복력의 경우도 마찬가지다. 특정 활동의 진전 상황을 알면 관심이 생겨서 그 활동에 꾸준히 임하게 되는 것처럼, 회복력 보유고가 증가하고 있다는 사실을 알게 되면 회복력에 지속적으로 투자할 마음이 생긴다.

그러나 회복력 수준의 변화를 알아보려면 먼저 그 절대적인 수치를 알아야만 한다. 그런데 이를 측정할 방법이 썩 마땅치가 않다.

회복력을 병에 담아서 판다면 어떤 모습을 하고 있을까? 재료의 50퍼센트는 강인성으로, 50퍼센트는 정신력으로 이루어져 있지 않을까? 연구 결과, 높은 수준의 회복력을 지닌 사람들은 대개 이 두 가지 성격 특성도 함께 지니고 있는 것으로 조사되었다.[6] 따라서 이런 특성들을 가늠하는 간단한 회복력 척도로 점수를 점검하면 자신의 회복력 수준이 어떻게 변화되고 있는지 측정할 수 있을 것이다.

브루스 스미스Bruce Smith와 그 동료들이 2008년에 이런 회복력 척도를 고안했는데, 이는 다음의 여섯 가지 진술로 이루어져 있다.

1. 고난을 겪은 뒤 금세 회복하는 경향이 있다.
2. 압박이 심한 사건들을 헤쳐나가는 데 어려움을 겪는다.
3. 압박이 심한 사건에서 회복하는 데 그리 오래 걸리지 않는다.
4. 안 좋은 일이 일어났을 때 금세 회복되지 않는다.
5. 고난을 헤쳐나가는 데 별 어려움이 없다.
6. 인생의 난관들을 극복하는 데 오랜 시일이 걸리는 경향이 있다.

위의 여섯 가지 진술에 대해 '전혀 그렇지 않다' '그렇지 않다' '보통이다' '그렇다' '매우 그렇다'로 답하면 된다.

1, 3, 5번 진술의 점수는 1=전혀 그렇지 않다, 2=그렇지 않다, 3=보통이다, 4=그렇다, 5=매우 그렇다 순이다. 2, 4, 6번 진술의 점수는 5=전혀 그렇지 않다, 4=그렇지 않다, 3=보통이다, 2=그렇다, 1=매우

그렇다 순이다. 점수가 높을수록 회복력이 좋은 것이다.

회복력 수준에 대한 검토에 들어갈 때 맨 처음 측정치가 높은지 낮은지에 대한 판단은 금물이다. 초점을 둘 지점은 향상 여부다. 중요한 것은 (상대적인 진전도가 아니라) 절대적인 진전도임을 명심하자. 6개월마다 위의 진술들에 솔직하게 응답하고, 목표를 향해 나아가는 동안 점수가 향상되고 있는지에 주목하자.

진전도를 부각시키는 단순한 행위만으로도 회복력에 대한 투자를 지속할 수 있다.

통찰 9: '진짜' 타격인지 분별하라

이번 장의 초반에서 나는 개인에 따라 일상의 타격이 다르게 정의된다고 이야기했다. 그러나 사람들도 세월에 따라 변화한다. 지난 10년간 나에게 일어난 가장 큰 변화 중 하나는 일상의 타격에 대한 재정의로 더 이상은 자잘한 일에 전전긍긍하지 않게 되었다는 점이다.

앞서 설명한 방식으로 회복력을 측정하는 대신 정기적인 주간 계획 시간에 자신의 대처 능력이 얼마나 달라지고 있는지를 돌아봄으로써 회복력의 향상 정도를 알아볼 수도 있다. 측정 방법은 어렵지 않다. 일단 지난 한 주 동안 일어난 부정적인 일들의 목록을 빠짐없이 작성해 보자. 그런 다음 이번 장의 초반에서 했듯이 그 사건들을 '별로 개의치 않는다' '마음을 가다듬고 하루 만에 극복한다' '큰 충격을 받고 정체기에 빠진다'의 세 범주로 분류해 보라. 세 번째 범주에 비해 앞선 두 범주에 드는 일들이 상대적으로 많아졌다면 회복력이 증가하고 있다는 증거다.

물론 회복력이 증가하게 되면 부정적인 사건들을 정의하는 방식 또한 바뀔 것이다. 한 주간 일어난 부정적인 사건들의 목록이 날이 갈수록 확연히 줄어들고 있다면, 일상의 타격들에 당신이 과거보다 훨씬 더 유연하게 대처하고 있다고 믿어도 좋다. 이런 일이 가능한 이유는 여정의 초반에는 목록에 있었던 사건들—'동료가 불필요한 짜증을 부렸다'거나 '부정적인 피드백을 받았다'는 등—이 더 이상 목록에 등장하지 않게 되었기 때문이다.

자잘한 일에 전전긍긍하지 않게 될 때의 장점은 그런 일이 기억조차 안 난다는 것이다. 그러면 정말로 중요한 일에 집중할 여유가 생긴다.

타격에 유연하게 대처하는 것과 불필요한 타격을 허용하는 것은 전혀 별개의 일이다. 대체로 나는 동료가 짜증을 부려도 눈 하나 깜짝 안 한다. 그러나 아무리 내가 그런 일에 연연하지 않는 사람이라 해도 그런 일이 반복해서 일어나면 그 동료는 조용히 내 일정에서 배제된다.

통찰 10: 충분히 수면하라

ZZZZZZZZZZZZZZZZZZZZZZZ.

"과학자들이 수명을 늘리는 혁신적인 요법을 발견했다. 이 요법은 기억력을 강화하고 창의력을 높여준다. 더 매력적으로 보이게도 한다. 몸매를 더 날씬하게 유지해 주고 식욕을 줄여준다. 암과 치매를 예방한다. 감기와 독감도 막아준다. 심장 마비와 뇌졸중, 당뇨병의 위험도 줄여준다. 행복한 기분은 높이고 우울하고 불안한 기분은 줄여준다."

매슈 워커Matthew Walker의 저서 『우리는 왜 잠을 자야 할까Why We Sleep』의

한 단락이다. 이 책은 잠이 우리의 안녕을 해치는 온갖 해악을 퇴치하는 만병통치약임을 설득력 있는 증거를 들어 상세히 설명하고 있다. 이 책에서 말하는 것처럼 건강한 수면 습관은 회복력을 증진시킨다. 또 스트레스가 심한 날에는 잠이 훌륭한 대응기제가 되어준다.

나는 잠을 정말 사랑한다. 잠은 내가 힘겨운 상황에 처해 있을 때 회복

꿀팁 **숙면하기**

숙면에 도움이 되도록 아래의 조언 중 한 가지 이상을 골라 매일같이 실천하자. 앞서 소개한 모든 행동과학적 통찰들과 마찬가지로 이 방법들을 시도할 때도 시행착오법을 활용하자.

1. 날마다 같은 시각에 잠자리에 들고, 같은 시각에 일어나라.
2. 잠자기 1시간 전에는 밝은 조명에 노출되지 않도록 하라.
3. 잠자기 1시간 전에는 어떤 종류의 화면도 보지 말고 긴장을 푸는 데 전념하라.
4. 침실에 전화기를 비롯한 전자 기기를 두지 마라.
5. 잠자리에 들기 4시간 전부터 카페인 섭취를 삼가고, 1시간 전에는 따뜻한 우유나 허브티처럼 몸을 이완시켜 주는 음료를 마셔라.
6. 잠자리에 들기 4시간 전부터 과식을 피하라.
7. 잠자는 공간에 잡동사니를 두지 마라.
8. 면 같은 통기성 좋은 천으로 된 시트와 베개, 이불 커버, 잠옷을 사용하라.
9. 섭씨 15~22도 범위 내에서 실험을 하며 자신에게 쾌적한 온도를 찾아 방 안 온도를 적정 온도로 유지하라.
10. 잠자는 동안에는 방 안을 어둡게 유지하라.

할 힘을 준다. 잠을 푹 자고 나면 인생의 타격들에 보다 유연하게 대처할 수 있게 된다.

내 경우, 7시간 동안 숙면을 취하면 동료와 공동 연구자, 학생들과의 만남에 임하는 데 투입할 에너지가 생기고 지속적 학습을 할 때도 몰입에 더 잘 빠져든다. 최적의 수면량은 사람마다 다를 수 있지만, 자신의 적정 수면량을 파악하고 그만큼을 확보할 수 있는 구조를 마련하여 자신을 돌보면 회복력 이상의 이익이 발생한다.

요 약

꿋꿋하게 버텨라

회복력이 좋으면 어떠한 상황에서도 끈기 있게 버텨낼 수 있다. 이 특별한 삶의 기술은 높은 행복감과 건강한 정신 상태, 질병의 감소, 뛰어난 혁신성, 충만한 동기와도 상관관계가 있다. 그러므로 회복력을 높이는 데 투자할 가치는 차고도 넘친다.[7]

2004년에 코크시에서 더블린으로 이사할 당시 내 회복력 보유고는 바닥을 드러내고 있었다. 다행히도 친구 케빈이 그날 운전대를 잡고서(실제로나 비유적으로나) 현실에 대한 생각을 잠시 잊게 해주고 괴로움이 이내 가실 거라며 안심시켜 주었다. 자신이 보유한 회복력이 부족할 때는 친구에게 의지해도 괜찮다. 아니, 그래야만 한다. 늘 혼자서만 고군분투하기에는 인생이 너무나 짧다. 특히나 굳이 그럴 필요가 없을 때는 더더욱.

물론 고난과 씨름하는 것이 무조건 나쁜 것은 아니다. 부정적인 상황에 노출되는 것 그 자체로도 회복력이 단련되기 때문이다. 폭풍우를 견뎌내면 다시 햇살이 비친다. 이는 우리에게 시련에 대처할 능력이 있음을 보여주는 방증이다. 실패해도 포기하지 않고 버텨내는 것은 투지를 보여주는 증거다. 동료들과의 관계를 그르치지 않고 복잡한 사내 정치의 터널을 빠져나오면 존경받을 만한 사람임이 입증된다. 타인의 부정적 성향을 내면화하지 않는 태도는 강인성을 말해주는 증거다. 격동을 무사히 헤치고 나오면 생존자라는 타이틀을 얻게 된다. 이러한 증거들은 우리의 성격에 대한 긍정적인 자기 기술을 생성하며, 그러한 자기 기술은 새롭게 내면화된다.

이번 장에서는 회복력을 기르는 데 도움이 되는 열 가지 행동과학적 통찰을 알아보았다. 그 통찰들을 다시 정리해 보자.

통찰 1: 누구에게나 사정은 있다

부정적인 사건과 맞닥뜨리게 되면 근본 귀인 오류를 떠올리자. 그러면 그 사건이 벌어진 의도를 곡해하지 않게 되어 기분이 상할 일이 줄어들 것이다.

통찰 2: 첫인상에 얽매이지 마라

첫인상은 편향과 맹점, 어림짐작에 지배된다. 오해를 불식할 두 번째 기회를 주는 것은 인간으로서 할 수 있는 가장 너그러운 행위 중 하나다.

통찰 3: 작은 승리를 기뻐하라

그날그날 이룩한 작은 승리를 돌아보자.

통찰 4: 이 여정 자체가 특권이다

큰 생각을 하며 작은 실천을 통해 원하는 커리어를 구축할 수 있다는 사실은 고난이 아닌 특권임을 매일같이 상기하자.

통찰 5: 절대적인 비교에 초점을 두라

지속적인 성과의 향상을 위해 상대적 비교가 아닌 절대적 비교에 집중하자.

통찰 6: 당신을 행복하게 하는 것들

안 좋은 일이 생기면 그 상황에서 주의를 돌릴 수 있는 다른 활동을 하면서 감정 추단법의 영향을 최소화하자.

통찰 7: 시간 좀벌레를 재확인하라

회복력 보유고를 고갈시키는 시간 좀벌레에 시간을 빼앗기지 않도록 하자. 그 시간을 나를 채워주는 활동에 재할당하자.

통찰 8: 회복력을 측정하라

유효한 측정 도구로 회복력 수준을 검토하여 회복력에 대한 투자 성과를 가시화하자.

통찰 9: '진짜' 타격인지 분별하라

타격에 대해 과거와 달리 정의하고 있는지를 살펴 회복력의 향상 정도를 알아보자.

통찰 10: 충분히 수면하라

잠을 자자.

이 통찰들을 시도하면 회복력을 높일 수 있다. 회복력 보유고가 증가할수록 여정에서 맞닥뜨리는 실패와 문제가 대수롭지 않게 느껴지고, 오히려 그런 새로운 경험에서 배움을 얻게 될 것이다. 또한 발생한 일을 영원한 장애물이 아닌 극복할 과제로 바라보게 될 것이다. 삶은 고난의 연속이다. 돌부리에 걸려 넘어지더라도 다시 일어나서 계속 나아가자. 그리고 그런 현실에 적응하자.

회복력을 키우는 시간이 즐겁기를!

다음으로 넘어가기 전에 아래의 내용을 확실히 해두자.

- 지난 한 주간 경험한 부정적인 사건들의 목록을 만들어 이를 '별로 개의치 않는다', '마음을 가다듬고 하루 만에 극복한다', '큰 충격을 받고 정체기에 빠진다'의 세 범주로 분류한다.
- 이번 장에서 소개한 통찰들 중 한 가지 이상을 골라 여정에 통합한다.

이번 장에서 언급된 다섯 가지 행동과학 개념

1. **심리적 안전감**: 처벌이나 창피를 당할지 모른다는 염려 없이 소신껏 의견을 말할 수 있는 편안한 느낌
2. **상관 착각**: 실제로 아무런 관계가 없는 변수들 사이에 서로 관계가 있다고 생각하는 현상
3. **뿔 효과**: 한 가지 불쾌한 경험으로 증거도 없이 그 사람의 전부를 나쁘게 평가하는 경향
4. **황새 따라잡기**: 성공을 위한 잣대로 타인들과의 비교를 활용하는 습성
5. **현저성 증대**: 현저성이 증대되면 행위에서 얻어질 이득에 관심이 집중되어 그 행위를 지속할 가능성이 높아진다.

8장

꿈꾸던 사람이 된다

"모든 결과는

행운과 노력의 산물이다."

전 세계 어디에서나 사람들은 매일같이 직장에서의 변화를 갈구한다. 이 책을 찾는 사람의 상당수도 아마 대대적인 쇄신을 원하는 이들일 것이다. 그들은 현재 하고 있는 일보다 더 나은 일을 하면서 생활을 꾸려가길 바란다. '더 낫다'는 말의 의미는 사람에 따라 다르겠지만 보다 나은 위치에 도달하기 위한 방법은 대동소이하다.

직장에서 더 큰 행복과 자율성을 누리기 원하는 사람도 있고, 동기가 자극되는 일을 하고자 하는 사람도 있다. 개인적 성취를 추구하는 사람도 있고, 사회적 책임을 다할 수 있는 일을 추구하는 사람도 있으며, 더 많은 돈이나 지위, 권력을 지향하는 사람도 있다. 다른 이들과 함께 일하기를 선호하는 사람도 있고, 혼자 일하기를 좋아하는 사람도 있다. 창의적이거나 혁신적인 일을 원하는 사람도 있고, 숫자를 다루는 일이 적성에 맞는 사람도 있다. 사람들의 바람을 결정짓는 것은 가치관과 선호다. 가치관과 선호는 사람마다 다르며, 살아가면서 변화되기도 한다.

추구하는 목표의 크기 역시 저마다 다를 것이다. 누군가는 커리어를 급진전시킬 계획을 가지고 있을 테고, 누군가는 수평적 이동을 원할 것이다. 부업을 시작하려는 사람도 있고, 진로를 완전히 바꾸려는 사람도 있을 것이다.

그러나 누구에게나 공통된 점은, 타인의 편향과 맹점은 물론 자신의 편향과 맹점 역시 피해갈 수 있는 구조를 갖추었을 때 계획의 성공 확률을 높일 수 있다는 사실이다.

큰 목표를 향한 여정을 단기간이 아닌 중기간의 원정이 되도록 설정하면, 당장의 생활에 지장을 줄 만큼 급격한 변동이 없이도 장기적인 성공을 보장할 수 있다. 이 책의 골자가 이를 가능하게 할 체계를 설정하는 데 있는 만큼, 목표를 향해 가는 여정 동안 수시로 이 책을 다시 들춰볼 가치가 있을 것이다.

이 책을 내려놓을 때쯤 당신의 머릿속엔 2장에서 계획한 대로 잘 정의된 목표가 선명하게 새겨져 있을 것이다. 이것이 당신의 큰 목표다. 이 목표는 당신이 큰 생각을 통해 ME+가 직업적으로 하기 바라는 일을 결정할 때 탄생했다. 이와 연계하여 당신은 목표 달성에 도움이 될 몇 가지 활동들을 파악했다. 이 활동들은 소소하게 실천할 수 있는 것들로, 규칙적으로 수행할 경우 목표에 한 걸음 더 다가서게 해준다. 또 2장에서 우리는 스스로를 방해하는 자기 기술에 대해서도 돌아보는 시간을 가졌다. 현재의 자기 기술을 파악한 뒤 새롭게 쓰고 싶은 이야기에 부합하는 과정들에 참여하면 그 자기 기술을 바꿀 수 있다. 예컨대 목표를 세워서 추구하다가 매번 중도에 그만두는 습성이 있다면, 역시나 2장에서 파악한 활동들을 꼬박꼬박 실천하는 데 매진하라. 그러면 그 작은 실천들이 하나의 과정이 되고, 이 과정에 반복적으로 참여하다 보면 과거의 부정적인 자기 기술을 대체할 새로운 자기 기술이 생성될 것이다. 그리고 주간 점검을 통해 어떤 변화가 일어나고 있는지 주목하라. 그 변화를 부각시키면 그로 인해 생기는 이득이 머릿속에 각인되어 하나의 자극제가 될 것이다.

시간은 무엇보다 소중한 자원이다. 시간을 효율적으로 관리하라. 거시적인 목표 달성을 위해 작은 실천에 규칙적으로 임할 시간을 확보하기 위해 3장에서 우리는 시간 좀벌레를 확인하고 이를 퇴치하기 위한 노력을 기울였다. 그리고 우리가 스스로 한 약속을 지킬 수 있도록 도와줄 열 가지 행동과학적 통찰을 알아보았다. 이 통찰들을 규칙적 일과로 실천하면서 어떤 것이 효과가 있는지 주의 깊게 살펴라. 당신은 유일하고 특별한 존재이며, 사람에 따라 통하는 방식이 다르다. 한 가지 통찰을 시도해 보고 효과가 있으면 그 방법을 지속하고 그렇지 않으면 폐기하라. 시행착오 학습법을 사용하는 것이다.

이 책을 다 읽고 나면 자신의 인지 편향에 의해 계획과 여정 자체가 흔들릴 수 있다는 인식이 자리잡힐 것이다. 이런 편향들을 억제하는 데 얽힌 난관들을 과소평가하지 마라. 많은 편향들이 무의식적 차원의 빠른 뇌인 시스템1에 의해 관장된다. 논리적으로는 자신이 어떻게 편향을 일으킬 수 있는지 이해가 되더라도 자동적으로 일어나는 반응들을 중단시키기란 쉽지가 않다. 이 부분에서 도움을 받으려면 4장에 제시된 통찰들 중 몇 가지를 선택해 여정에 통합해야 한다. 그러면 여정을 성공적으로 마칠 수 있는 가능성이 높아진다.

물론 당신의 편향만 억제한다고 문제가 다 해결되는 것은 아니다. 5장에서 우리는 타인의 인지 편향에 어떻게 발목이 잡힐 수 있는지를 살펴보았다. 굳이 여기에 신경을 써야 할까? "아니, 그럴 필요 없어. 빌어먹을!"이라고 말할 수 있으면 좋겠지만, 편향과 맹점을 지닌 사람들이 당신의 앞날에 영향을 미칠 수 있다면 어떨까? 앞날에 지장을 받는 것보다는 그 문제를 피해가는 편이 상책일 것이다. 이를 돕기 위해 5장에서는 타인의 편향과 맹점을 피해가게 해줄 통찰들을 제시했다. 타인이 당신의 앞날에 지장을 줄 때는 이 통찰들을 다시 참고하라. 그들은 당신이 규칙적으로 작은 실천을 하지 못하도록 방해하고 앞길에 커다란 장애물을 놓을 수 있다. 도저히 극복하지 못할 것 같은 상황에 맞닥뜨릴 때는 항상 도움을 청할 곳이 있음을 기억하라!

우리가 생활하고 숨 쉬는 환경은 우리의 성과와 동기, 끈기는 물론이고 특정 순간의 선택에도 지대한 영향을 미친다. 행동과학의 가르침은 환경을 어떻게 바꾸면 큰 목표를 향한 여정을 탄탄대로로 만들 수 있는지에 대한 통찰을 제공한다. 6장에서 우리는 목표에 도달할 가능성을 높이기 위해 물리적인 환경에 변경을 가할 방법에 대해 알아보았다. 반가운 사실은 공기와 식물, 조명, 온도, 소음, 공간, 잡동사니, 색상 등에 조금만 신경을 써도 커다란 이익을 볼 수 있다는 점이다. 6장에서는 또한 온라인으로 인한 방해—궁극의 시간 좀벌레!—를 극복하기 위해 환경을 바꿀 방법에 대해서도 살펴보았다. 이 책이 막바지를 향해 가는 지금 이 시점이면 당신은 과거와는 다른 방식으로 온라인 접속을 하고 있어야만 한다. 그 방식으로 우리는 최대의 온라인 방해 요소를 골라 그 활동을 하루 중 특정 시간대에 한 기기에서만 사용하게끔 의도적으로 환경을 조성하는 방법을 논했다. 분명 효과가 있으니 내 말대로 해보라!

마지막으로 7장에서는 회복력 신장에 도움이 될 행동과학적 통찰들을 살펴보았다. 여기서는 일상의 타격에 대처할 수 있는 회복력을 기르는 데 초점을 두었다. 회복력 키우기에 투자하면 목표를 향한 여정 이외의 삶 전반에도 긍정적인 영향을 미칠 수 있다. 이 핵심적인 삶의 기술은 높은 행복감과 건강한 정신 상태, 질병의 감소, 뛰어난 혁신성, 충만한 동기와도 관련이 있다. 높은 회복력 수준은 또한 당신이 정한 목표를 실현할 만반의 준비를 갖추어 주며, 여정에서 만나는 난관을 더 쉽게 극복하게 (혹은 아예 눈치조차 못 채게!) 해준다.

이 6개 장들과 그 안에 담긴 여섯 가지 핵심 메시지는 큰 목표를 향한 여정의 기틀이 된다. 간간이 다시 책을 들춰보며 각 장의 통찰을 되새겨라. 비록 이 책이 커리어 개발을 위주로 쓰이기는 했지만, 이 책에 담긴 교훈은 다른 목표를 추구하는 데도 도움이 된다. 예컨대 시간 좀벌레에 대해서 이야기했던 3장은 가족과 자신을 돌보고 사람들을 사귈 시간을 더 만들어야 할 때도 요긴하다. 자신의 편향을 억제해야 한다는 4장의 메시지는 우리가 건강이나 재무 관련 목표를 세웠을 때 어째서 결국 흐지부지되고 마는지를 이해하는 데 도움이 된다. 그리고 7장에서 소개한 회복력을 키우는 도구들은 삶의 전 영역에서 쓸모가 있을 것이다.

부디 이 책의 도움으로 당신이 큰 목표에 여유 있게 도달할 수 있기를 바란다. 목적의식을 가지고 더 나은 삶을 위한 여정을 떠나는 것은 설레는 일이다. 책 전반에서 강조했듯이 모든 결과는 행운과 노력의 산물이다. 이 기회를 빌려 여러분에게 행운이 가득하기를 빈다! 꾸준히 노력하면 몇 년 안에 당신의 ME+를 만나게 되리라 믿어 의심치 않는다. 그때까지 여정을 즐기기 바란다!

그 길을 가다가 다른 사람들을 만나게 되면 그들 역시 각자 최선의 삶을 살고자 분투하고 있음을 명심하라. 그들도 당신처럼 의심과 염려에 시달리며 고통을 느낀다. 사람들과 마주칠 때마다 그들의 인생에서 무슨 일이 일어나고 있는지 알 수는 없다. 어쩌면 그들은 난관에 부딪혀 힘겨운 시간을 보내고 있을지도 모른다. 혹은 그들 자신이나 타인의 편향과 맹점에 사로잡혀 있을 수도 있다. 회복력 수준이 높지 않아 그들이 당신의 도움을 필요로 할지도 모른다. 당신은 열심히 세운 계획이 타인에 의해 어떻게 좌절될 수 있는지 보았다. 상대방에게는 당신이 '타인'이다. 그러니 사람들을 만나면 잠시 걸음을 멈추라. 잠깐이면 그들에게 다정한 인사를 건넬 수 있다. 언제든 도움의 손길을 내밀 여력은 있다. 남들이 실수를 하더라도 인내심을 가지고 바라보라. 당신이 존중받기 바라는 만큼 남들을 존중하라. 속도를 늦추고 관심을 기울여라. 급하게 서두르기만 하다보면 시스템1이 발동한 자동조종 모드로 움직이게 되어 일상적인 활동에는 별 무리가 없겠지만 남들에게 관심을 가져야 할 순간들을 놓치게 될 수도 있다. 그런 순간들에 시간을 할애할 필요가 있다.

느린 걸음으로 주변에 관심을 기울이며 언제나 친절을 베풀어라.

가슴 벅찬 새출발이 되기를!

도움이 필요하면 g.lordan@lse.ac.kr로 연락을 주기 바란다.

감사의 말

한 아이를 키우려면 온 마을이 필요하다는 옛말이 있다. 이 책을 쓰는 데는 런던, 한 도시가 필요했다. 특히 나에게 사연과 일화를 공유해 준 런던 시와 그 밖의 여러 지역 분들에게 감사드린다. 그분들이 경험을 통해 몸소 터득하여 나눠준 지혜 덕분에 행동 편향이 사람들의 경력 개발에 얼마나 지장을 주는지 그리고 거기에 어떤 조치를 취할 수 있는지에 대해 내가 보다 선명한 그림을 그릴 수 있었다. 2011년에 런던에 정착한 이래로 (전 산업 분야에 걸쳐) 얼마나 많은 사람들이 각자의 일터와 삶 속으로 기꺼이 나를 초대해 주었는지 생각하면 놀랍기 그지없다. 자신의 이야기를 들려주고 내 이론을 지지해 주신 분들께 그리고 그들의 따뜻한 우정에 고마움을 전한다.

훌륭한 지원자인 내 출판 에이전트 마이클 알코크Michael Alcock와 존슨 앤 알코크Johnson and Alcock의 직원분들께 감사드린다. 테레사 알미디아Teresa Almedia는 내가 막판 스퍼트를 올려 제시간에 마감을 지을 수 있도록 도와주었다. 내게 출판의 기회를 준 펭귄 라이프Penguin Life와 전 과정을 관리해 준 줄리아 머데이Julia Murday에게도 감사한다. 잭 람Jack Ramm과 리디아 야디Lydia Yadi 편집자는 음지에서 묵묵히 일하며 이 프로젝트의 수준을 한 단계 더 끌어올려 주었다. 그 밖에도 제마 웨인Jemma Wain을 비롯해 이 책의 탄생에 기여한 펭귄의 모든 분들께 감사 인사를 전한다. 어디서도 이만큼 값진 경험을 하지는 못했을 것이다.

런던정경대학에서 일하는 하루하루와 그 담장 안에서 일하는 명석한 분들과 만날 기회를 가질 수 있음에 늘 감사한 마음이다. 그동안 나를 지원해 준 대학의 모든 동료분들께 고맙다는 말을 전하고 싶다. 여러 학과의 많은 분들이 인간에게 가장 소중한 자원인 그들의 귀한 시간을 내어 이 책에 대한 아이디어를 함께 논의해 주셨다. 그리고 감사 인사와 관련해서도 내가 누군가를 깜빡하고 언급하지 않으면 곤경에 처하게 될 거라고 한 동료가 귀띔해 주어서 하는 말인데, 바넘효과를 이용해 그분에게 깊은 감사의 말씀을 드린다. 그 사람이 누구인지 당사자는 잘 알리라. 그래도 내가 연구를 원활히 수행하고 논문을 끝마칠 수 있도록 독려해 주는 전 세계 곳곳의 내 공동 저자들에게는 특별히 감사 인사를 전해야겠다. 우리 행동과학 분야 동료들에 대한 마음은 더 말할 나위가 없다. 그들과 런던정경대학에서 함께 행동과학 분야를 성장시켜 갈 수 있다는 것은 대단한 특권이 아닐 수 없다. 내 학생들, 특히 2019년에 행동과학 석사과정에 합류해 내가 이 책을 쓰는 동안 함께하며 코로나19로 인한 봉쇄를 경험한 이들도 빼놓을 수 없다. 또 런던정경대학에서 '포용적 업무 환경 구상'의 출범을 도와준 모든 동료들에게도 고마움을 전한다.

내 동반자 키어런Kieran은 든든한 지원군이 되어주었다. 그는 내 아이디어에 자문을 해주고, 여러 초안을 검토해 주었으며, 단 한 번도 나를 실망시키지 않았다. 그리고 내가 몇 달간 매일 저녁과 매주 주말에 쉼 없이 원고를 쓰는 동안 무수히 많은 차를 대접해 주었다. 반려견을 키우는 사람들은 감사 인사의 대상에서 내 완벽한 마스코트인 사랑스런 케이시를 지나칠 수 없음을 이해하리라. 케이시와 함께 산책을 하고 쉬는 시간이면 내 삶에 무한한 가치가 더해지는 느낌이 든다. 몰입해서 작업하는 동안 옆에서 들리는 케이시의 코고는 소리는 근사한 배경음악이 된다.

여전히 너무나 그리운 내 어머니에게 이 책을 바친다. 어머니는 언제나 나를 응원하며 내가 인생에서 얻을 수 있는 모든 기회를 위한 길을 닦아주셨다. 어머니는 누구보다 훌륭한 분이셨다. 내게 격려를 아끼지 않은 고향 코크시의 모든 친지와 친구들에게도 고마움을 전한다. 오래 전 다정한 리더십을 보여준 첫 번째 상사 올리브 데스먼드Olive Desmond는 특히 잊을 수가 없다. 아버지와 마리Marie 고모가 없었다면 이 책은 세상에 나올 수 없었을 것이다. 두 분은 내가 들를 때마다 언제든 나를 따뜻하게 맞아 각별히 보살펴 주신다. 평생토록 변함없이 나를 지지해 주시는 두 분의 존재는 내게 천군만마나 다름없다. 두 분과 함께하면 너무나 즐겁고 지금도 그분들을 어서 빨리 보고 싶다.

마지막으로 앞서 언급한 분들 못지않게 여러분께 감사드린다. 독자로서 여러분은 귀중한 시간을 내어 이 책을 읽어주셨다. 그것이야말로 내게 커다란 특권이다. 부디 여러분이 큰 생각을 바탕으로 작은 실천을 해나가며 원하는 커리어를 이룰 수 있기를 바란다.

해피 엔딩을 기원하며!

주

1장 | 당신은 어떤 사람이 되고 싶은가?

1. 이러한 양상은 2013년에 댄 길버트Dan Gilber와 그 동료들이 〈사이언스Science〉지에 발표한 연구에서 뚜렷하게 엿보인다. 그들은 19,000여 명의 사람들에게 과거 10년 동안 얼마나 변화를 겪었다고 생각하는지 보고하게 하고 또 향후 10년간은 얼마나 변화를 겪으리라 예상하는지 물었다. 모든 연령대의 사람들이 한결같이 과거에는 많은 변화가 있었으나 미래의 변화는 비교적 적으리라 예상했다. J. Quoidbach, D. T. Gilbert and T. D. Wilson, 'The end of history illusion', *Science* 339/6115 (2013), pp. 96–98.

2장 | 더 크게 생각하라 | 목표

1. 행동과학적으로 볼 때 대부분의 사람들은 군중이 하는 대로 따라하려는 경향을 보인다. 이를 '군중심리herding'라 한다. 마찬가지로 이 책을 읽는 독자들 중에서도 80퍼센트는 이 과제를 수행할 가능성이 높다. 사회 통념을 준용하며 스스로도 이 통념의 완수 가능성을 높이려는 노력의 일환이다.
2. 무작위로 선정한 아이들에게 수학 시험을 치르기에 앞서 분명한 사전 지식을 제공하는 개입으로 고정관념 위협의 효과를 알아볼 수 있다. 예컨대 수학 문제를 잘 풀지 못하는 여자아이의 모습을 제시함으로써 명시적인 사전 지식을 주입하는 것이다. 무작위로 선정된 학생들에게 수학 시험에 앞서 이 그림을 보여주면 그들은 여자아이들이 수학을 못한다는 강렬한 암시를 받게 된다. 240명의 6세 아동을 대상으로 수행된 한 연구에서 실제로 이런 접근법이 사용되었다. 연구자들은 연구 대상 아동들이 수학 시험을 치르거나 그림을 제시받기 이전에 수학적 능력과 관련하여 보인 지각에서 여아와 남아 간에 실질적인 차이가 없다는 데이터를 확보했다. 연구 결과, 보고서 저자들은 여아가 남아보다 수학을 못한다는 믿음을 갖기 이전이라도 고정관념 위협에 노출되면 그런 위협에 노출되지 않았을 때에 비해 수행 능력이 떨어지는 결과를 보였음을 강조했다. S. Galdi, M. Cadinu and C. Tomasetto, 'The roots of stereotype threat: When automatic associations disrupt girls' math performance', *Child Development* 85/1 (2014), pp. 250–263.

3. 지능의 유전력은 표본이 속한 생애 주기에 따라 20~60퍼센트로 추정된다. C. Haworth et al., 'A twin study of the genetics of high cognitive ability selected from 11,000 twin pairs in six studies from four countries', *Behavior Genetics* 39/4 (2009), pp. 359–370; and also R. Plomin and I. J. Deary, 'Genetics and intelligence differences: Five special findings', *Molecular Psychiatry* 20/1 (2015), pp. 98–108.
4. 추정치의 범위는 33.3~50퍼센트다. D. Lykken and A. Tellegen, 'Happiness is a stochastic phenomenon', *Psychological Science* 7/3 (1996), pp. 186–189; J.H. Stubbe, D. Posthuman et al., 'Heritability of life satisfaction in adults: A twin-family study', *Psychological Medicine* 35/11 (2005), pp. 1581–1588; M. Bartels et al., 'Heritability and genome-wide linkage scan of subjective happiness', *Twin Research and Human Genetics* 13/2, (2010), pp. 135–142; and J.- E. De Neve et al., 'Genes, economics, and happiness', *Journal of Neuroscience, Psychology, and Economics* 5/4 (2012), pp. 193–211.
5. Daniel Kahneman, *Thinking, Fast and Slow* (London: Allen Lane, 2011).
6. 도전적이면서도 달성 가능한 활동으로 설정해야 하는 이유에 대해서는 다음 자료를 보라. R. Koestner et al., 'Attaining personal goals: Self-concordance plus implementation intentions equals success', *Journal of Personality and Social Psychology* 83/1 (2002), pp. 231–244.
7. 도움 요청의 심리에 관하여 실험적 증거로 뒷받침되는 연구들에 대한 상세한 논의는 다음 자료를 보라. Heidi Grant-Halvorson, *Reinforcements: How to Get People to Help You* (Boston, MA: Harvard Business Review Press, 2018).
8. V. K. Bohns, '(Mis)understanding our influence over others: A review of the underestimation-of-compliance effect', *Current Directions in Psychological Science* 25/2 (2016), pp. 119–123.
9. 바네사 본즈가 그러한 요청에 대해 연구한 결과, 대면 도움 요청이 이메일 요청에 비해 수락을 받을 확률이 높은 것으로 나타났다.
10. D. A. Newark et al., 'The value of a helping hand: Do help-seekers accurately predict help quality?', *Academy of Management Proceedings* 2016/1 (2017).
11. M. M. Roghanizad and V. K. Bohns, 'Ask in person: You're less persuasive than you think over email', *Journal of Experimental Social Psychology* 69 (2017), pp. 223–226. 일반적으로 사람들은 대면 요청의 성공 확률을 과소평가하고 이메일 요청에서 긍정적인 응답을 받을 가능성을 과대평가하는 것으로 조사되었다.
12. 도움을 요청할 때 기본적으로 우리는 상대방에게 선택권을 주게 된다. 그들은 승낙을 할 수도 거절을 할 수도 있다. 같은 사안에 대해서도 긍정적인 측면이나 부정적인 측면을 강

조하는 방식으로 틀을 짜서 특정한 선택을 유도할 수 있다. 긍정적인 방향으로 틀을 짜면 상대방의 승낙 가능성이 높아진다. 이 분야와 관련된 주요 연구로는 다음 자료를 보라. D. Kahneman and A. Tversky, 'Prospect theory: An analysis of decision under risk', *Econometrica 47/2 (1979)*, pp. 263–291; I. P. Levin et al., 'All frames are not created equal: A typology and critical analysis of framing effects', *Organizational Behavior and Human Decision Processes 76/2 (1998), pp.* 149–188.

13. 사회 관계망이 구직과 취업에 도움이 된다는 사실을 보여주는 방대한 증거를 확인하려면 다음 자료를 보라. Y. Ioannides and L. Loury, 'Job information networks, neighborhood effects, and inequality', *Journal of Economic Literature* 42/4 (2004), pp. 1056–1093. 사회 관계망과 취업 결과의 연관성을 입증하는 또 다른 설득력 있는 연구로는 다음과 같은 자료들이 있다. P. Bayer et al., 'Place of work and place of residence: Informal hiring networks and labor market outcomes', *Journal of Political Economy* 116/6 (2008), pp. 1150–1196; and J. Hellerstein et al., 'Neighbors and coworkers: The importance of residential labor market networks', *Journal of Labor Economics* 29/4 (2011), pp. 659–695.

3장 | 시간을 탁월하게 쓰는 법 | 시간

1. "내가 잘나가는 작가라면 참 좋을 텐데"와 같이, 발생하거나 발생하지 않을 수 있는 일 모두를 이야기할 때 쓰이는 아일랜드어 조건법에서는 괴상한 시제가 사용된다. 요즘도 아일랜드어 시험에서 이 조건법 시제와 관련된 문제가 나오면 학생들은 진땀을 뺀다.
2. SNS 활동이 정신 건강을 저해한다는 증거들이 속속 확인되고 있다. SNS 활동에 지나치게 많은 시간을 소비하고(K. W. Müller et al., 'A hidden type of internet addiction? Intense and addictive use of social networking sites in adolescents', *Computers in Human Behavior* 55/A (2016), pp. 172–177), 다들 근사하게 살고 있는 듯이 보이는 이미지에 노출되기(H. G. Chou and N. Edge, '"They are happier and having better lives than I am": The impact of using Facebook on perceptions of others' lives', *Cyberpsychology, Behavior, and Social Networking* 15/2 (2012), pp. 117–121) 때문이다.
3. 분 단위로 시간을 검토하더라도 끊임없이 이메일을 확인하는 데 드는 시간 비용을 추산하기란 여전히 힘들다. 하지만 들어오는 이메일을 수시로 확인하다가는 일 처리를 원활히 할 수 없다는 것만큼은 분명하다. 이메일 확인을 의도적으로 중단하지 않은 날에는 제대로 한 일이 하나도 없을 정도다.

4. 이메일을 바로바로 주고받지 않으니 실제로 이메일 수신량이 줄어들었다. 더 이상 내가 그들과 같은 부류가 아님을 상대방이 알아차렸기 때문이다. 아마도 계속 그런 식으로 이메일을 주고받을 다른 사람을 찾아갔지 싶다.
5. 맞춤형 개입은 행동과학에서는 아직 생소한 방식이지만, 점점 더 많은 삶의 영역에 걸쳐 그 잠재력을 강조하는 문헌들이 늘고 있다. 예를 들어 어떤 사람의 행동과 상황을 바탕으로 개인에게 맞는 피드백을 줄 경우, 금연(J. L. Obermayer et al., 'College smoking cessation using cell phone text messaging', *Journal of American College Health* 53/2 (2004), pp. 71–79; and A. L. Stotts et al., 'Ultrasound feedback and motivational interviewing targeting smoking cessation in the second and third trimesters of pregnancy', *Nicotine and Tobacco Research* 11/8 (2009), pp. 961–968)과 당뇨병 관리(2형 당뇨병 환자에 관한 연구는 J. H. Cho et al., 'Mobile communication using a mobile phone with glucometer for glucose control in Type 2 patients with diabetes: As effective as an internet based glucose monitoring system', *Journal of Telemedicine and Telecare* 15/2 (2009), pp. 77–82를, 1형 당뇨병 환자에 관한 연구는 A. Farmer et al., 'A real-time, mobile phone-based telemedicine system to support young adults with type 1 diabetes', *Informatics in Primary Care* 13/3 (2005), pp. 171–178를 보라)뿐만 아니라 전반적으로 보다 건강하고 활동적인 라이프스타일을 영위하도록 하는 데 효과적이라는 사실이 입증되었다(그 사례로는 다음의 연구들이 있다. F. Buttussi et al., 'Bringing mobile guides and fitness activities together: A solution based on an embodied virtual trainer', *Proceedings of the 8th Conference on Human-computer Interaction with Mobile Devices and Services* (2006), pp. 29–36; and H. O. Chambliss et al., 'Computerized self-monitoring and technology assisted feedback for weight loss with and without an enhanced behavioural component', *Patient Education and Counseling* 85/3 (2011), pp. 375–382). 영국 국세청도 세금 체납을 막기 위해 정기적으로 맞춤형 서신 작성 작업을 실시한다(2012 report from the Cabinet Office's Behavioural Insights Team, 'Applying behavioural insights to reduce fraud, error and debt').
6. 동료 효과가 학업 성적에 미치는 영향을 조사한 훌륭한 연구들로는 다음 자료를 보라. S.E. Carrell and M. L. Hoekstra, 'Externalities in the classroom: How children exposed to domestic violence affect everyone's kids', *American Economic Journal: Applied Economics* 2/1 (2010), pp. 211–228; S. E. Carrell et al., 'Does your cohort matter? Measuring peer effects in college achievement', *Journal of Labor Economics* 27/3 (2009), pp. 439–464; D. J. Zimmerman, 'Peer effects in academic outcomes: Evidence from a natural experiment', *Review of Economics and*

Statistics 85/1 (2003), pp. 9–23; and B. Sacerdote, 'Peer effects with random assignment: Results for Dartmouth roommates', *The Quarterly Journal of Economics* 116/2 (2001), pp. 681–704. 동료 효과가 수업의 질(C. K. Jackson and E. Bruegmann, 'Teaching students and teaching each other: The importance of peer learning for teachers', *American Economic Journal: Applied Economics* 1/4 (2009), pp. 85–108)이나 범죄 성향(P. Bayer et al., 'Building criminal capital behind bars: Peer effects in juvenile corrections', *The Quarterly Journal of Economics* 124/1 (2009), pp. 105–147), 대마초 흡연 및 음주(A. E. Clark and Y. Lohéac, '"It wasn't me, it was them!" Social influence in risky behavior by adolescents', *Journal of Health Economics* 26/4 (2007), pp. 763–784)와 같은 결과들을 바꿀 수 있음을 시사하는 증거도 있다.

7. E. O'Rourke et al., 'Brain points: A growth mindset incentive structure boosts persistence in an educational game', *Conference on Human Factors in Computing Systems–Proceedings* (2014), pp. 3339–3348.
8. J. Aronson et al., 'Reducing the effects of stereotype threat on African American college students by shaping theories of intelligence', *Journal of Experimental Social Psychology* 38/2 (2002), pp. 113–125; D. Paunesku et al., 'Mind-set interventions are a scalable treatment for academic underachievement', *Psychological Science* 26/6 (2015), pp. 784–793; and D. S. Yeager, et al., 'Using design thinking to improve psychological interventions: The case of the growth mindset during the transition to high school', *Journal of Educational Psychology* 108/3 (2016), pp. 374–391.
9. G. L. Cohen et al., 'Reducing the racial achievement gap: A social-psychological intervention', *Science* 313/5791 (2006), pp. 1307–1310.
10. J. J. Heckman and T. Kautz, 'Fostering and measuring skills: Interventions that improve character and cognition' (No. 19656). National Bureau of Economic Research (2013); and D. Almond et al., 'Childhood circumstances and adult outcomes: Act II', *Journal of Economic Literature* 56/4 (2018), pp. 1360–1446. 이 연구들은 실증적 증거를 내세워 전 생애에 걸쳐 소프트 스킬을 변화시킬 수 있다는 흥미로운 주장을 펴고 있다. 특히 후기 유년기에는 소프트 스킬을 인지 기술보다 훨씬 더 쉽게 변화시킬 수 있다고 보았다.
11. G. M. Walton and G. L. Cohen, 'A brief social-belonging intervention improves academic and health outcomes of minority students', *Science* 331/6023 (2011), pp. 1447–1451. 이 연구에는 한 대학 캠퍼스 신입생 92명에 대한 행정 자료가 활용되었다.

12. A. C. Cooper et al., 'Entrepreneurs' perceived chances for success', *Journal of Business Venturing* 3/2 (1988), pp. 97–108.
13. 2006년에 G. P. 래섬G. P. Latham 과 E. A 로크E. A. Locke는 40년에 걸친 목표 설정 연구를 검토한 뒤, 구체적인 목표를 가지고 이를 달성하기 위해 매진할 때 수행력이 향상될 뿐 아니라 원하는 목표를 성취할 가능성도 높아진다는 결론을 내렸다.
14. R. Koestner et al., 'Attaining personal goals' (2002); and E. A. Locke, and G. P. Latham, 'Building a practically useful theory of goal setting and task motivation', *American Psychologist* 57/9 (2002), pp. 705–717.
15. E. A. Locke et al. (1989)., 'Separating the effects of goal specificity from goal level,' *Organizational Behavior and Human Decision Processes* 43/2 (1989), pp. 270-287
16. 행복과의 관련성에 대해서는 Paul Dolan, *Happiness by Design: Finding Pleasure and Purpose in Everyday Life* (London: Penguin Books, 2014)를, 동기와의 관련성에 대해서는 Emily Esfahani Smith, *The Power of Meaning: Crafting a Life That Matters* (New York: Crown, 2017)를, 낮은 스트레스와 냉소주의와의 관련성에 대해서는 Kim S. Cameron, *Positive Leadership* (San Francisco, CA: Berret-Koehler Publishers, 2008); D. Chandler and A. Kapelner, 'Breaking monotony with meaning: Motivation in crowdsourcing markets', *Journal of Economic Behavior and Organization* 90 (2013), pp. 123–133; and B. D. Rosso et al., 'On the meaning of work: A theoretical integration and review', *Research in Organizational Behavior* 30/C (2010), pp. 91–127)를 보라.
17. 킴 S. 캐머런Kim S. Cameron이 〈긍정적 리더십Positive Leadership (2008)〉에서 설계한 체계를 활용했다.
18. R. Koestner et al., 'Attaining personal goals' (2002). 여기서는 목표를 향한 진척 상황이 눈에 보일 때 수행력 향상이 뒤따른다는 점을 강조하고 있다.
19. 그러한 사례로 N. Rothbard and S. Wilk, 'Waking up on the right or wrong side of the bed: Start-of-workday mood, work events, employee affect, and performance', *Academy of Management Journal* 54/5 (2011), pp. 959–980를 보라. 근무 시작 시점의 기분이 콜센터 근로자들에게 어떤 영향을 미치는지 조사한 연구다. 근로자들이 하루를 시작할 때 느꼈던 기분이 업무 수행의 질과 고객에 대한 응대에 지대한 영향을 미친다는 명백한 증거가 제시되었다. 기분에 따라 세상에 대한 시각과 행위가 왜곡될 수 있음을 유념해야 한다. 감정을 뜻대로 조절하기가 쉽지는 않지만 일진이 좋지 않은 날에는 자신의 감정을 더욱 예의 주시할 필요가 있다.
20. 타협 효과는 마케팅 분야에서 활발히 연구되어 왔으며, 구매 결정이 어떻게 이루어지는지

를 잘 설명해 준다. 어떤 물건을 구매할 때 세 가지 옵션을 제시받으면 대다수의 사람들이 타협 효과로 인해 중간 가격의 물건을 선택한다. 관련 연구로는 다음 자료를 참고하라. A. Chernev, 'Context effects without a context: Attribute balance as a reason for choice', *Journal of Consumer Research* 32/2 (2005), pp. 213–223; N. Novemsky et al., 'Preference fluency in choice', *Journal of Marketing Research* 44/3 (2007), pp. 347–356; and U. Khan et al., 'When trade-offs matter: The effect of choice construal on context effects', *Journal of Marketing Research* 48/1 (2011), pp. 62–71. 인간이 구매 결정을 할 때 중간 옵션을 선호하는 경향이 있다면, 시간을 할당할 때에 중간 옵션을 선호하지 않는다고 볼 이유가 어디에 있겠는가? 어쩌면 당신도 골디락스의 페르소나를 감추고 있을지 모른다. 이런 접근법을 사용하면 딱 알맞은 업무량을 생각해 낼 수 있을 것이다!

21. Richard H. Thaler and Cass R. Sunstein, *Nudge: Improving Decisions about Health, Wealth, and Happiness* (New Haven, CT: Yale University Press, 2008); J. Bhattacharya et al., 'Nudges in exercise commitment contracts: A randomized trial', *NBER Working Paper Series* 21406 (2015); and K. Volpp et al., 'Financial incentive-based approaches for weight loss: A randomized trial', *JAMA* 300/22 (2008), pp. 2631–2637.

4장 | 스스로 발목을 잡지 않게 | 나 자신

1. 맞다. 우리 행동과학자들은 모든 것에 대한 답을 가지고 있다! 우리 이론을 못 믿겠는가? 그렇다면 당신은 틀림없이 편향되어 있는 것이다! 참 편리하지 않은가?
2. Scott Page, *The Diversity Bonus: How Great Teams Pay Off in the Knowledge Economy* (Princeton, NJ: Princeton University Press, 2017).
3. R. Stinebrickner and T. R. Stinebrickner, 'What can be learned about peer effects using college roommates? Evidence from new survey data and students from disadvantaged backgrounds', *Journal of Public Economics*, 90/ 8-9 (2006), pp. 1435–1454.
4. 의사 부모의 직업을 이어받는 경우를 기술한 자료로는 S. Pinchot et el., 'Are surgical progeny more likely to pursue a surgical career?' *Journal of Surgical Research* 147/2 (2008), pp. 253–259를, 공공 부문의 직업을 들여다본 자료로는 V. Scoppa, 'Intergenerational transfers of public sector jobs: A shred of evidence on nepotism', *Public Choice* 141/1 (2009), pp. 167–188를, 미국 정부 요직을 살펴본 자

료로는 B. Feinstein, 'The dynasty advantage: Family ties in congressional elections', *Legislative Studies Quarterly* 35/4 (2010), pp. 571–598를, 자녀가 부모와 유사한 직종을 선택한다는 사실을 강조한 자료로는 L. Chen et al., 'Following (not quite) in your father's footsteps: Task followers and labor market outcomes', *MPRA Paper* 76041 (2017)를 보라.

5. 젠더에 관한 증거로는 R. Brooks et al., 'Deal or no deal, that is the question: The impact of increasing stakes and framing effects on decision-making under risk', *International Review of Finance* 9/1-2 (2009), pp. 27–50, and J. Watson and M. McNaughton, 'Gender differences in risk aversion and expected retirement benefits', *Financial Analysts Journal* 63/4 (2007), pp. 52–62를, 교육 수준에 관한 증거로는 C. C. Bertaut, 'Stockholding behavior of U.S. households: Evidence from the 1983–1989 Survey of Consumer Finances', *Review of Economics and Statistics* 80/2 (1998), pp. 263–275, and K. L. Shaw., 'An empirical analysis of risk aversion and income growth', *Journal of Labor Economics* 14/4 (1996), pp. 626–653를, 미국 내 민족적 격차에 관한 증거로는 J. Sung and S. Hanna, 'Factors related to risk tolerance', *Journal of Financial Counseling and Planning* 7 (1996), pp. 11–19, and D. A. Brown, 'Pensions and risk aversion: The influence of race, ethnicity, and class on investor behavior', *Lewis & Clark Law Review* 11/2 (2007), pp. 385–406를, 부에 따른 차이에 관한 증거로는 W. B. Riley and K. V. Chow, 'Asset allocation and individual risk aversion', Financial Analysts Journal 48/6 (1992), pp. 32–37, and R. A. Cohn et al., 'Individual investor risk aversion and investment portfolio composition', The Journal of Finance 30/2 (1975), pp. 605–620를 보라.
6. P. Brooks and H. Zank, 'Loss averse behavior', *Journal of Risk and Uncertainty* 31/3 (2005), pp. 301–325; and U. Schmidt and S. Traub, 'An experimental test of loss aversion', *Journal of Risk and Uncertainty* 25/3 (2002), pp. 233–249.
7. M. Mayo, 'If humble people make the best leaders, why do we fall for charismatic narcissists?' *Harvard Business Review* (7 April 2018).
8. John Annett, *Feedback and Human Behaviour: The Effects of Knowledge of Results, Incentives and Reinforcement on Learning and Performance* (Harmondsworth, Middlesex: Penguin Books, 1969) and Albert Bandura, *Principles of Behavior Modification* (New York, London: Holt, Rinehart and Winston, 1969).
9. A. Kluger and A. DeNisi, 'The effects of feedback interventions on performance: A historical review, a meta-analysis, and a preliminary feedback intervention theory',

Psychological Bulletin 119/2 (1996), pp. 254 – 284. 이 메타분석은 피드백이 수행 능력에 미치는 영향을 조사한 통계적 분석에서 23,663건의 관찰 내역과 연계된 607개 효과 크기를 통합한 것이다.

10. V. Tiefenbeck et al., 'Overcoming salience bias: How real-time feedback fosters resource conservation', *Management Science* 64/3 (March 2013), pp. 1458 – 1476. 이 연구는 실시간 피드백이 에너지 집약적인 자원의 소비에 커다란 영향을 미칠 수 있음을 강조하고 있다.
11. T. Gilovich et al., 'The spotlight effect in social judgment: An egocentric bias in estimates of the salience of one's own actions and appearance', *Journal of Personality and Social Psychology* 78/2 (2000), pp. 211 – 222.
12. 이 두 가지 편향에 대한 훌륭한 논의는 다음 자료에서 확인할 수 있다. J. Baron and I. Ritov, 'Omission bias, individual differences, and normality', *Organizational Behavior and Human Decision Processes* 94/2 (2004), pp. 74 – 85.
13. 이에 대한 예시로는 다음 자료를 보라. I. M. Davison and A. Feeney, 'Regret as autobiographical memory', *Cognitive Psychology* 57/4 (2008), pp. 385 – 403; T. Gilovich et al., 'Varieties of regret: A debate and partial resolution', *Psychological Review* 105/3 (1998), pp. 602 – 605; and Morrison and N. Roese from 2011.
14. S. Davidai and T. Gilovich, 'The ideal road not taken: The self-discrepancies involved in people's most enduring regrets', *Emotion* 18/3 (2018), pp. 439 – 452.
15. 관련된 예시로는 다음 자료를 보라. D. M. Tice et al., 'Restoring the self: Positive affect helps improve self-regulation following ego depletion', *Journal of Experimental Social Psychology* 43/3 (2007), pp. 379 – 384.

5장 | 평가에서 자유롭지 못한 우리 | 타인

1. 내가 직접 한 사람을 선택할 수도 있겠지만 특정 부류의 독자들을 소외시키는 결과를 낳고 싶지는 않다.
2. 안타깝게도 100파운드는 가상의 금액이었다!
3. S. J. Solnick, 'Gender differences in the ultimatum game' *Economic Inquiry* 39/2 (2001), pp. 189 – 200; and C. Eckel et al., 'Gender and negotiation in the small: Are women (perceived to be) more cooperative than men?', *Negotiation Journal* 24/4 (2008), pp. 429 – 445.
4. 연령에 대한 증거로는 D. Neumark at al., 'Is it harder for older workers to find jobs?

New and improved evidence from a field experiment', *Journal of Political Economy* 127/2 (2019), pp. 922–970를, 영국 내 성별에 대한 증거로는 P. A. Riach and J. Rich, 'An experimental investigation of sexual discrimination in hiring in the English labor market', *Advances in Economic Analysis & Policy* 5/2 (2006), pp. 1–22를, 가임기 여성에 대한 증거로는 S. O. Becker et al., 'Discrimination in hiring based on potential and realized fertility: Evidence from a large-scale field experiment', *Labour Economics* 59 (2019), pp. 139–152를 보라.

5. 영국의 남성 기업가 10명당 여성 기업가의 수는 약 5명이다. 호주와 미국, 캐나다의 비율은 이보다 조금 나은 10:6이다. 영국에서는(*The Alison Rose Review of Female Entrepreneurship*, 2019) 전체 벤처 자금 중 고작 1퍼센트만이 여성(전원 여성으로만 이루어진 팀)이 설립한 사업체에 지원되고 있어 여성 기업가의 증대가 요원한 상황이다(British Business Bank, Diversity VC, and BVCA, *UK VC & Female Founders report*, February 2019).
6. D. O'Brien et al., 'Are the creative industries meritocratic? An analysis of the 2014 British Labour Force Survey', *Cultural Trends* 25/2 (2016), pp. 116–131. 이 연구는 창작 산업에서 노동자 계층이 제대로 대우받지 못하고 있는 현실을 보여주고 있다. 연기 분야에 대해 유사한 결론을 제시하는 연구로는 다음 자료를 참조하라. S. Friedman et al., '"Like skydiving without a parachute": How class origin shapes occupational trajectories in British acting', *Sociology* 51/5 (2017), pp. 992–1010
7. J. Miller, 'Tall poppy syndrome (Canadians have a habit of cutting their female achievers down)' *Flare* 19/4 (1997), pp. 102–106; P. McFedries, 'Tall poppy syndrome dot-com', *IEEE Spectrum* 39/12 (2002), p. 68; H. Kirwan-Taylor, 'Are you suffering from tall poppy syndrome', *Management Today* 15 (2006); and J. Kirkwood, 'Tall poppy syndrome: Implications for entrepreneurship in New Zealand', *Journal of Management and Organization* 13/4 (2007), pp. 366–382.
8. 연구 결과, 벤처 자금을 지원받은 스타트업들이 그렇지 못한 스타트업들에 비해 더 나은 성과를 내는 것으로 나타났다. W. L. Megginson and K. A. Weiss, 'Venture capitalist certification in initial public offerings', *The Journal of Finance* 46/3 (1991), pp. 879–903; and Jeffry A. Timmons, *New Venture Creation: Entrepreneurship for the 21st Century* (Boston, MA: Irwin/McGraw-Hill, 1999).
9. 집단사고와 관련된 실험 및 관찰 연구가 잘 요약된 자료로는 다음을 보라. Cass Sunstein and Reid Hastie, *Wiser: Getting Beyond Groupthink to Make Groups Smarter* (Boston, MA: Harvard Business Review Press, 2015.
10. 피겨 스케이팅과 유로비전 송 콘테스트에서의 증거는 W. Bruine de Bruin 'Save the last

dance for me: Unwanted serial position effects injury evaluations', *Acta Psychologica* 118/3 (2005), pp. 245 - 260를, TV 탤런트 콘테스트에서의 증거는 L Page and K. Page 'Last shall be first: A field study of biases in sequential performance evaluation on the Idol series', *Journal of Economic Behavior and Organization* 73/2 (2010), pp. 186 - 198를 보라.

11. 순차적으로 진행되는 콘테스트에 관한 보다 상세한 이해를 위해서는 다음 자료를 보라. F. B. Gershberg and A. P. Shimamura, 'Serial position effects in implicit and explicit tests of memory', *Journal of Experimental Psychology: Learning, Memory, and Cognition* 20/6 (1994), pp. 1370 - 1378; and N. Burgess and G. J. Hitch, 'Memory for serial order: A network model of the phonological loop and its timing', *Psychological Review* 106/3 (1999), pp. 551 - 581.
12. 미국으로 이민한 영국과 인도의 과학자들이 구직 시 강한 유대와 약한 유대 모두에서 혜택을 입었다는 사실은 W. S. Harvey, 'Strong or weak ties? British and Indian expatriate scientists finding jobs in Boston', *Global Networks* 8/4 (2008), pp. 453 - 473를, 기업 내 지식 전수 시 약한 유대와 강한 유대가 각기 독자적인 역할을 한다는 사실은 D. Z. Levin and R. Cross 'The strength of weak ties you can trust: The mediating role of trust in effective knowledge transfer', *Management Science* 50/11 (2004), pp. 1477 - 1490를, 구직과 수령하는 급여에서 강한 유대를 능가하는 약한 유대의 이점에 대한 설명은 D. W. Brown and A. M. Konrad, 'Granovetter was right: The importance of weak ties to a contemporary job search', *Group and Organization Management* 26/4 (2001), pp. 434 - 462를 보라. 비슷한 내용을 V. Yakubovich, 'Weak ties, information, and influence: How workers find jobs in a local Russian labor market' *American Sociological Review* 70/3 (2005), pp. 408 - 421에서도 찾아볼 수 있다. T. Elfring and W. Hulsink, 'Networks in entrepreneurship: The case of high-technology firms', *Small Business Economics* 21/4 (2003), pp. 409 - 422는 기술 분야 신예 기업가들이 약한 유대에서 얻는 이점을 강조하고 있다.
13. 이 주제에 관심이 있는 사람이라면 다른 학문에 비해 경제학을 공부하는 여성들이 왜 더 힘겨운 시간을 보내는지 다음 자료에서 납득할 만한 설명을 찾아볼 수 있다. S. Lundberg and J. Stearns, 'Women in economics: Stalled progress', *Journal of Economic Perspectives* 33/1 (2019), pp. 3 - 22.

6장 | 맥락이 중요하다 | 환경

1. 내가 아는 사람 중에 이 격언을 가장 많이 쓰는 분은 런던정경대학의 폴 돌런 교수님이다. 사실 행동과학 최고경영자 과정 학생들에게 수여하는 '맥락 파악'상이라는 이름도 강의에서 누구보다 이 두 단어를 많이 쓰시는 돌런 교수님이 지은 것이다. 이 밖에도 행동과학 문헌에는 이 격언의 중요성을 말해주는 무수한 증거들이 있다. 일례로 환경이 건강과 관련된 행동을 바꾸는 데 어떻게 활용될 수 있는가에 관한 논의는 다음 자료를 보라. G. J. Hollands et al., 'The TIPPME intervention typology for changing environments to change behavior', *Nature Human Behaviour* 1 (2017).
2. A. North et al., 'The influence of in-store music on wine selections', *Journal of Applied Psychology* 84/2 (1999), pp. 271 – 276.
3. E. M. Altmann et al., 'Momentary interruptions can derail the train of thought', *Journal of Experimental Psychology: General* 143/1 (2014), pp. 215 – 226은 실험실 실험에서 3초 미만의 방해가 순서 기반의 인지 과제 수행에 지장을 주고 더 많은 실수를 유발했음을 발견했고, G. Carlton and M. A. Blegen, 'Medication- related errors: A literature review of incidence and antecedents', *Annual Review of Nursing Research* 24/1 (2006), pp. 19 – 38는 방해와 병원의 투약 실수 사이에 연관성이 있다고 보았으며, A. Mawson, 'The workplace and its impact on productivity', *Advanced Workplace Associates, London* 1 (2012), pp. 1 – 12은 방해가 몰입을 깨뜨린다고 주장했다.
4. 방해는 낮은 직업 만족도(간호사에 대한 연구는 다음 자료를 보라. B. D. Kirkcaldy and T. Martin, 'Job stress and satisfaction among nurses: Individual differences', *Stress Medicine* 16/2 (2000), pp. 77 – 89), 높은 과민성(콜센터 직원들에 대한 연구는 다음 자료를 보라. S. Grebner et al., 'Working conditions, well-being, and job-related attitudes among call centre agents', *European Journal of Work and Organizational Psychology* 12(4) (2003), pp. 341 – 365), 심지어 우울감(지역 보건의에 대한 연구는 다음 자료를 보라. U. Rout et al., 'Job stress among British general practitioners: Predictors of job dissatisfaction and mental ill-health', *Stress Medicine* 12/3 (1996), pp. 155 – 166)과도 연관성을 인정받아 왔다.
5. 통풍과 생산성 간의 연관성에 대해서는 P. Wargocki et al., 'The effects of outdoor air supply rate in an office on perceived air quality, Sick Building Syndrome (SBS) symptoms and productivity', *Indoor Air* 10/4 (2000), pp. 222 – 236를, 공기질과 질병과의 연관성에 대한 연구로는 P. Preziosi et al., 'Workplace air-conditioning and health services attendance among French middle-aged women: A prospective

cohort study', *International Journal of Epidemiology* 33/5 (2004), pp. 1120-1123를 보라.

6. 사무실 환경에서 실내 식물이 주의력 향상에 얼마나 도움을 주는지를 살펴본 연구로는 다음 자료를 보라. R. K. Raanaas et al., 'Benefits of indoor plants on attention capacity in an office setting', *Journal of Environmental Psychology* 31/1 (2011), pp. 99-105.
7. M. Münch et al., 'Effects of prior light exposure on early evening performance, subjective sleepiness, and hormonal secretion', *Behavioral Neuroscience* 126/1 (2012), pp. 196-203; S. Joshi, 'The sick building syndrome', *Indian Journal of Occupational and Environmental Medicine* 12/2 (2008), p. 61 and V. I. Lohr et al., 'Interior plants may improve worker productivity and reduce stress in a windowless environment', *Journal of Environmental Horticulture* 14/2 (1996), pp. 97-100.
8. 창의성과 희미한 조명 간의 연관성을 밝힌 논문으로는 A. Steidle and L. Werth, 'Freedom from constraints: Darkness and dim illumination promote creativity', *Journal of Environmental Psychology* 35 (2013), pp. 67-80를, 밝은 조명과 집중력의 연관성을 논의한 연구로는 H. Mukae and M. Sato, 'The effect of color temperature of lighting sources on the autonomic nervous functions', *The Annals of Physiological Anthropology* 11/5 (1992), pp. 533-538를 보라.
9. L. Lan et al., 'Neurobehavioral approach for evaluation of office workers' productivity: The effects of room temperature', *Building and Environment* 44/8 (2009), pp. 1578-1588; and L. Lan et al., 'Effects of thermal discomfort in an office on perceived air quality, SBS symptoms, physiological responses, and human performance', *Indoor Air* 21/5 (2011), pp. 376-390.
10. H. Jahncke and et al., 'Open-plan office noise: Cognitive performance and restoration', *Journal of Environmental Psychology* 31/4 (2011), pp. 373-382.
11. S. Banbury and D. C. Berry, 'Disruption of office-related tasks by speech and office noise', *British Journal of Psychology* 89/3 (1998), pp. 499-517.
12. P. Barrett et al., 'The impact of classroom design on pupils' learning: Final results of a holistic, multi-level analysis', *Building and Environment* 89 (2015), pp. 118-133.
13. A. S. Soldat et al., 'Color as an environmental processing cue: External affective cues can directly affect processing strategy without affecting mood', *Social Cognition* 15/1 (1997), pp. 55-71; R. Mehta and R. Zhu 'Blue or red? Exploring

the effect of color on cognitive task performances', *Science*, *323*/5918 (2009), pp. 1226 – 1229; S. Lehrl et al., 'Blue light improves cognitive performance', *Journal of Neural Transmission* 114/4 (2007), pp. 457 – 460; and Z. O'Connor, 'Colour psychology and colour therapy: Caveat emptor', *Color Research & Application* 36/3 (2011), pp. 229 – 234.

14. Mehta and Zhu, 'Blue or red?' (2009), which summarizes studies on red versus blue.
15. K. W. Jacobs and J. F. Suess, 'Effects of four psychological primary colors on anxiety state', *Perceptual and Motor Skills* 41(1) (1975), pp. 207 – 210. 이들은 불안감에 대한 자가측정치에 빨간색, 노란색, 초록색, 파란색이 미치는 영향을 살펴본 뒤 빨간색과 노란색이 불안감을 높이고 반대로 파란색과 초록색은 불안감을 낮추는 효과가 있다는 사실을 발견했다. 빨간색과 노란색에 비해 파란색이 사람을 더 차분하게 만든다는 사실을 입증한 연구로는 다음 자료를 참조하라. A. Al- Ayash et al., 'The influence of color on student emotion, heart rate, and performance in learning environments', *Color Research and Application* 41/2 (2016), pp. 196 – 205.
16. Al-Ayash et al., 'The influence of color' (2016). 이들은 학생들의 개인 학습 공간에서 여섯 가지 색상—진빨강, 진파랑, 진노랑, 연빨강, 연파랑, 연노랑—이 읽기과제 능력에 미치는 영향을 조사했다.

7장 | 실패와 불운에 대응하는 인생 기술 | 회복력

1. D. Laibson and J. List, 'Principles of (behavioral) economics', *American Economic Review* 105/5 (2015), pp. 385 – 390. 관련 주제에 대한 혁신적인 강의를 장려할 방편으로 몇 가지 행동과학적 사실들을 간명하게 개괄하고 있다.
2. A. Killen and A. Macaskill, 'Using a gratitude intervention to enhance well-being in older adults', *Journal of Happiness Studies* 16/4 (2015), pp. 947 – 964는 감사 연습과 높은 자존감 간의 연관성을, F. Gander et al., 'Strength-based positive interventions: Further evidence for their potential in enhancing well-being and alleviating depression', *Journal of Happiness Studies* 14/4 (2013), pp. 1241 – 1259는 감사와 낮은 우울감 사이의 연관성을, M. E. P. Seligman et al. 'Positive psychology progress: Empirical validation of interventions', *American Psychologist* 60/5 (2005), pp. 410 – 421는 감사와 높은 행복감 사이의 연관성을 설명하고 있다.
3. N. Ashraf et al., 'Losing prosociality in the quest for talent? Sorting, selection, and

productivity in the delivery of public services', LSE Research Online Documents on Economics 88175, London School of Economics and Political Science, LSE Library (2018).

4. 나는 폴 돌런 교수와의 연구를 통해 세대 간 이동(여러 세대에 걸쳐 일어나는 사회 이동) 면에서 상승 이동이 삶의 만족도와 정신 건강을 개선하는 정도보다 하강 이동이 이러한 삶의 영역을 악화시키는 정도가 훨씬 더 크다는 사실을 확인했다. 이러한 결론은 1970년 출생자들을 전 생애에 걸쳐 추적한 영국 데이터 '1970 브리티시 코호트 연구1970 Brithsh Cohort Study'의 조사를 통해 도출되었다.
5. P. Grossman et al., 'Mindfulness-based stress reduction and health benefits: A meta-analysis', *Journal of Psychosomatic Research* 57/1 (2004), pp. 35–43. 이 보고서는 스트레스 감소 요법에 기반한 마음챙김이 건강상 주는 이득을 여러 연구들에 소개된 효과를 종합하여 설명하고 있다. 더 최근의 연구로는 다음 자료를 참고하라. M. Goyal et al., 'Meditation programs for psychological stress and well-being: A systematic review and meta-analysis' *JAMA Internal Medicine* 174/3 (2014), pp. 357–368. 이 연구는 47건의 무작위 시험을 메타분석한 것으로, 명상을 통해 불안과 우울, 고통의 개선은 있었지만 기분과 집중력, 약물 사용, 섭식 행동, 수면의 질, 체중에는 영향이 없었다는 결론에 도달했다.
6. G. Bonanno, 'Loss, trauma, and human resilience: Have we underestimated the human capacity to thrive after extremely aversive events?', *American Psychologist* 59/1 (2004), pp. 20–28는 강인성이 회복력에 이르는 길임을 강조했다. S. Maddi, 'The story of hardiness: Twenty years of theorizing, research, and practice', *Consulting Psychology Journal: Practice and Research* 54/3 (2002), pp. 173–185는 일상의 스트레스 요인과 부담에 직면할 때 강인성이 회복력을 증진시켜 준다는 사실을 입증했다. M. E. P. Seligman, 'Building resilience', *Harvard Business Review* 89/4 (2011), pp. 100–106는 회복력을 키울 방법으로 정신력 강화를 역설했다.
7. 회복력이 사회적 관계 및 신체 · 정신적 건강과 긍정적인 상관관계가 있음을 제시한 연구는 B. Smith et al., 'The brief resilience scale: Assessing the ability to bounce back', *International Journal of Behavioral Medicine* 15/3 (2008), pp. 194–200를, 회복력이 교사들의 동기와 열성을 높인다는 증거를 제시한 연구는 Q. Gu and C. Day, 'Teachers' resilience: A necessary condition for effectiveness', *Teaching and Teacher Education* 23/8 (2007), pp. 1302–1316를, 대학생들에게서 확인된 혁신적 사고와 회복력의 상관관계를 강조한 연구는 L. Abramson et al., 'Learned helplessness in humans: Critique and reformulation', *Journal of Abnormal Psychology* 87/1 (1978), pp. 49–74를 보라.

참고 문헌

서적

- Annett, John, *Feedback and Human Behaviour: The Effects of Knowledge of Results, Incentives and Reinforcement on Learning and Performance* (Harmondsworth, Middlesex: Penguin Books, 1969).
- Bandura, Albert, *Principles of Behavior Modification* (New York, London: Holt, Rinehart and Winston, 1969).
- Cameron, Kim S., *Positive Leadership* (San Francisco, CA: Berret-Koehler Publishers, 2008).
- Csikszentmihalyi, Mihaly, *Flow: The Psychology of Optimal Experience* (New York: Harper Perennial, 2008).
- Dolan, Paul, *Happiness by Design: Finding Pleasure and Purpose in Everyday Life* (London: Penguin Books, 2014).
- Dolan, Paul, *Happy Ever After : Escaping the Myth of the Perfect Life* (London: Allen Lane, 2019).
- Dweck, Carol S., *Mindset: The New Psychology of Success* (New York: Random House, 2006).
- Gladwell, Malcolm, *Outliers: The Story of Success* (New York: Little, Brown and Company, 2008).
- Grant-Halvorson, Heidi, *Reinforcements: How to Get People to Help You* (Boston, MA: Harvard Business Review Press, 2018).
- Hochschild, Arlie Russell, and Anne Machung, *The Second Shift: Working Parents and the Revolution at Home* (New York: Viking, 1989).
- Kahneman, Daniel, *Thinking, Fast and Slow* (London: Allen Lane, 2011).
- Knapp, Jake, and John Zeratsky, *Make Time: How to Focus on What Matters Every Day* (New York: Currency, 2018).
- Page, Scott E., *The Diversity Bonus: How Great Teams Pay Off in the Knowledge Economy* (Princeton, NJ: Princeton University Press, 2017).

- Smith, Emily Esfahani, *The Power of Meaning: Crafting a Life That Matters* (New York: Crown, 2017).
- Sunstein, Cass, and Reid Hastie, *Wiser: Getting Beyond Groupthink to Make Groups Smarter* (Boston, MA: Harvard Business Review Press, 2015).
- Thaler, Richard H., and Cass R. Sunstein, *Nudge: Improving Decisions about Health, Wealth, and Happiness* (New Haven, CT: Yale University Press, 2008).
- Timmons, Jeffry A., *New Venture Creation: Entrepreneurship for the 21st Century* (Boston, MA: Irwin/McGraw-Hill, 1999).
- Tracy, Brian, *Eat That Frog!: Get More of the Important Things Done Today* (London: Hodder Paperbacks, 2013).
- Walker, Matthew P., *Why We Sleep: Unlocking the Power of Sleep and Dreams* (New York: Scribner, 2017).

기사 및 문서

- Abramson, L., M. Seligman and J. Teasdale, 'Learned helplessness in humans: Critique and reformulation', *Journal of Abnormal Psychology* 87/1 (1978), pp. 49–74. https://psycnet.apa.org/record/1979-00305-001
- Al-Ayash, A., R. T. Kane, D. Smith and P. Green-Armytage, 'The influence of color on student emotion, heart rate, and performance in learning environments', *Color Research and Application* 41/2 (2016), pp. 196–205. https://doi.org/10.1002/col.21949
- Almond, D., J. Currie and V. Duque, 'Childhood circumstances and adult outcomes: Act II', *Journal of Economic Literature* 56/4 (2018), pp. 1360–1446. https://doi.org/10.1257/jel.20171164
- Altmann, E. M., J. G. Trafton and D. Z. Hambrick, 'Momentary interruptions can derail the train of thought', *Journal of Experimental Psychology: General* 143/1 (2014), pp. 215–226. https://doi.org/10.1037/a0030986
- Aronson, J., C. B. Fried and C. Good, 'Reducing the effects of stereotype threat on African American college students by shaping theories of intelligence', *Journal of Experimental Social Psychology* 38/2 (2002), pp. 113–125. https://doi.org/10.1006/jesp.2001.1491
- Ashraf, Nava, Oriana Bandiera and Scott Lee, 'Losing prosociality in the quest for

talent? Sorting, selection, and productivity in the delivery of public services', LSE Research Online Documents on Economics 88175, London School of Economics and Political Science, LSE Library (2018). http://eprints.lse.ac.uk/88175

- Banbury, S., and D. C. Berry, 'Disruption of office-related tasks by speech and office noise', *British Journal of Psychology* 89/3 (1998), pp. 499–517. https://doi.org/10.1111/j.2044-8295.1998.tb02699.x
- Baron, J., and I. Ritov, 'Omission bias, individual differences, and normality', *Organizational Behavior and Human Decision Processes* 94/2 (2004), pp. 7485. https://doi.org/10.1016/j.obhdp 2004.03.003
- Barrett, P., F. Davies, Y. Zhang and L. Barrett, 'The impact of classroom design on pupils' learning: Final results of a holistic, multi-level analysis', *Building and Environment* 89 (2015), pp. 118–133. https://doi.org/10.1016/j.buildenv.2015.02.013
- Bartels, M., V. Saviouk, M. H. M. de Moor, G. Willemsen, T. C. E. M. van Beijsterveldt, J.-J. Hottenga, E. J. C. de Geus and D. I. Boomsma, 'Heritability and genome-wide linkage scan of subjective happiness', *Twin Research and Human Genetics* 13/2 (2010), pp. 135–142. https://doi.org/10.1375/twin.13.2.135
- Baum, J. A. C., and B. S. Silverman, 'Picking winners or building them? Alliance, intellectual, and human capital as selection criteria in venture financing and performance of biotechnology startups', *Journal of Business Venturing* 19/3 (2004), pp. 411–436. https://doi.org/10.1016/S0883-9026(03)00038-7
- Bayer, P., R. Hjalmarsson and D. Pozen, 'Building criminal capital behind bars: Peer effects in juvenile corrections', *The Quarterly Journal of Economics* 124/1 (2009), pp. 105–147. https://doi.org/10.1162/qjec.2009.124.1.105
- Bayer, P., S. Ross and G. Topa, 'Place of work and place of residence: Informal hiring networks and labor market outcomes', *Journal of Political Economy* 116/6 (2008), pp. 1150–1196. https://doi.org/10.1086/595975
- Becker, S. O., A. Fernandes and D. Weichselbaumer, 'Discrimination in hiring based on potential and realized fertility: Evidence from a large-scale field experiment', *Labour Economics* 59 (2019), pp. 139–152. https://doi.org/10.1016/j.labeco.2019.04.009
- Behavioural Insights Team, 'Applying behavioural insights to reduce fraud, error, and debt', Cabinet Office (2012). http://www.behaviouralinsights.co.uk/wp-content/uploads/2015/07/BIT_FraudErrorDebt_accessible.pdf

- Bertaut, C. C., 'Stockholding behavior of US households: Evidence from the 1983–1989 Survey of Consumer Finances', *Review of Economics and Statistics* 80/2 (1998), pp. 263–275. https://doi.org/10.1162/003465398557500
- Bertrand, M., and S. Mullainathan, 'Are Emily and Greg more employable than Lakisha and Jamal? A field experiment on labor market discrimination', *American Economic Review* 94/4 (2004), pp. 991–1013. https://doi.org/10.1257/0002828042002561
- Bhattacharya, J., A. Garber and J. Goldhaber-Fiebert, 'Nudges in exercise commitment contracts: A randomized trial', *NBER Working Paper Series* 21406 (2015). Retrieved from: https://www.nber.org/papers/w21406
- Bohns, V. K., '(Mis)understanding Our Influence Over Others: A review of the underestimation-of-compliance effect', *Current Directions in Psychological Science* 25/2 (2016), pp. 119–123. https://doi.org/10.1177/0963721415628011
- Bohns, V. K., and F. J. Flynn, '"Why Didn't You Just Ask?" Underestimating the discomfort of help-seeking', *Journal of Experimental Social Psychology* 46/2 (2010), pp.402–409. https://doi.org/10.1016/j.jesp.2009.12.015
- Bonanno, G., 'Loss, trauma, and human resilience: Have we underestimated the human capacity to thrive after extremely aversive events?', *American Psychologist* 59/1 (2004), pp. 20–28. https://doi.org/10.1037/0003066X.59.1.20
- British Business Bank, Diversity VC and BVCA, UK VC & Female Founders (2019). https://www.british-business-bank.co.uk/wpcontent/uploads/2019/02/British-BusinessBankUK-Venture-Capital-and-Female-Founders-Report.pdf
- Brooks, P., and H. Zank, 'Loss averse behavior', *Journal of Risk and Uncertainty* 31/3 (2005), pp. 301–325. https://doi.org/10.1007/s11166-005-5105-7
- Brooks, R., R. Faff, D. Mulino and R. Scheelings, 'Deal or no deal, that is the question: The impact of increasing stakes and framing effects on decision-making under risk', *International Review of Finance* 9/1-2 (2009), pp. 27–50. https://doi.org/10.1111/j.1468-2443.2009.01084.x
- Brown, D.A., 'Pensions and risk aversion: The influence of race, ethnicity, and class on investor behavior', *Lewis & Clark Law Review* 11/2 (2007), pp. 385-406.
- Brown, D. W., and A. M. Konrad, 'Granovetter was right: The importance of weak ties to a contemporary job search', *Group and Organization Management* 26/4 (2001), pp. 434–462. https://doi.org/10.1177/1059601101264003
- Bruine de Bruin, W., 'Save the last dance for me: Unwanted serial position effects

injury evaluations', *Acta Psychologica* 118/3 (2005), pp. 245-260. https://doi.org/10.1016/j.actpsy.2004.08.005

- Burgess, N., and G. J. Hitch, 'Memory for serial order: A network model of the phonological loop and its timing', *Psychological Review* 106/3 (1999), pp. 551-581. https://doi.org/10.1037/0033-295X.106.3.551
- Buttussi, F., L. Chittaro and D. Nadalutti, 'Bringing mobile guides and fitness activities together: A solution based on an embodied virtual trainer', *Proceedings of the 8th Conference on Human-computer Interaction with Mobile Devices and Services* (2006), pp. 29-36. https://doi.org/10.1145/1152215.1152222
- Carlton, G., and M. A. Blegen, 'Medication-related errors: A literature review of incidence and antecedents', *Annual Review of Nursing Research* 24/1 (2006), pp. 19-38. https://doi.org/10.1891/0739-6686.24.1.19
- Carrell, S. E., and M. L. Hoekstra, 'Externalities in the classroom: How children exposed to domestic violence affect everyone's kids', *American Economic Journal: Applied Economics* 2/1 (2010), pp. 211-228. https://doi.org/10.1257/app.2.1.211
- Carrell, S. E., R. F. Fullerton and J. E. West, 'Does your cohort matter? Measuring peer effects in college achievement', *Journal of Labor Economics* 27/3 (2009), pp. 439-464. https://www.journals.uchicago.edu/doi/abs/10.1086/6000143?journalCode=jole
- Chambliss, H. O., R. C. Huber, C. E. Finley, S. O. McDoniel, H. Kitzman-Ulrich and W. J. Wilkinson, 'Computerized self-monitoring and technology assisted feedback for weight loss with and without an enhanced behavioural component', *Patient Education and Counseling* 85/3 (2011), pp. 375-382. https://doi.org/10.1016/j.pec.2010.12.024
- Chandler, D., and A. Kapelner, 'Breaking monotony with meaning: Motivation in crowdsourcing markets', *Journal of Economic Behavior and Organization* 90 (2013), pp. 123-133. https://www.sciencedirect.com/science/article/abs/pii/S016726811300036X
- Chen, L., J. Gordanier and O. D. Ozturk, 'Following (not quite) in your father's footsteps: Task followers and labor market outcomes', MPRA Paper 76041 (2017). http://dx.doi.org/10.2139/ssrn.2894978
- Chernev, A., 'Context effects without a context: Attribute balance as a reason for choice', *Journal of Consumer Research* 32/2 (2005), pp. 213-223. https://doi.

org/10.1086/432231

- Cho, J. H., H. C. Lee, D. J. Lim, H. S. Kwon and K. H. Yoon, 'Mobile communication using a mobile phone with glucometer for glucose control in Type 2 patients with diabetes: As effective as an internet based glucose monitoring system', *Journal of Telemedicine and Telecare* 15/2 (2009), pp. 77-82. https://doi.org/10.1258/jtt.2008.080412
- Chou, H. G., and N. Edge, '"They are happier and having better lives than I am": The impact of using Facebook on perceptions of others' lives', *Cyberpsychology, Behavior, and Social Networking* 15/2 (2012), pp. 117-121. https://doi.org/10.1089/cyber.2011.0324
- Clark, A. E., and Y. Lohéac, '"It wasn't me, it was them!" Social influence in risky behavior by adolescents', *Journal of Health Economics* 26/4 (2007), pp. 763-784. https://doi.org/10.1016/j.jhealeco.2006.11.005
- Cohen, G. L., J. Garcia, N. Apfel and A. Master, 'Reducing the racial achievement gap: A social-psychological intervention', *Science* 313/5791 (2006), pp. 1307-1310. https://doi.org/10.1126/science.1128317
- Cohn, R. A., W. G. Lewellen, R. C. Lease and G. G. Schlarbaum, 'Individual investor risk aversion and investment portfolio composition', *The Journal of Finance* 30/2 (1975), pp. 605-620. https://doi.org/10.1111/j.1540-6261.1975.tb01834.x
- Cooper, A. C., C. Y. Woo and W. C. Dunkelberg, 'Entrepreneurs' perceived chances for success', *Journal of Business Venturing* 3/2 (1988), pp. 97-108. https://doi.org/10.1016/0883-9026(88)90020-1
- Cucina, J., M. Vasilopoulos and N. Sehgal, 'Personality-Based Job Analysis and The Self-Serving Bias', *Journal of Business and Psychology* 20(2) (2005), pp 275290. DOI: 10.1007/s10869-005-8264-2
- Davidai, S., and T. Gilovich, 'The ideal road not taken: The self-discrepancies involved in people's most enduring regrets', *Emotion* 18/3 (2018), pp. 439-452. http://dx.doi.org/10.1037/emo0000326
- Davison, I. M., and A. Feeney, 'Regret as autobiographical memory', *Cognitive Psychology* 57/4 (2008), pp. 385-403. https://doi.org/10.1016/j.cogpsych.2008.03.001
- De Neve, J.-E., N. A. Christakis, J. H. Fowler and B. S Frey, 'Genes, economics, and happiness', *Journal of Neuroscience, Psychology, and Economics* 5/4 (2012), pp. 193-211. https://doi.org/10.1037/a0030292

- Di Stasio, V., and A. Heath, 'Are employers in Britain discriminating against ethnic minorities?' (2019). Summary of findings from GEMM project. Oxford: Centre for Social Investigation. Retrieved from: http://csi.nuff.ox.ac.uk/wpcontent/uploads/2019/01/AreemployerinBritaindiscriminating-againstethnicminorities_final.pdf
- Dolan, P., and G. Lordan, 'Climbing up ladders and sliding down snakes: An empirical assessment of the effect of social mobility on subjective wellbeing', *Review of Economics of the Household* (May 2020). https://doi.org/10.1007/s11150-020-09487-x
- Eckel, C., A. C. M. de Oliveira and P. J. Grossman, 'Gender and negotiation in the small: Are women (perceived to be) more cooperative than men?' *Negotiation Journal* 24/4 (2008), pp. 429–445. https://doi.org/10.1111/j.1571-9979.2008.00196.x
- Elfring, T., and W. Hulsink, 'Networks in entrepreneurship: The case of high-technology firms', *Small Business Economics* 21/4 (2003), pp. 409–422. https://doi.org/10.1023/A:1026180418357
- Emmons, R. A., and M. E. McCullough, 'Counting blessings versus burdens: An experimental investigation of gratitude and subjective well-being in daily life', *Journal of Personality and Social Psychology* 84/2 (2003), pp. 377–389. https://doi.org/10.1037/0022-3514.84.2.377
- Farmer, A., O. Gibson, P. Hayton, K. Bryden, C. Dudley, A. Neil and L. Tarassenko, 'A real-time, mobile phone-based telemedicine system to support young adults with type 1 diabetes', *Informatics in Primary Care* 13/3 (2005), pp. 171–178. http://dx.doi.org/10.14236/jhi.v13i3.594
- Feinstein, B., 'The dynasty advantage: Family ties in congressional elections', *Legislative Studies Quarterly* 35/4 (2010), pp. 571–598. https://doi.org/10.3162/036298010793322366
- Freund, P. A., and N. Kasten, 'How smart do you think you are? A meta-analysis on the validity of self-estimates of cognitive ability', *Psychological Bulletin* 138/2 (2012), pp. 296–321. https://doi.org/10.1037/a0026556
- Friedman, S., D. O'Brien and D. Laurison, '"Like skydiving without a parachute": How class origin shapes occupational trajectories in British acting', *Sociology* 51/5 (2017), pp. 992–1010. https://doi.org/10.1177/0038038516629917
- Galdi, S., M. Cadinu and C. Tomasetto, 'The roots of stereotype threat: When

automatic associations disrupt girls' math performance', *Child Development* 85/1 (2014), pp. 250–263. https://doi.org/10.1111/cdev.12128

- Gander, F., R. T. Proyer, W. Ruch and T. Wyss, 'Strength-based positive interventions: Further evidence for their potential in enhancing well-being and alleviating depression', *Journal of Happiness Studies* 14/4 (2013), pp. 1241–1259. https://doi.org/10.1007/s10902-012-9380-0
- Gershberg, F. B., and A. P. Shimamura, 'Serial position effects in implicit and explicit tests of memory', *Journal of Experimental Psychology: Learning, Memory, and Cognition* 20/6 (1994), pp. 1370–1378. https://doi.org/10.1037/0278-7393.20.6.1370
- Gilovich, T., V. Medvec and D. Kahneman, 'Varieties of regret: A debate and partial resolution', *Psychological Review* 105/3 (1998), pp. 602–605. http://dx.doi.org/10.1037/0033-295X.105.3.602
- Gilovich, T., V. Medvec and K. Savitsky, 'The spotlight effect in social judgment: An egocentric bias in estimates of the salience of one's own actions and appearance', *Journal of Personality and Social Psychology* 78/2 (2000), pp. 211–222. https://doi.org/10.1037//0022-3514.78.2.211
- Goldin, C., and C. Rouse, 'Orchestrating impartiality: The impact of "blind" auditions on female musicians', *American Economic Review* 90/4 (2000), pp. 715–741. https://doi.org/10.1257/aer.90.4.715
- Goyal, M., S. Singh, E. M. S. Sibinga, N. F. Gould, A. Rowland Seymour, R. Sharma, Z. Berger, D. Sleicher, D. D. Maron, H. M. Shihab, P. D. Ranasinghe, S. Linn, S. Saha, E. B. Bass and J. A. Haythornthwaite, 'Meditation programs for psychological stress and well-being: A systematic review and meta-analysis', *JAM A Internal Medicine* 174/3 (2014), pp. 357–368. https://doi.org/10.1001/jamainternmed.2013.13018
- Grebner, S., N. Semmer, L. Faso, L. Lo, S. Gut, W. Kälin and A. Elfering, 'Working conditions, well-being, and job-related attitudes among call centre agents', *European Journal of Work and Organizational Psychology* 12(4) (2003), pp. 341–365. https://doi.org/10.1080/13594320344000192
- Grossman, P., L. Niemann, S. Schmidt and H. Walach, 'Mind fulness-based stress reduction and health benefits: A meta-analysis', *Journal of Psychosomatic Research* 57/1 (2004), pp. 35–43. https://doi.org/10.1016/S0022-3999(03)00573-7

- Gu, Q., and C. Day, 'Teachers' resilience: A necessary condition for effectiveness', *Teaching and Teacher Education* 23/8 (2007), pp. 1302–1316. https://doi.org/10.1016/j.tate.2006.06.006
- Harvey, W. S., 'Strong or weak ties? British and Indian expatriate scientists finding jobs in Boston', *Global Networks* 8/4 (2008), pp. 453–473. https://doi.org/10.1111/j.14710374.2008.00234.x
- Haworth, C., M. Wright, N. G. Martin, N. W. Martin, D. I. Boomsma, M.Bartels, D.Posthuma, O. S. P. Davis, A.M. Brant, R. P. Corley, J K. Hewitt, W. G. Iacono, M. McGue, L. A. Thompson, S. A. Hart, S. A. Petrill, D. Lubinski and R. Plomin, 'A twin study of the genetics of high cognitive ability selected from 11,000 twin pairs in six studies from four countries', *Behavior Genetics* 39/4 (2009), pp. 359–370. https://www.ncbi.nlm.nih.gov/pmc/articles/PCMC2740717/pdf/nihms135626.pdf
- Heckman, J. J., and T. Kautz, 'Fostering and measuring skills: Interventions that improve character and cognition' (No.19656) National Bureau of Economic Research (2013). https://doi.org/10.7208/chicago/9780226100128.003.0009
- Hellerstein, J., M. Mcinerney and D. Neumark, 'Neighbors and coworkers: The importance of residential labor market networks', *Journal of Labor Economics* 29/4 (2011), pp. 659–695. https://doi.org/10.1086/660776
- Hollands, G. J., G. Bignardi, M. Johnston, M. P. Kelly, D. Ogilvie, M. Petticrew, A. Prestwich, I. Shemilt, S. Sutton and T. M. Marteau, 'The TIPPME intervention typology for changing environments to change behavior', *Nature Human Behaviour* 1 (2017). https://doi.org/10.1038/s41562-017-0140
- Ioannides, Y., and L. Loury, 'Job information networks, neighborhood effects, and inequality', *Journal of Economic Literature* 42/4 (2004), pp. 1056–1093. https://doi.org/10.1257/0022051043004595
- Jackson, C. K., and E. Bruegmann, 'Teaching students and teaching each other: The importance of peer learning for teachers', *American Economic Journal: Applied Economics* 1/4 (2009), pp. 85–108. https://doi.org/10.1257/app.1.4.85
- Jacobs, K. W., and J. F. Suess, 'Effects of four psychological primary colors on anxiety state', *Perceptual and Motor Skills* 41(1) (1975), pp. 207–210. https://doi.org/10.2466/pms.1975.41.1.207
- Jahncke, H., S. Hygge, N. Halin, A. M. Green and K. Dimberg, 'Open-plan office noise: Cognitive performance and restoration', *Journal of Environmental Psychology* 31/4 (2011), pp. 373–382. https://doi.org/10.1016/j.jenvp.2011.07.002

- Johnston, D. W., and G. Lordan, 'Racial prejudice and labour market penalties during economic downturns', *European Economic Review* 84 (2016), pp. 57 – 75. https://doi.org/10.1016/j.euroecorev.2015.07.011
- Joshi, S., 'The sick building syndrome', *Indian Journal of Occupational and Environmental Medicine* 12/2 (2008), p. 61. https://doi.org/10.4103/0019-5278.43262
- Kahneman, D., and A. Tversky, 'Prospect theory: An analysis of decision under risk', *Econometrica* 47/2 (1979), pp. 263 – 291. https://doi.org/10.1142/9789814417358_0006
- Khan, U., M. Zhu and A. Kalra, 'When trade-offs matter: The effect of choice construal on context effects', *Journal of Marketing Research* 48/1 (2011), pp. 62-71. https://doi.org/10.1509/jmkr.48.1.62
- Killen, A., and A. Macaskill, 'Using a gratitude intervention to enhance well-being in older adults', *Journal of Happiness Studies* 16/4 (2015), pp. 947 – 964. https://doi.org/10.1007/s10902-014-95
- Kirkcaldy, B. D., and T. Martin, 'Job stress and satisfaction among nurses: Individual differences', *Stress Medicine* 16/2 (2000), pp. 77 – 89. https://doi.org/10.1002/(SICI)1099-1700(200003)16:2〈77::AID-SMI835〉3.0.CO;2-Z
- Kirkwood, J., 'Tall poppy syndrome: Implications for entrepreneurship in New Zealand', *Journal of Management and Organization* 13/4 (2007), pp. 366 – 382. https://doi.org/10.1017/S1833367200003606
- Kirwan-Taylor, H., 'Are you suffering from tall poppy syndrome', *Management Today* 15 (2006). https://www.managementtoday.co.uk/suffering-tall-poppy-syndrome/article/550558
- Kluger, A., and A. DeNisi, 'The effects of feedback interventions on performance: A historical review, a meta-analysis, and a preliminary feedback intervention theory', *Psychological Bulletin* 119/2 (1996), pp. 254 – 284. https://doi.org/10.1037/0033-2909.119.2.254
- Koestner, R., N. Lekes, T. Powers and E. Chicoine, 'Attaining personal goals: Self-concordance plus implementation intentions equals success', *Journal of Personality and Social Psychology* 83/1 (2002), pp. 231 – 244. http://dx.doi.org/10.1037/0022-3514.83.1.231
- Laibson, D., and J. List, 'Principles of (behavioral) economics', *American Economic Review* 105/5 (2015), pp. 385 – 390. https://doi.org/10.1257/aer.p20151047

- Lan, L., Z. Lian, L. Pan and Q. Ye, 'Neurobehavioral approach for evaluation of office workers' productivity: The effects of room temperature', *Building and Environment* 44/8 (2009), pp. 1578–1588. https://doi.org/10.1016/j.buildenv.2008.10.004
- Lan, L., P. Wargocki, D. P. Wyon and Z. Lian, 'Effects of thermal discomfort in an office on perceived air quality, SBS symptoms, physiological responses, and human performance', *Indoor Air* 21/5 (2011), pp. 376–390. https://doi.org/10.1111/j.1600-0668.2011.00714.x
- Landry, C. E., A. Lange, J. A. List, M. K. Price and N. G. Rupp, 'Toward an understanding of the economics of charity: Evidence from a field experiment', *The Quarterly Journal of Economics* 121/2 (2006), pp. 747–782. https://doi.org/10.1162/qjec.2006.121.2.747
- Latham, G. P., and E. A. Locke, 'Enhancing the benefits and overcoming the pitfalls of goal setting', *Organizational Dynamics* 35/4 (2006), pp. 332–340. https://www.sciencedirect.com/science/article/abs/pii/S0090261606000054?via%3Dihub
- Lau, R. W. L., and S.-T. Cheng, 'Gratitude lessens death anxiety', *European Journal of Ageing* 8/3 (2011), pp. 169–175. https://doi.org/10.1007/s10433-011-0195-3
- Lehrl, S., K. Gerstmeyer, J. H. Jacob, H. Frieling, A. W. Henkel, R. Meyrer, J. Wiltfang, J. Kornhuber and S. Bleich, 'Blue light improves cognitive performance', *Journal of Neural Transmission* 114/4 (2007), pp. 457–460. https://doi.org/10.1007/s00702-006-0621-4
- Levin, D. Z., and R. Cross, 'The strength of weak ties you can trust: The mediating role of trust in effective knowledge transfer', *Management Science* 50/11 (2004), pp. 1477–1490. https://doi.org/10.1287/mnsc.1030.0136
- Levin, I. P., S. L. Schneider and G. J. Gaeth, 'All frames are not created equal: A typology and critical analysis of framing effects', *Organizational Behavior and Human Decision Processes* 76/2 (1998), pp. 149–188. https://doi.org/10.1006/obhd.1998.2804
- Locke, E. A., D. O. Chah, S. Harrison and N. Lustgarten, 'Separating the effects of goal specificity from goal level', *Organizational Behavior and Human Decision Processes* 43/2 (1989), pp. 270–287. https://doi.org/10.1016/0749-5978(89)90053-8

- Locke, E. A., and G. P. Latham, 'Building a practically useful theory of goal setting and task motivation', *American Psychologist* 57/9 (2002), pp. 705717. https://doi.org/10.1037//0003-066X.57.9.705
- Lohr, V. I., C. H. Pearson-Mims and G. K. Goodwin, 'Interior plants may improve worker productivity and reduce stress in a windowless environment', *Journal of Environmental Horticulture* 14/2 (1996), pp. 97 – 100. https://doi.org/10.24266/0738289814.2.97
- Lundberg, S., and J. Stearns, 'Women in economics: Stalled progress', *Journal of Economic Perspectives* 33/1 (2019), pp. 3 – 22. https://doi.org/10.1257/jep.33.1.3
- Lykken, D., and A. Tellegen, 'Happiness is a stochastic phenomenon', *Psychological Science* 7/3 (May 1996), pp. 186 – 189. https://doi.org/10.1111/j.1467-9280.1996.tb00355.x
- Maddi, S., 'The story of hardiness: Twenty years of theorizing, research, and practice', *Consulting Psychology Journal: Practice and Research* 54/3 (2002), pp. 173 – 185. https://doi.org/10.1037/1061-4087.54.3.173
- Mas, A., and E. Moretti, 'Peers at work', *The American Economic Review* 99/1 (2009), pp. 112 – 145. https://doi.org/10.1257/aer.99.1.112
- Mawson, A., 'The workplace and its impact on productivity', *Advanced Workplace Associates, London* 1 (2012), pp. 1 – 12.
- Mayo, M., 'If humble people make the best leaders, why do we fall for charismatic narcissists?' *Harvard Business Review* (7 April 2018). Retrieved from: https://hbr.org/2017/04/ifhumblepeoplemakethebestleaderswhydowefallforcharismatic-narcissists
- McElwee, R. O., D. Dunning, P. L. Tan and S. Hollmann, 'Evaluating others: The role of who we are versus what we think traits mean', *Basic and Applied Social Psychology* 23/2 (2001), pp. 123 – 136. https://doi.org/10.1207/153248301300148872
- McFedries, P., 'Tall poppy syndrome dot-com', *IEEE Spectrum* 39/12 (2002), p. 68. https://ieeexplore.ieee.org/document/1088460
- Megginson, W. L., and K. A. Weiss, 'Venture capitalist certification in initial public offerings', *The Journal of Finance* 46/3 (1991), pp. 879 – 903. https://doi.org/10.1111/j.1540-6261.1991.tb03770.x
- Mehta, R., and R. Zhu, 'Blue or red? Exploring the effect of color on cognitive task performances', *Science* 323/5918 (2009), pp. 1226 – 1229. https://doi.org/10.1126/science.1169144

- Miller, J., 'Tall poppy syndrome (Canadians have a habit of cutting their female achievers down)', *Flare* 19/4 (1997), pp. 102–106.
- Morrison, M., and N. Roese, 'Regrets of the typical American: Findings from a nationally representative sample', *Social Psychological and Personality Science* 2/6 (2011), pp. 576–583. https://journals.sagepub.com/doi/abs/10.1177/194855061 1401756?journalCode-sppa
- Mukae, H., and M. Sato, 'The effect of color temperature of lighting sources on the autonomic nervous functions', *The Annals of Physiological Anthropology* 11/5 (1992), pp. 533–538. https://doi.org/10.2114/ahs1983.11.533
- Müller, K. W., M. Dreier, M. E. Beutel, E. Duven, S. Giralt and K. Wölfling, 'A hidden type of internet addiction? Intense and addictive use of social networking sites in adolescents', *Computers in Human Behavior* 55/A (2016), pp. 172–177. https://doi.org/10.1016/j.chb.2015.09.007
- Münch, M., F. Linhart, A. Borisuit, S. M. Jaeggi and J. L. Scartezzini, 'Effects of prior light exposure on early evening performance, subjective sleepiness, and hormonal secretion', *Behavioral Neuroscience* 126/1 (2012), pp. 196–203. https://doi.org/10.1037/a0026702
- Neumark, D., I. Burn and P. Button, 'Is it harder for older workers to find jobs? New and improved evidence from a field experiment', *Journal of Political Economy* 127/2 (2019), pp. 922–970. https://www.journals.uchicago.edu/doi/abs/10.1086/701029
- Newark, D. A., V. Bohns and F. Flynn, 'The value of a helping hand: Do help-seekers accurately predict help quality?', *Academy of Management Proceedings* 2016/1 (2017). https://journals.aom.org/doi/abs/10.5465/ambpp.2016.11872abstract
- North, A., D. Hargreaves and J. McKendrick, 'The influence of in-store music on wine selections', *Journal of Applied Psychology* 84/2 (1999), pp. 271–276. https://doi.org/10.1037/0021-9010.84.2.271
- Novemsky, N., R. Dhar, N. Schwarz and I. Simonson, 'Preference fluency in choice', *Journal of Marketing Research* 44/3 (2007), pp. 347–356. https://doi.org/10.1509/jmkr.44.3.347
- O'Brien, D., D. Laurison, A. Miles and S. Friedman, 'Are the creative industries meritocratic? An analysis of the 2014 British Labour Force Survey', *Cultural Trends* 25/2 (2016), pp. 116–131. https://doi.org/10.1080/09548963.2016.1170943

- O'Connor, Z., 'Colour psychology and colour therapy: Caveat emptor', *Color Research & Application* 36/3 (2011), pp. 229–234. https://doi.org/10.1002/col.20597
- O'Rourke, E., K. Haimovitz, C. Ballweber, C. S. Dweck and Z. Popovíc, 'Brain points: A growth mindset incentive structure boosts persistence in an educational game', *Conference on Human Factors in Computing Systems – Proceedings* (2014), pp. 3339–3348. https://doi.org/10.1145/2556288.2557157
- Obermayer, J. L., W. T. Riley, O. Asif and J. Jean-Mary, 'College smoking cessation using cell phone text messaging', *Journal of American College Health* 53/2 (2004), pp. 71–79. https://doi.org/10.3200/JACH.53.2.71-78
- Page, L., and K. Page, 'Last shall be first: A field study of biases in sequential performance evaluation on the Idol series', *Journal of Economic Behavior and Organization* 73/2 (2010), pp. 186–198. https://doi.org/10.1016/j.jebo.2009.08.012
- Paunesku, D., G. M. Walton, C. Romero, E. N. Smith, D. S. Yeager and C. S. Dweck, 'Mind-set interventions are a scalable treatment for academic underachievement', *Psychological Science* 26/6 (2015), pp. 784–793. https://doi.org/10.1177/0956797615571017
- Pinchot, S., B. J. Lewis, S. M. Weber, L. F. Rikkers and H. Chen, 'Are surgical progeny more likely to pursue a surgical career?' *Journal of Surgical Research* 147/2 (2008), pp. 253–259. https://doi.org/10.1016/j.jss.2008.03.002
- Plomin, R., and I. J. Deary, 'Genetics and intelligence differences: Five special findings', *Molecular Psychiatry* 20/1 (2015), pp. 98–108. https://doi.org/10.1038/mp.2014.105
- Preziosi, P., S. Czernichow, P. Gehanno and S. Hercberg, 'Workplace air-conditioning and health services attendance among French middle-aged women: A prospective cohort study', *International Journal of Epidemiology* 33/5 (2004), pp. 1120–1123. https://doi.org/10.1093/ije/dyh136
- Quillian, L., D. Pager, O. Hexel and A. H. Midtbøen, 'Meta-analysis of field experiments shows no change in racial discrimination in hiring over time', *Proceedings of the National Academy of Sciences* 114/41 (2017), pp. 10870-10875. https://doi.org/10.1073/pnas.1706255114
- Quoidbach, J., D. T. Gilbert and T. D. Wilson, 'The end of history illusion', *Science* 339/6115 (2013), pp. 96–98. https://doi.org/10.1126/science.1229294

- Raanaas, R. K., K. H. Evensen, D. Rich, G. Sj ø str ø m and G. Patil, 'Benefits of indoor plants on attention capacity in an office setting', *Journal of Environmental Psychology* 31/1 (2011), pp. 99–105. https://doi.org/10.1016/j.jenvp.2010.11.005
- Riach, P. A., and J. Rich, 'An experimental investigation of sexual discrimination in hiring in the English labor market', *Advances in Economic Analysis & Policy* 5/2 (2006), pp. 1–22. https://doi.org/10.2202/1538-0637.1416
- Riley, W. B., and K. V. Chow, 'Asset allocation and individual risk aversion', *Financial Analysts Journal* 48/6 (1992), pp. 32–37. https://doi.org/10.2469/faj.v48.n6.32
- Roghanizad, M. M., and V. K. Bohns, 'Ask in person: You're less persuasive than you think over email', *Journal of Experimental Social Psychology* 69 (2017), pp. 223–226. https://doi.org/10.1016/j.jesp.2016.10.002
- Rose, A., *The Alison Rose Review of Female Entrepreneurship* (2019). https://assets.publishing.service.gov.uk/government/uploads/system/uploads/attachment_data/file/784324/Rose Review_Digital_FINAL.PDF
- Rosenthal, R., and L. Jacobson, 'Pygmalion in the classroom', *The Urban Review* 3/1 (1968), pp. 16–20. https://doi.org/10.1007/BF02322211
- Rosso, B. D., K. H. Dekas and A. Wrzesniewski, 'On the meaning of work: A theoretical integration and review', *Research in Organizational Behavior* 30/C (2010), pp. 91–127. https://doi.org/10.1016/j.riob.2010.09.001
- Rothbard, N., and S. Wilk, 'Waking up on the right or wrong side of the bed: Start-of-workday mood, work events, employee affect, and performance', *Academy of Management Journal* 54/5 (2011), pp. 959–980.
- Rout, U., C. L. Cooper and J. Rout, 'Job stress among British general practitioners: Predictors of job dissatisfaction and mental ill-health', *Stress Medicine* 12/3 (1996), pp. 155–166. https://interruptions.net/literature/Rout-StressMedicine96.pdf
- Rowe, C., J. M. Harris and S. C. Roberts, 'Seeing red? Putting sportswear in context', *Nature* 437/7063 (2005), p. 10. https://www.nature.com/articles/nature04306
- Sacerdote, B., 'Peer effects with random assignment: Results for Dartmouth roommates', *The Quarterly Journal of Economics* 116/2 (2001), pp. 681–704. https://doi.org/10.1162/00335530151144131

- Schmidt, U., and S. Traub, 'An experimental test of loss aversion', *Journal of Risk and Uncertainty* 25/3 (2002), pp. 233 – 249. https://doi.org/10.1023/A:1020923921649
- Scoppa, V., 'Intergenerational transfers of public sector jobs: A shred of evidence on nepotism', *Public Choice* 141/1 (2009), pp. 167 – 188. https://doi.org/10.1007/s11127-009-9444-9
- Seligman, M. E. P., T. A. Steen, N. Park and C. Peterson, 'Positive psychology progress: Empirical validation of interventions', *American Psychologist* 60/5 (2005), pp. 410 – 421. https://doi.org/10.1037/0003-066X.60.5.410
- Seligman, M. E. P., 'Building resilience', *Harvard Business Review* 89/4 (2011), pp. 100 – 106. https://hbr.org/2011/04/building-resilience
- Shaw, K. L., 'An empirical analysis of risk aversion and income growth', *Journal of Labor Economics* 14/4 (1996), pp. 626 – 653. https://doi.org/10.1086/209825
- Simons, D., and C. Chabris, 'Gorillas in our midst: Sustained inattentional blindness for dynamic events', *Perception* 28/9 (1999), pp. 1059 – 1074.
- Slovic, P., M. L. Finucane, E. Peters and D. G. Macgregor, 'The affect heuristic', *European Journal of Operational Research* 177/3 (2007), pp. 1333 – 1352. https://doi.org/10.1016/j.ejor.2005.04.006
- Smith, B., W. Dalen, J. Wiggins, K. Tooley, E. Christopher and P. Bernard, 'The brief resilience scale: Assessing the ability to bounce back', *International Journal of Behavioral Medicine* 15/3 (2008), pp. 194 – 200. DOI: 10.1080/10705500802222972
- Soldat, A. S., R. C. Sinclair and M. M. Mark, 'Color as an environmental processing cue: External affective cues can directly affect processing strategy without affecting mood', *Social Cognition* 15/1 (1997), pp. 55 – 71. https://doi.org/10.1521/soco.1997.15.1.55
- Solnick, S. J., 'Gender differences in the ultimatum game', *Economic Inquiry* 39/2 (2001), pp. 189 – 200. https://doi.org/10.1111/j.1467295.2001.tb00060.x
- Steidle, A., and L. Werth, 'Freedom from constraints: Darkness and dim illumination promote creativity', *Journal of Environmental Psychology* 35 (2013), pp. 67 – 80. https://doi.org/10.1016/j.jenvp.2013.05.003
- Stinebrickner, R., and T. R. Stinebrickner, 'What can be learned about peer effects using college roommates? Evidence from new survey data and students from disadvantaged backgrounds', *Journal of Public Economics*, 90/8-9 (2006), pp. 1435 – 1454. https://doi.org/10.1016/j.jpubeco.2006.03.002

- Stotts, A. L., J. Y. Groff, M. M. Velasquez, R. Benjamin-Garner, C. Green, J. P. Carbonari and C. C. DiClemene, 'Ultrasound feedback and motivational interviewing targeting smoking cessation in the second and third trimesters of pregnancy', *Nicotine and Tobacco Research* 11/8 (2009), pp. 961–968. https://doi.org/10.1093/ntr/ntp095
- Stubbe, J. H., D. Posthuma, D. I. Boomsma and E. J. C. De Geus, 'Heritability of life satisfaction in adults: A twin-family study', *Psychological Medicine* 35/11 (2005), pp. 1581–1588. https://doi.org/10.1017/S0033291705005374
- Sung, J., and S. Hanna, 'Factors related to risk tolerance', *Journal of Financial Counseling and Planning* 7 (1996), pp. 11–19. https://doi.org/10.2139/ssrn.2234
- Tice, D. M., R. F. Baumeister, D. Shmueli and M. Muraven, 'Restoring the self: Positive affect helps improve self-regulation following ego depletion', *Journal of Experimental Social Psychology* 43/3 (2007), pp. 379–384. https://doi.org/10.1016/j.jesp.2006.05.007
- Tiefenbeck, V., L. Goette, K. Degen, V. Tasic, E. Fleisch, R. Lalive and T. Staake, 'Overcoming salience bias: How real-time feedback fosters resource conservation', *Management Science* 64/3 (March 2013), pp. 1458–1476. https://doi.org/10.3929/ethz-b-00122629
- Volpp, K., L. John, A. Troxel, L. Norton, J. Fassbender and G. Loewenstein, 'Financial incentivebased approaches for weight loss: A randomized trial', *JAMA* 300/22 (2008), pp. 2631–2637. https://doi.org/10.1001/jama.2008.804
- Walton, G. M., and G. L. Cohen, 'A brief social-belonging intervention improves academic and health outcomes of minority students', *Science* 331/6023 (2011), pp. 1447–1451. https://doi.org/10.1126/science.1198364
- Wargocki, P., D. Wyon, J. Sundell, G. Clausen and P. O. Fanger, 'The effects of outdoor air supply rate in an office on perceived air quality, Sick Building Syndrome (SBS) symptoms and productivity', *Indoor Air* 10/4 (2000), pp. 222–236. https://onlinelibrary.wiley.com/doi/pdf/10.1034/j.1600-0668.2000.010004222.x
- Watson, J., and M. McNaughton, 'Gender differences in risk aversion and expected retirement benefits', *Financial Analysts Journal* 63/4 (2007), pp. 52–62. https://doi.org/10.2469/faj.v63.n4.4749
- Yakubovich, V., 'Weak ties, information, and influence: How workers find jobs in a local Russian labor market', *American Sociological Review* 70/3 (2005), pp. 408–421. https://doi.org/10.1177/000312240507000303

- Yeager, D. S., C. S. Hulleman, C. Hinojosa, H. Y. Lee, J. O'Brien, C. Romero, D. Paunesku, B. Schneider, K. Flint, A. Roberts, J. Trott, D. Greene, G. M. Walton and C. S. Dweck, 'Using design thinking to improve psychological interventions: The case of the growth mindset during the transition to high school', *Journal of Educational Psychology* 108/3 (2016), pp. 374–391. https://doi.org/10.1037/edu0000098
- Zimmerman, D. J., 'Peer effects in academic outcomes: Evidence from a natural experiment', *Review of Economics and Statistics* 85/1 (2003), pp. 9–23. https://doi.org/10.1162/003465303762687677

5년 후,
당신은

1판 1쇄 인쇄 2022년 1월 07일
1판 1쇄 발행 2022년 1월 18일

지은이 그레이스 로던
옮긴이 최소영

발행인 양원석 **편집장** 차선화 **책임편집** 이슬기
디자인 강소정, 김미선 **영업마케팅** 윤우성, 강효경, 박소정, 정다은, 김보미

펴낸 곳 ㈜알에이치코리아
주소 서울시 금천구 가산디지털2로 53, 20층(가산동, 한라시그마밸리)
편집문의 02-6443-8916 **도서문의** 02-6443-8800
홈페이지 http://rhk.co.kr
등록 2004년 1월 15일 제2-3726호

ISBN 978-89-255-7885-9 (03190)